国家社科基金后期资助项目
（编号：13FJK003）

国家社科基金
GUOJIA SHEKE JIJIN HOUQI ZIZHU XIANGMU
后期资助项目

深度介入式教育研究中的共同体建设

Community Research in Deep Intervention Education Research

伍红林 著

教育科学出版社
·北 京·

国家社科基金后期资助项目
出版说明

后期资助项目是国家社科基金设立的一类重要项目，旨在鼓励广大社科研究者潜心治学，支持基础研究多出优秀成果。它是经过严格评审，从接近完成的科研成果中遴选立项的。为扩大后期资助项目的影响，更好地推动学术发展，促进成果转化，全国哲学社会科学工作办公室按照“统一设计、统一标识、统一版式、形成系列”的总体要求，组织出版国家社科基金后期资助项目成果。

全国哲学社会科学工作办公室

目　录

引言：扎根在教育实践变革的土壤中

作为教育学研究者，笔者常为两个问题所困扰：教育学的理论尊严在哪里？教育学者的专业尊严在哪里？对它们的回答取决于也决定了我们过一种怎样的教育学生活。培根（F. Bacon）曾言：一般人之所以求知求学，有时是出于天生的好奇心和打破砂锅问到底的嗜好，有时是为了给心灵带来变化和愉悦，有时是为了光荣和名誉，有时是为了在智力上折服他人，但多数时候还是为了得到钱财和好职业，很少人求知是为了真正把自己的聪明才智用在人类的利益和福祉上面。一些人求知就好像在寻找一张睡椅，让自己求索不息的灵魂有一个休息的地方；或者寻找一个阳台，使自己恍惚不定的心灵能够俯仰观赏，尽览美景；或者寻找一座高塔，让高傲的心灵高耸其上；或是寻找一块堡垒或高地，好使自己跟别人厮杀争斗；或者寻找一家商店，好为主人带来利润或生意；但是他们并不想寻找一座收藏丰富的仓库，来彰显造物主的荣耀，改善人类的境况。①

培根对人们各种学术动机的刻画入木三分。这些现象在教育学研究中同样存在，而且研究者基于不同动机对教育学学科尊严和研究主体专业尊严的感受也不一样。如果是为了谋得一个赖以为生的好职业或获得钱财，研究者大概不会、不愿思考和体验尊严问题，更可能选择自我麻醉和自我放逐，成为教育学术界的浮萍，其结果往往是教育学的虚无化。如果是为了满足好奇心，给自己的心灵带来愉悦；或为了获得名誉和地位，彰显个人才华；当然也有为国奉献、为社会谋取福祉，追求个人社会价值实现，研究者对学科与专业的尊严会特别敏感和在意。正因为敏感与在意，教育学人就面临不同选择：有人放弃教育学而投向其他学科，通过学术身份转变获得尊严上的满足；有人反戈一击，在从内部对教育学的批判、解构甚至终结的智力快感中获得尊严；有人沉迷于冥思苦想和从理论到理论的撰

① 〔英〕弗朗西斯·培根：《学术的进展》，刘运同译，上海，上海人民出版社，2007，第30页。

写，进行抽象的想象和热烈争辩，将“逻辑的事物当成事物的逻辑”。前两种选择推进了教育学的肢解，后一种选择则引发了教育学的玄虚。

我们无意也无权对人们的选择进行指责，但必须指出教育学的肢解和玄虚产生的销蚀性影响。对此有学者强调：在我们教育学者工作和生活的教育系科里，实际上长期以来弥漫着一种浓厚的悲观主义。这种悲观主义虽然触动不了价值诉求较低的理念，却对价值诉求较高的理念有着极大的破坏力。它像一种隐秘的辅助催眠术一样，不断地侵蚀和消解着对教育的敬畏和对教育学专业的虔诚。①

如果对教育缺乏敬畏，对教育学缺乏虔诚，就不可能获得专业尊严上的满足感。在我看来，在教育学学科发展饱受内外争议和人人都是教育家的时代，过一种有尊严的教育学术生活从根本上取决于研究者自身对教育学的坚守、贡献和努力。韦伯（M. Weber）曾言，在学术圈内，当一个人把他应该献身的志业当作一项表演事业，并以其经理人身份自居的时候；当他出现在舞台上，竭力以“个人体验”来证明自己的价值的时候；当他自问我如何证明我不只是“专家”而已，我又如何在形式与内容上发前人未发之言的时候——我们绝对不能把他当作是一个有“人格”的人。今天，这种现象已经相当普遍，它始终给人一种卑劣的印象，并降低当事人的人格。反之，唯有那发自内心对学问的献身，才能把学者提升到与他所献身的志业同样高贵的有尊严的层次。②

可见，要过有尊严的教育学学术生活，首先要做一个有教育学“人格”的研究者。教育学学者的“人格”与教育学的“人格”相互规约、相互建构。这种“人格”需要教育学理论者的心灵磨砺和修炼③，更为关键的是理论研究者及其教育理论对于教育实践的影响。这由教育学的实践特性所决定。因此，理论研究者除了潜心阅读、思考、写作，致力于理论的建构和教育学体系的完善、成熟，还需要扎根持续、鲜活、丰富的教育实践，将自身作为理论与实践沟通的桥梁，使理论研究与实践研究相互渗透，促进理论与实践的双向滋养。就像布迪厄（P. Bourdieu）所指出的，打破“唯理论主义”迷思要把理论作为一种做法（modus operandi），以实践的方式引导并形塑科学实践，这显然意味着我们要放弃所谓的“理论家们”经常为理论所树立的那种带些拜物教色彩的无所不包的形象。……没有理论

---

① 徐继存：《专业化时代的教育学及其批判》，《教育学报》2013年第5期。

② 〔德〕马克斯·韦伯：《学术与政治》，钱永祥等译，上海，上海三联书店，2019，第173页。

③ 徐继存：《教育学术的尊严》，《西北师大学报（社会科学版）》2010年第5期。

的具体研究是盲目的，而没有具体研究的理论则是空洞的。①

在这一意义上，理论研究者要改变研究方式，主动并适应与教育实践者交往与合作，实现理论研究与实践变革的双赢，将学科及专业尊严书写在教育实践的大地上。

在努力成为一个有教育学“人格”的理论研究者，并在实践中彰显自己的专业尊严的过程中，我相信很多人一开始很可能是“沮丧”的，因为理论与实践之间的通达并非一蹴而就。教育学者李政涛曾回顾他一段“尴尬”的“实践介入史”：最初走进课堂之时，我习惯的套路，是先准备好对某一专题的思考框架和已成观点，而它们来自各种资料的收集，这对研究者来说并不难，随后我就带着这个框架造就的眼镜来观察和评判课堂，强行把课堂上发生的一切都塞入那个早已准备好的框架里，不符合的就轻易抛弃。我在鲜活的课堂生活中自动关闭了自己的感官，无视各种现场生成之事，所做之事无非就是捕捞和倾倒，也就是把适合已有框架的事物捞起来，放在理论的篮子里熬煮，把早已准备好的理论倒进课堂里，倒进评课现场，在滔滔不绝中享受理论言说的快感。言者很痛快，听者很迷茫，我总是能够从老师们的眼里看到茫然的神色，在下一堂课中看到老师们依然如故，我对他们教学的评说甚至明确提出的意见没有被他们真正采纳，几乎成了耳边风，他们还是按照自己的逻辑和习惯，该怎么想还怎么想，该怎么做还怎么做。②

这段言说形象地揭示了理论研究者及其所处的教育学理论世界与中小学教师及其所处的教育实践世界的隔阂，让我们对教育理论与实践关系这一“嚼不烂”的“老问题”和“真问题”有了更深体会。的确，站在理论研究者及其立场，理论描绘的“教育世界”是那样完美，对“教师”“学生”“学校”“生活”的描述那样令人向往，对实践的“问题”“不足”的批判那样深刻，可为什么真实教育世界中的教师、学生、学校、生活等有那么多的无奈、沮丧和坎坷？由此问题延伸开来，就会形成一个更深层次的问题：理想教育、理想学校的理论设计和现实教育、现实学校的实践操作之间究竟该是什么关系？或者说，“教育学世界”与“教育世界”是什么关系？这个问题对于教育学研究者来说不只是个“教育学”问题，几乎可以说是“生存问题”：如果教育理论研究与现实教育世界有这么大的差

① 〔法〕皮埃尔·布迪厄、〔美〕华康德：《实践与反思：反思社会学导引》，李猛、李康译，北京，中央编译出版社，2004，第214页。

② 叶澜、李政涛等：《“新基础教育”研究史》，北京，教育科学出版社，2010，第275页。

异，两者甚至相互否定、相互背离，那教育学人的存在还有多大意义？我们的使命难道就是坐在书房里在电脑前冥思，炮制对现实教育实践没有多大影响的教育理论？这难道就是教育学人的生活方式和生活意义？

这需要我们思考：作为一个独立学科的教育学，如何就“教育理论与实践的关系”这一问题做出令人信服的解答。同时，教育学人想要追寻自身存在的意义，也要对这一问题做出令人和令己信服的回答。历史地看，每一时代或学派的教育学都曾努力作答，许多有影响的教育学者也曾努力作答，但至今没有形成共识，否则就不会有这许多质疑甚至嘲讽。这种情形对当代教育学者和我们这一代甚至今后许多代教育学者既是压力也是动力，更是使命。但是落实到行动上，有多少教育理论研究者真正愿意和能够参与到实践者的教育实践研究（变革）中去？或者说实践者及其实践对理论研究者及其理论提出了怎样的挑战和需求？理论研究者又以怎样的方式与实践者有效合作并达成理论和实践间的转化与沟通？在对这一系列问题的追问中，我们关注了深度介入式教育研究，它聚焦于深度介入过程中理论研究者共同体问题，即以理论研究者共同体而非个体性的实践介入为单位。这既是当代教育学理论面向实践发挥作用的方式与载体，也是当代教育学理论持续创生的源泉。在一定意义上，理论研究者共同体的建设是理论研究者及其理论介入、渗透到教育实践中去的重要前提，也实现于介入、渗透的过程之中，更是理论研究者确立自身及其理论价值与尊严的一段“路程”，还是当代教育学得以重建的根本。这对当代中国的教育学发展和教育理论研究者队伍建设来说至为重要。为此，本研究最后将理论研究者共同体建设聚焦于教育学的学派建设。

要解决好“教育理论与实践的关系”问题，除了理论研究者要加强自身建设之外，还要对这一“关系”本身进行重构。本研究中，我们把“教育理论与实践的关系”进行了几重转化：其一，转化为教育理论研究者与教育实践者两类主体间的多维多层关系，把两类主体作为理论与实践沟通的中介；其二，把学术研究层面的理论的、抽象的关系转化为两类主体合作研究过程中的具体关系，使理论与实践关系“着地”，最终聚焦于其他不同类型的共同体关系；其三，把静态的关系转化为理论与实践相互转化的动态关系，突出理论与实践经由主体中介而相互构建的内在过程。这正是当年马克思所倡导的：“理论的对立本身的解决，只有通过实践方式，只有借助于人的实践力量，才是可能的；因此，这种对立的解决决不只是认识的任务，而是一个现实生活的任务。”①

言及于此，换一个立场，我们就能看到教育实践、实践者与教育学理论发展面临类似的困境。这也是当下中国教育实践改革的困境。改革开放以来，中国教育发展取得了举世瞩目的成就，基础教育整体水平有了巨大提升。然而，与中国社会快速发展的需求相比，与当下人们对优质教育的强烈需求相比，说当下中国教育实践改革面临困境并不为过。这主要是因为当代中国教育不断爬坡过坎，以增加经费投入和行政推动为主要方式，解决一系列制约基础教育内涵发展的外围问题（如教师绩效工资问题、学校标准化问题等）之后，教育改革日渐步入“深水区”。一些制约基础教育内涵发展的深层内在问题和办好人民满意的教育的需求进一步凸现，教育公平、学校活力、教师结构与动力、学生主动健康发展等一系列问题均愈益引起公众关注。教育，已成为衡量当下中国现代化和中国人民幸福指数的重要尺度。在此情形下，教育改革和发展长期奉行的经济逻辑、政治逻辑虽仍在发挥作用，但已不如过去强势，教育改革、学校发展越来越需要遵循教育自身的逻辑。可以预料，教育学理论及其研究者将会在教育政策制定、执行和教育改革中发挥越来越大的作用。事实上，自 20 世纪 90 年代中期以来，聚集教育理论研究者的师范大学（学院）与广大中小学开展的合作越来越多，师范院校主动介入并引领基础教育改革已成为潮流。但由此引发的问题是，如何对这些虚实不一的“合作”去伪存真并使其真正发挥作用？这是我们聚焦于“共同体”建设的重要原因。

教育理论研究者与实践者开展合作时，还会面临这样的问题：如何确保合作的正当性？如何让更多的实践者和学校参与以使介入产生的变革效益最大化？如何从理论研究者向实践者单向理论“传道”向激发和利用众多实践者及学校的创造与智慧转变？换个角度看，当代中国如此规模宏大的教育变革依托于一所所具体的学校和一个个具体的教师，只靠学校与实践者的个体行为显然不足以推动教育整体变革，促进区域内学校间与学校内实践者间的群体性合作、互动是必然选择。这时，“共同体”就不再是一个理论概念，而是一种实实在在的组织运作、一种切实的实践形态。这种“共同体”当然可以由学校及教师等从实践层面自发或有组织地开展运作，而且肯定会对学校发展、教师发展和教育整体变革产生积极作用。但不容否认的是，同质化的实践共同体在运作过程中存在许多不足。美国著

① 〔德〕马克思、恩格斯：《马克思恩格斯全集（第 42 卷）》，北京，人民出版社，1979，第 127 页。

名教育学者古德莱德（John I. Goodlad）将中小学校间的合作形态称为“network”，学校可以通过合作互通信息、共享资源，并在某种程度上改善各自的发展状况，但并不足以促进学校发生根本变革。因为不管这些学校在规模、资源上存在多大差异，其目标、功能、结构是一致的，这决定了他们不可能打破共同的惰性。只有在文化上存在根本差异的两种组织才会在互相碰撞、侵袭的过程中引发根本变革。为此，他引入了生物学中的“共生”（symbiosis）概念（意味着不同种类生物的共同生活），认为两类组织在目标、功能、结构、制度、规则、习俗等方面存在的根本性的“类”的差异会成为双方“共生”的重要资源。大学与中小学、教育理论研究者与实践者即是这样的两“类”，双方的合作能形成新型的“共生”关系。[①] 那么接下来的问题是：教育理论研究者与实践者合作时，两类主体如何形成“共生”型的共同体？这种共同体形成后会对两类主体及教育实践变革、教育学理论发展产生哪些影响？这些影响如何发生？

当然，教育理论研究者与实践者合作的动机、形式多种多样，产生的实际效用千差万别。实际上，目前国内外教育理论研究者与实践者合作的方式多种多样，每一种合作对上述几个问题的回答可能有很大差异。在本研究中，我们关注的问题有：当理论研究者扎根在教育实践变革土壤中开展“深度介入式”教育研究时，区域内不同层次学校构成的校际共同体是如何建立和如何运作的？其内在机制是什么？共同体内优质教育资源如何持续共生共享？与传统自上而下、由外而内行政推动的教育均衡发展方式有哪些不同？这条区域教育优质均衡发展的新路径有何特征？等等。

我们不仅关注中观层面区域校际共同体的建设，还关注每一所学校内教师实践共同体的建设。事实上，随着学校日益成为教育变革的主体，如何增强学校的办学活力直接关系到教育者与受教育者的“获得感”和人们对教育的“满意度”。《国家中长期教育改革和发展规划纲要（2010—2020年）》（以下简称《教育规划纲要》）明确提出，进一步解放思想，更新观念，深化改革，提高教育开放水平，全面形成与社会主义市场经济体制和全面建设小康社会目标相适应的充满活力、富有效率、更加开放、有利于科学发展的教育体制机制，办出具有中国特色、世界水平的现代教育。这是国家教育政策文本中首次将“充满活力”作为教育体制机制改革的重要目标。在提及学校办学体制改革时，该文件又专门指出：深化公办学校

① Sirotnik K. A., Goodlad J. I., 1988: *School-university partnerships in action: Concepts, Cases, and Concerns*, New York, Teachers College Press, 14.

办学体制改革，积极鼓励行业、企业等社会力量参与公办学校办学，扶持薄弱学校发展，扩大优质教育资源，增强办学活力，提高办学效益。

如果说教育体制机制的“活力”依赖于宏观教育系统的整体改革，“办学活力”则来自学校组织自身和学校内部的激发。前者是后者的前提和基础，后者也制约着前者。“从某种意义上说，学校是教育系统的基层组织，就好像细胞是有机体的基本组织一样，如果办学活力或学校活力缺失，那么整个教育系统乃至社会系统的活力都会受到极大的影响。”①

现在的问题在于学校缺乏办学活力。20世纪90年代中期社会主义市场经济体制改革时，通过建立现代企业制度，广大企业尤其是中小企业被抛入市场，市场这一“海洋”中的竞技和优胜劣汰使企业活力得到激发。在同期开展的教育体制改革中，虽然也努力建立现代学校制度，同时推动课程改革，但学校办学活力并未彰显。这突出表现在占多数的弱势学校和普通学校未能或难以形成自己的“造血机制”，获得主动发展。现实中，能够由弱转强、由普通变强的学校不多，相关经验难以制度化和推广。同时，少数强校、名校在教育均衡或地方经济发展（如房地产市场的需求等）的大背景下纷纷集团化，成为“巨无霸”或“中无霸”教育集团。它们的组织或紧密或松散，初衷都是以自身优势和优质资源辐射、引领其他弱势和普通学校发展，但也造成了优质资源稀释和地方教育生态单一化格局。这种欲给弱校和普通校“输血”的“速而达”方式，体现的其实是政治逻辑和经济逻辑，而非教育逻辑。因此，作为教育学者，我们需要思考和探究的是，如何遵循教育逻辑培育学校发展的内生力并以此激发学校的办学活力？这既是一个理论问题，更是一个迫在眉睫的实践问题。于此，教育理论研究者其实广有用武之地。到目前为止，没有哪种国外的教育理论能解释和解决中国复杂的教育问题，中国的教育改革迫切需要形成中国自己的教育学和教育改革理论。这是中国教育学研究的机遇和挑战。教育改革在“深水区”艰难跋涉，越来越深入教育的根本问题、内在问题，越来越不拘泥于方法和操作层面，也就更需要理论的指导和理论研究者的介入。

事实上，广大中小学的教育实践者们正在教育改革中苦恼纠结。因为教育改革的复杂性前所未有，且变得越来越不可确定。“好比一次有计划

① 石中英：《学校活力的内涵和源泉》，《河北师范大学学报（教育科学版）》2017年第2期。

的旅程，和一伙叛变的水手在一只漏水的船上，驶进了没有海图的水域。”①

这些变革促发了莫兰（E. Morin）所说的“文化的高热”②，激发了系统活性。但是，它既是解决既有问题的钥匙，也是滋生新的甚至更大问题的温床，越来越使教师成为迷失在改革中的“弱势群体”，缺乏“安全感”。如何在改革浪潮中过一种有尊严的教师生活是当下教师普遍面临的困境。这里我们并不讨论教师的地位、收入等持续多年的老话题，它们当然是影响教师生活状态的重要因素，但同时也是教师自身无法解决和控制的外部因素。在我看来，真正影响教师生活状态的恰恰是其自身的内部因素。做教师，最可怕的不是工作量大，也不是跟家长闹得不愉快，而是每天重复地工作，看不到变化。没有变化，会使人感到失去意义。马克思说：“能给人以尊严的只有这样的职业，在从事这种职业时我们不是作为奴隶般的工具，而是在自己的领域内独立地进行创造；这种职业不需要有不体面的行动（哪怕只是表面上不体面的行动），甚至最优秀的人物也会怀着崇高的自豪感去从事它。”③

教师要想成为有专业尊严的人，就应该过创造性的教育教学生活，努力把日常教育教学生活过成诗，并以创造来实现自己的生命价值和专业、职业的自我认同。如同帕尔默（P. J. Palmer）所言：真正好的教学不能降低到技术层面，真正好的教学来自教师的自身认同和自身完整④；我们需要找到各种可能的方式来倾听来自心灵内部的声音，并认真地接受内心的指引，不只是为了我们的工作，更是为了我们自己的健康⑤。

这一过程离不开教师自己的心灵磨砺和修炼，也需要外部的促动和引领，帮助教师不断打破习以为常的日常生活及惰性惯习，不断打破自己、塑造自己、超越自己。教育改革的复杂性、不确定性就在这一过程中不断被克服又不断生成。我想，这就是教育人的人生吧！

无论是“教育学世界”还是“教育世界”，无论是理论研究者还是实

---

① 〔加〕迈克尔·富兰：《变革的力量——透视教育改革》，中央教育科学研究所、加拿大多伦多国际学院组织翻译，北京，教育科学出版社，2004，第33页。

② 〔法〕艾德加·莫兰：《社会学思考》，阎素伟译，上海，上海人民出版社，2001，第32页。

③ 〔德〕马克思、恩格斯：《马克思恩格斯全集（第40卷）》，北京，人民出版社，1982，第6页。

④ 〔美〕帕克·帕尔默：《教学勇气——漫步教师心灵》，吴国珍、余巍等译，上海，华东师范大学出版社，2005，第10页。

⑤ 同④，第33页。

践者，无论是区域基础教育还是每一所学校，都有理论与实践、理论研究者与实践者相互沟通和转化的内在需求。这是当下教育理论研究者和实践者都必须直面且努力解决的关键问题。我之所以关注这些问题，与我近年来在“新基础教育”方面的学习、实践和研究经历有关。我接触“新基础教育”以来就一直关注这些方面。在我看来，深度介入式教育研究及其过程中不同类型的共同体建设是人们较少关注的理论问题，更是一个实践问题，即深度介入式教育研究及其过程中的共同体建设是如何开展的。实际上，我也带领一个理论研究者团队在单位所在区域开展“深度介入式”教育研究。作为“新基础教育”研究团队的一分子，我们经历了“生命·实践”教育学学派共同体、理论研究者与实践者共同体、区域校际共同体、校内教师实践共同体等发展的全过程，几年来我们也努力将理论和实践的研究过程与区域基础教育及中小学的发展过程、实践变革过程统一。在这一意义上，本书既是我们研究的所言，更是我们所行中的所思及之后的所得。我希望能以自己参与“新基础教育”研究的经历来全面、系统地展现真实的深度介入式教育研究过程中教育共同体的发展及其可能面临的困难与挑战。实际上，相关的理论研究和实践体验使我们认识到，不太可能构建一个普适性的教育共同体建设理论框架，并以之来认知、评判、运作教育实践生活中类型繁多、功能多样的共同体。就像哲学家王南湜先生所指出的那样，不能在理论与实践之间强行建立一种统一关系，即宣称实践中获得成功的理论就一定是正确反映了客观事物的真理。实践中的成功并不等同于对客观事物的正确反映，反过来也一样。从理论对于生活实践的影响来看，这种理论与实践高度合一的理论在现实生活中还可能抹杀理论与实践各自的特性，将二者混淆起来，或者将理论直接导入实践，用抽象、一般性的理论强行框架各个特殊的、活生生的实践，造成生活中种种不良的甚至灾难性的后果；或者以实践的方式从事理论活动，把实践中所必需的折中、含混、模糊带进对其避之唯恐不及的理论之中，使理论失去其确定性。①。

而且，理论语言与实践中的日常语言存在很大的差异性。理论语言是一义的，而日常语言则是多义的；理论语言是普适的，而日常语言则是情境性的。在日常生活中，一个事物往往有多种性能、用途，而一旦进入理论之中，则立即被单一化。理论的开端是下定义，此即是使理论语言从日常语言中超拔出来、剥离出来、单义化。而这种单义性，可以说是从某一

① 王南湜：《理论与实践关系问题的再思考》，《浙江学刊》2005 年第 6 期。

特定视角对一个具体事物的透视，是一种“观点”的产物。这也就是说，理论活动必定是单一观点的，一贯立场的。而与之相对，日常语言则是多观点的，非一贯立场的。①

因此，本研究尽量以相对“理论”的方式把深度介入式教育研究及过程中各类教育共同体建设的思考、经验呈现出来，以期为他人开展类似尝试和探索带来一些启发。

① 王南湜：《社会哲学：现代实践哲学视野中的社会生活》，昆明，云南人民出版社，2001，第86页。

第一章　旁观与介入——教育研究方式的两种选择

与其他学科相比，教育学成熟的时间相对较晚，在研究方式上一直受其他学科影响。如今，随着学科间的相互渗透和教育领域的公共化，教育研究的主题和方式也日益多元化。各种研究主题和方式相互补充，使教育研究呈现丛林状态，极大丰富了我们的视野。从学科发展角度讲，每种研究方式及其主题都有其不可替代的意义。就像金生鈜所言：描述的研究无法排斥辨理的研究，事实研究无法否定价值研究，经验研究无法取代规范研究。现在，有不少教育学者主张实证的研究、现象的研究、现场参与的研究。这些研究范式都是必要的，但是如果否定非实证研究，也就走向片面了。①

在此，我们无意品评相关教育研究方式的好与坏，而着力从研究过程中理论与实践、理论研究者与实践者关系的角度进行探讨。

第一节　理论优先的旁观式教育研究

一、理论优先与旁观式研究的学术渊源

地球存在数十亿年，人类存在数百万年，人类有记载的思想却只有几千年。自人类开始探索宇宙、人生，就为纷扰的世界烦恼，因为世界总变动不居，如何认识和把握诸多“变”中的“不变”就成为对人类思维的挑战。希腊人从泰勒斯（Thales）开始就在追求流变背后的不变之物，即

① 金生鈜：《教育研究的逻辑》，北京，教育科学出版社，2015，第 19 页。

“多”背后的“一”①。这种对“一”的追求要求思想者们从“多”中解放出来，这种解放的途径就是“理论”的态度。在古希腊，理论（theoria）的意思是“观看”，观看者作为一个“旁观者”来观看，“理论”这一词语就来自希腊语的“旁观者（theatai）”。如果物体和人的存在不以一个旁观者为先决条件，那么在这个世界上就不存在物体和人。换句话说，在显现的时候，任何东西都不是单独显现的；任何存在的东西都必然被某人感知。②

“旁观者”的旁观需要异常的平静。“没有任何行动或激动，回避与直接利益有关的事物，而直接利益以一种或另一种方式使我卷入现实世界。这种回避是一切判断的先决条件。在历史上，对行动的这种回避是为精神活动设想的最古老条件。在其最早和最原始的形式中，人们发现，只有旁观者，而不是行动者，能认识和理解本身作为一种演出的东西。这种发现在很大程度上归功于希腊哲学家对沉思和纯粹静观的生活方式的优越性的信念，最基本的条件——在第一个制定这种条件的亚里斯多德看来——是‘schole’。”③ 这里的“schole”是主体有意摆脱日常生活中常规活动的行为，以使自己能够自如地思索、探求真理（episteme）。

对理论的推崇在希腊人的知识分类体系中可以找到证据。在《斐莱布篇》中，柏拉图把知识分为技术知识和教育与文化相关的知识④。技术知识主要指农业、军事、建筑、医疗等，体现的是经验和试误，面向的是可感的自然界。可感的自然界因为其不确定性，因而与确定性的真理知识无缘，技术知识只有有限的精确性。教育与文化相关的知识主要指算术、几何、辩证法，其对象是理念世界，追求的是不变的形式和事物的本质，因

---

① 与古希腊类似，古代中国虽然没有运用“哲学”“智慧”等概念，但也很早就展开了对“性与天道”的追问。分开来看，“天道”更多与世界普遍原理相联系，“性”在狭义上和人性相关，广义上则关乎人的整个存在。“性与天道”合起来便涉及宇宙人生的一般原理。从先秦开始，中国的哲学家已开始对“道”与“技”加以区分，庄子即提出了“技”进于“道”的思想，也有了“形而上者谓之道，形而下者谓之器”的区分。因此，在一定意义上，西方的philosophy与中国的“性道之学”在超越性的追问上有内在相通性。但前者发展出了旁观式的理论传统，而中国“性道之学”则有自己的发展进路，形成了在行动与“事”中探寻“事理”的思想传统。近代以来，西方的理论传统对我国学术与学人影响日深。因此，本文着重分析的是西方的“理论”传统，当然这也是本人对中国传统学术和学术传统了解有限所致。

② 〔美〕汉娜·阿伦特：《精神生活·思维》，姜志辉译，南京，江苏教育出版社，2006，第19页。

③ 同②，第100~101页。

④ 孟强：《从表象到介入：科学实践的哲学研究》，北京，中国社会科学出版社，2008，第4页。

而比技术知识稳定可靠。亚里士多德继承了柏拉图的传统，把人类活动分为理论（theoria）、实践（praxis）和创制（poiesis）。创制与技艺有关，指向外部的事物；实践与善和幸福有关，其本身就是目的；理论活动则指向永恒之物、第一因和本质，追求普遍必然的真理（episteme）。

古希腊奠定的"理论"传统后来一直主导西方的思想进程，其特征首先就是理论对实践的优先或优越。人们认为"精神"这个观念具有光荣的性质……。这种轻视动作、行为和制作的态度曾为哲学家们所培养。但是哲学家们并不是诋毁行动的始创者，他们只是把这种态度加以公式化和合理化，从而使它持续了下来。他们夸耀他们自己的职能，无疑远远把理论置于实践之上……。劳动从来就是繁重的、辛苦的，自古以来都受到诅咒。劳动是人在需要的压迫之下被迫去做的，而理智活动则是和闲暇联系在一起的。由于实践活动是不愉快的，人们便尽量把劳动放在奴隶和农奴身上。社会鄙视这个阶级，因而也鄙视这个阶级所做的工作。① 从根本上说，这种优先或优越感是与西方人对事物本质或确定性的寻求联系在一起的，也与实践的不确定性联系在一起。

其次，发展出了摈弃实践生活的旁观式认识和研究方式。罗蒂（R. Rorty）曾指出，实际上西方的认识论传统的本质是镜式表象主义，是主体对外部世界静态、沉思式的表象和反映。对此，杜威（J. Dewey）提出了"旁观者认识论"：所以人们就渴望有这样一个境界，在这个境界里有一种不表现出来而且没有外在后果的活动。人们之所以喜爱认知甚于喜爱动作，"安全第一"起了巨大的作用。有些人喜欢纯粹的思维过程，有闲暇，有寻求他们爱好的倾向。当这些人在认知中获得幸福时，这种幸福是完全的，不致陷于外表动作所不能逃避的危险。人们认为思想是一种纯内心的活动，只是心灵所内具的；而且照传统古典的说法，"心灵"是完满自足的。②

阿伦特（H. Arendt）则称之为"沉思式生活方式"，并对比了其相对的"现实的生活方式"：现实的生活方式是在公开场合进行的，而沉思的生活方式是在"私下里"进行的；现实的生活方式致力于考察"其邻人的需要"，而沉思的生活方式则关注"上帝的显现"……。换句话说，思维以沉思为目的，并以沉思告终，沉思不是一种主动状态，而是一种被动状

① 〔美〕约翰·杜威：《确定性的寻求：关于知行关系的研究》，傅统先译，上海，上海人民出版社，2004，第2~3页。

② 同①，第5~6页。

态；这就是精神活动的支撑点。①

可以说，理论优先传统和旁观式研究是西方学术的“内在气质”，深深渗透在后世的学术研究和学科发展之中。这种传统使得西方一代代哲学家包括科学家能置身事外、物外，以冷峻的目光审视、批判世界的纷繁复杂，并以超越的精神和价值引领人们不断追求进步、追求真理及人类的善与美好。不过到了近代以后，这种传统因自然科学的兴起，演变成了科学主义和实证主义。这主要是因为，科学知识是无法借助于实践态度得到解释的。现实世界的多元性与复杂性，研究者与研究对象之间存在的复杂互动关系，致使人文科学陷入相对主义的境地。显然，基于文化和历史的多元性，难以为科学的权威性辩护。科学知识与社会和文化无关，对科学的理解，要基于理论态度和旁观者的立场：科学是对自然界的静观与“看”(theoria)。换句话说，科学主体与认识活动超越于自然界，外在于自然界。②

所以孔德（A. Comte）在其《实证哲学教程》中明确提出了他心目中“人类整个认识演变的重大规律”：我们所有的思辨，无论是个人的还是群体的，都不可避免地先后经历三个不同的理论阶段，通常被称为神学阶段、形而上学阶段和实证阶段。此种称谓足可以表明其性质，起码对于那些了解其真正普遍意义的人来说是如此。第一阶段，虽然从各方面来看都是不可缺少的，但今后应始终将其视为纯然是临时性的和预备的阶段。第二阶段，实际上只是解体性的变化阶段，仅仅包含单纯的过渡目标，由此便逐步通向第三阶段。最后这一阶段才是唯一完全正常的阶段，人类理性的定型体制的各个方面均寓于此阶段之中。③

这里特别需要强调的是，当作为社会学家的孔德说出“实证”时，不仅意味着自然科学及其精神在人类精神领域的大获全胜，也意味着这种精神向人文社科领域的深层渗透。逻辑经验主义在20世纪60年代之后成为哲学的主流之一，心理学、社会学、经济学等学科也纷纷向自然科学靠拢，努力通过实证研究使自己变得更“科学”。

---

① 〔美〕汉娜·阿伦特：《精神生活·思维》，姜志辉译，南京，江苏教育出版社，2006，第4~5页。

② 孟强：《从表象到介入：科学实践的哲学研究》，北京，中国社会科学出版社，2008，第8页。

③ 〔法〕奥古斯特·孔德：《论实证精神》，黄建华译，北京，商务印书馆，1996，第1~2页。

二、理论优先与旁观式研究传统在教育中的渗透

聚焦到教育学，受理论优先研究传统影响，西方对教育的思考与论述自古希腊开始就有强烈的理论特性。这种特性一方面是指西方人以旁观和超越的姿态，注重对日常教育生活、活动、现象背后原理或本质的追问，并形成一般性的教育思想和理念；另一方面是指这种对教育的理论探求随着西方思想和学术研究的发展而发展，在方法和方法论上与哲学、心理学、社会学等保持大致一致的基本理路。而且，这些教育思想家往往首先是哲学家，然后才是教育家。所以，早在古希腊时期，苏格拉底就提出了“美德即知识”的教育命题，柏拉图基于理念世界与现实世界的划分探讨了教育对“善”的追求，亚里士多德“自由教育”的思想一直影响至今，昆体良（M. F. Quintilianus）则第一次将教学方法上升到原理的层次，其后奥古斯丁（S. A. Augustinus）、伊拉斯谟（D. Erasmus）、拉伯雷（F. Rabelais）、蒙田（M. de Montaigne）以及后世很多著名思想家、教育家等无不对教育问题及其基本原理等进行深入阐述。到17世纪初，培根在其代表作《学术的进展》中以一种“继往开来的气概”，超越亚里士多德画出了一幅全新的“学术概图”，以深邃的眼光在其“知识之球”上给“教育学”留下了一个位置①，并对夸美纽斯（J. A. Comenius）的教育思考产生了深刻影响。

夸美纽斯无疑具有十分丰富的教育实践经验，但他并不满足和停留于经验的描述，在《大教学论》的扉页上写下的教学是“将一切事物教给全人类的无所不包的艺术”②，既意味着他教育思考的宏阔（大致构建了现代教育学的基本框架），也表明了他教育思想的超前。该著围绕“人”是什么和“教”应该如何进行展开，他确认两方面所必须遵循的共同原则是“自然”。这些思考与追问远远超越了他的实践感受，其论述方式更多是宗教教义和“自然”原理的思辨、演绎和推理。

18世纪，另一位思想家卢梭横空出世，以其天才般的思想勾画了一个虚拟的爱弥儿形象，犹如一道闪电划过欧洲黑暗的天空。这个抽象的儿童对现实教育中具体孩子的成长产生了巨大影响。卢梭的《爱弥儿》更为突出的教育思想在于强烈地批判现实、倡导自由。他的批判指向社

---

① 叶澜：《回归突破：“生命·实践”教育学论纲》，上海，华东师范大学出版社，2015，第58页。

② 〔捷克〕夸美纽斯：《大教学论·教学法解析》，任钟印译，北京，人民教育出版社，2006，第5页。

会和成人对儿童自然天性发展与成长的破坏。他设计出一套并无实践基础的、与现实截然相反的教育观念和方法，充分表现出他作为思想家对社会发展必须在教育儿童上打破现实社会制度束缚、追求自由的强烈愿望……。《爱弥儿》的价值依然主要在批判的透彻，而不在建设的正确与可行。①从卢梭的《爱弥儿》中，我们可以感受到思想启蒙心灵、引领实践变革的巨大力量。

18 世纪还必须被提及的另一位与教育学相关的人是康德。他虽然自称被卢梭的思想震动，但对教育的思考明显是以理性和哲学为支撑，把教育学看作“关于教育的学说”②，是以人类的教育作为研究对象的学说。然后，他对教育的人性基础、教育的目的、教育的方式等进行了阐述。总体上看，康德对教育学的论述充分展现了哲学及其思考方式、论述方式对教育学建构的深入影响，标志着哲学-思辨教育学的基本成形。而且，康德在哥尼斯堡大学开设教育学讲座，意味着培根在其“学术概图”中给教育学留的位置在学术分科背景下的大学中初具雏形，标志着由以夸美纽斯、卢梭等人为代表的“个人教育学”向“专业教育学”的转变，教育学的“学科”性质得以凸显。当然，这也意味着教育学的“理论”性进一步增强，教育理论与实践、教育理论研究者与实践者逐步在体制上割裂，在性质上被区分为两种行为和两类主体，教育学研究越来越趋向理论研究者的“自我满足”。这主要是由教育学理论研究与大学崛起的结合决定的。那时，在康德、费希特和施累尔马哈尔等人的影响下，大学的教学和学术研究进入了一个新时代。那时流行着这样的思想：通过同一种学问安排，可以求得知识的完全性、普适性和统一性。③ 德国大学制度代表着广泛散布但又密切联系的理智工作者共同体，它以大学和高等学校的网络而覆盖欧洲的德语国家。这个共同体在其影响最大的时期里发展了它自己的特殊理想，并用一个专门语词即 Wissenschaft④ 来表达这个理想。科学（science）

① 叶澜：《回归突破：“生命·实践”教育学论纲》，上海，华东师范大学出版社，2015，第 192 页。

② 〔德〕伊曼努尔·康德：《论教育学》，赵鹏、何兆武译，上海，上海人民出版社，2005，第 15 页。

③ 〔英〕梅尔茨：《十九世纪欧洲思想史（第一卷）》，周昌忠译，北京，商务印书馆，1999，第 34 页。

④ 德语中 Wissenschaft，即“科学”，与英国、法国、美国的“科学”（science）的内涵有差异。德语的 Wissenschaft 意为一般科学学说或理论，即“一门科学有一个体系的形式，它的全部命题连贯成一个基本命题，并由之统一成一个整体”。而英语的 science 则意味着对一个题材的精密实验的或数学的处理。

在法国和英国的用法都不符合 Wissenschaft 这个词的用法，也未给出其意义。这个词的意义不可能用任何一个英语单词来定义①。

基于康德的尝试和德国大学的崛起，教育学迎来了新的发展契机。赫尔巴特（J. F. Herbart）就是这个把契机变成现实的人。他受德国大学 Wissenschaft 传统影响，形成了明晰的教育学学科立场，明确提出建立“科学教育学”，将之称为“普通教育学”，通过概念和论证形成了作为一个学科的“教育学”。他在整体意义上对“教育是什么”这一问题，从目标到对象、从内容到过程、从原理到方法，做出了概念化和理论性的回答。后来狄尔泰（W. Dilthey）对赫尔巴特的“普通教育学”发难，主张建立“精神科学教育学”。虽然他们在教育学的内涵上有分歧，但是在教育学的研究和表达方式上并没有差异，仍是德国大学的理论传统。1901 年，在心理学家冯特（W. Wundt）的影响下，梅伊曼（E. Meumann）首先将实验教育思想称为“实验教育学”，强调以实验的方式研究教育问题，并首先将心理实验的方法应用到教育研究之中。与梅伊曼同时代的拉伊（W. A. Lay）受实验心理学的启发，尝试运用观察、实验、统计这些自然科学方法，探索教育教学的原理与方法，出版了《实验教育学》专著。他们主张的“实验教育学”与赫尔巴特教育学在教育学的鲜明学科立场和对“一般教育学”的追求上有共同之处，在对科学教育学的“科学”理解上有差异。拉伊、梅依曼主要受英国、法国科学（science）传统的影响，主张用实证实验的方法来构建新的一般教育学。对此，梅尔茨（J. T. Merz）曾有过阐述：法国和英国精心制定和命名的“科学”在德国被称为“精密科学”（Exact Science）；但是，下述看法是同德国科学理想相对立的，即精密方法是唯一称得上科学方法的方法。在精密科学方法在英国和法国的影响下引入德国之前，德国人已拥有许多科学方法，已有康德确立的哲学批判科学，历史批判、《圣经》批判的科学和语文科学。这一切科学都声称拥有和精密科学类似的那种确定的方法、崇高的目标和纯净的风格。目前在德国可能存在一种类似于法国和英国实证哲学的思想倾向，它旨在引入自然科学方法来覆盖整个研究领域，且排斥任何别的方法。如果它成功，则将破坏德国大学制度的本质特点，并连带破坏过去百年间存在于德国所有第一流智士仁人之中的 Wissenschaft 理想。②

---

① 〔英〕梅尔茨：《十九世纪欧洲思想史（第一卷）》，周昌忠译，北京，商务印书馆，1999，第 144 页。

② 同①，第 147~148 页。

所以，拉伊将自己的实验教育学称为新教育学。他说：实验教育学的主要特征，就是现在在教学和教育研究中所运用的新的研究方法。新旧教育学的主要区别，在于它们积累经验的方式和研究的方法。必须开发实验教育学的研究方法，使教育学能够独立，并借此把教育学确实提高到科学的地位。旧教育学把推演出来的结果看作最终的原理、理论、目的和方法，新教育学则不同，它认为这些结果只是初步的假定或假设，这些假定或假设应受到系统的观察、统计和实验的检验。旧教育学依靠知觉、内省观察和观察别人进行研究，可是这些方法本身是不完善的。因此，实验教育学通过全面的观察、统计和实验来补充和完善旧的研究方法。实验教育学是对旧教育学的补充和完善，因而是一种完整的教育学。①

之所以在此对实验教育学的主张大篇幅引用，是为了强调教育研究的方式方法自此有了与过去思辨、演绎、推理截然不同的新取向②，“哲学-思辨教育学”之后出现了“科学-实证教育学”，在法国的涂尔干（E. Durkheim）、美国的霍尔（G. S. Hall）和桑代克（E. L. Thorndike）等人的努力之下，教育实证研究成为教育研究的主流。“二战”以后，实证研究再次强势登场，并进一步稳固了主导地位。对于实证研究，美国社会学家汉森（D. A. Hansen）曾有一个经典概括：实证研究致力于探寻确凿无疑的知识，所提出的是关于研究对象“是什么、曾经是什么、可能是什么、有望是什么”的陈述。③

具体而言，实证研究有四个基本特征。第一是客观，以确凿的事实和证据为基础，实事求是，不被个人的主观愿望或偏见所左右；第二是量化，努力获得对事物特征和变化的“度”的把握，而非笼统、模糊的描述；第三是有定论，有确切的发现或结论，而非无休止的争论；第四是可检验，通过专业化背景下建立起来的共同概念、共同规则，使用共同方法、共同工具，可以获得相同的结果。④

1999 年，美国国家研究理事会成立了“教育研究的科学原则委员会”；2002 年，委员会出版了研究报告《教育的科学研究》，明确提出实证研究

---

① ［德］W. A. 拉伊：《实验教育学》，沈剑平、瞿葆奎译，北京，人民教育出版社，2005，第 9-21 页。

② 其实在拉伊、梅伊曼之前，来自实证哲学的发源地法国的孔佩雷、比奈等人受孔德的影响就已经开始教育的实证的研究，但是他们并没有把研究上升到“教育学”的高度。

③ 转引自袁振国：《实证研究是教育学走向科学的必要途径》，《华东师范大学学报（教育科学版）》2017 年第 3 期。

④ 袁振国：《实证研究是教育学走向科学的必要途径》，《华东师范大学学报（教育科学版）》2017 年第 3 期。

是对研究结果的不同解释进行正确判断的基础，也是得出合理推论从而积累新知识的基础①，而且主张教育研究要实证化，因为就本质而言，所有领域的科学探索都是相同的。无论是在教育、物理、人类学、分子生物学领域还是在经济学领域，科学研究都是一个连续而严密的推理过程。这一推理过程的基础是研究方法、理论及研究结果的有机结合，这样的推理使我们的理解建立在可检验的模型及理论的基础之上②。而要开展教育实证研究，必须使研究者同所研究的现象分割开来，这需要遵循一些基本原则：①研究者必须对他所研究的东西保持“客观的”立场，要尽全力避免介入可能会影响或歪曲正在调查资料的方式。②力求客观性是调查者试图达到的所有目标中最重要的一点。如果事情能在实验设计的条件下（例如在实验室里）再现的话，那就更好了。尽管研究的客观性是大家认为重要的因素，但是在社会科学中要达到这一点比自然科学更困难。然而，科学的方法力图处理在原则上任何人都可能同意它们会发生的事情。还有，研究者的个性、态度、信念和价值观也可能会影响对现象的观察和对研究成果的评估，从而影响结果的推广。③在测量和分析资料时，运用统计学原理有可能确保准确性。③ 另一方面，虽然教育实证研究占据主流，但并非没有遭遇抵抗。有许多教育研究者拒绝实证主义的方法，认为这些研究几乎同研究复杂的教育情境和人的行为不相干。特别是随着现象学、存在主义哲学、解释学的兴起以及人类学、社会学等学科中田野研究方法的推广，在教育研究中，定性研究的方法得以流行。如果要给定性研究下一个定义，可以说：定性研究是一种将观察者置于现实世界之中的情景性活动。它由一系列解释性的、使世界可感知的身体实践活动所构成。这些实践活动转换着世界。它们将世界转变成一系列的陈述，包括实地笔记、访问、谈话、照片、记录和自我的备忘录。在这种程度上，定性研究包含着一种对世界的解释性的、自然主义的方式。这意味着定性研究者是在事物的自然背景中来研究它们，并试图根据人们赋予现象的意义来理解或来解释现象。定性研究包括使用和收集各种经验材料的研究：个案研究，个人经历，内省，生活史，访问，人文产物（artifacts）研究，文化文本和产品研究，观察的、历史的、互动的以及视觉的文本研究——描述日常事物和有疑问的环

---

① 〔美〕理查德·J. 沙沃森、丽莎·汤：《教育的科学研究》，曹晓南、程宝燕、刘莉萍等译，北京，教育科学出版社，2019，中文版序第 2 页。

② 同①，第 1~2 页。

③ 瞿葆奎主编，叶澜、施良方选编，《教育学文集·第 15 卷·教育研究方法》，北京，人民教育出版社，1988，第 13~14 页。

节以及个人生活中的意义。因此，定性研究者使用广泛的、内在相连的解释性实践，希望总是能够得到一种对身边主题的更好的理解。①

如果将定性的教育研究与教育实证研究相比较，它们在对研究对象的理解、对研究情境的要求、资料的类型及其处理方式、研究的认识论基础等方面均有分歧。但两者之间有内在的一致性，都是以“不同的方式做同样的事”，即以不同的方式探究教育事实，寻求现象背后的教育本质，都强调事实和证据。《教育的科学研究》明确指出：人们普遍认为定性方法和定量方法是两种根本不同的研究方式，甚至把它们看成建立在十分不同的哲学认识论上的两种研究模式。我们认为这种观点是错误的。我们认为，定性的和定量的科学探索从认知论角度来看是十分类似的，这两种方法都可以进行严格科学的应用，因而我们并不把它们看成是不同的研究方式。我们相信，这种划分已经过时，不能一对一地适用于任何学科领域群。②

从上文所述的理论优先和旁观式研究传统看，哲学-思辨研究、科学-实证研究和定性研究的“旁观”性是一致的，哲学-思辨研究是对教育实践抽身式的超越性旁观，科学-实证研究是对教育实践近距离的理性旁观，定性研究则是在教育实践之中的参与性旁观。对此，孙元涛曾做过类似的区分：场（即教育实践现场）外旁观，具体有场外思辨-类推、场外考据；场内旁观，具体有描述教育事实（教育实证研究）和理解教育的意义（定性研究）。③ 可以说，教育理论发展史就是理论优先和旁观式研究传统在教育研究中的渗透与转化史，没有这一传统就没有系统的教育理论体系，就没有教育学学科。当然，这种传统也有其弊端，为介入式的教育研究保留了空间。

三、两种典型的旁观式教育研究

为了更好地对理论优先和旁观式研究在教育中的表现进行分析，我们从教育理论研究（者）与教育实践（者）间关系的角度，分别对教育实证研究的典型——教育实验研究和定性研究的典型——教育叙事研究做进一步的分析。

---

① 〔美〕诺曼·K. 邓津、伊冯娜·S. 林肯：《定性研究（第1卷）：方法论基础》，风笑天等译，重庆，重庆大学出版社，2007，第4页。

② 〔美〕理查德·J. 沙沃森、丽莎·汤：《教育的科学研究》，曹晓南、程宝燕、刘莉萍等译，北京，教育科学出版社，2019，第16页。

③ 孙元涛：《教育学者介入实践：探究与论证》，重庆，重庆大学出版社，2009，第28～56页。

（一）教育实验研究

出于对哲学思辨式教育研究的不满，19 世纪末，拉伊和梅伊曼将心理学研究的实验方法引入教育研究，使教育实验成为人们追求教育科学化和教育学科学化的典型研究方式，这一方法在许多国家得到不同程度的发展。从与教育实践者合作的角度看，教育实验一般有两类：一类是在实验室里，在严密控制下进行，通过实验研究得出某种结论，然后在中小学由教育实践者验证其实验结论的可靠性，是一种理论证实或证伪式的教育实验；一类是理论研究者提出理论假设、做好研究设计，在学校自然教育情境下由理论研究者指导实践者实施，最后一般由理论研究者分析资料、形成结论，是一种归纳式的教育实验。在归纳式的教育实验中，理论研究者事先设计好变量及其控制措施，实践者则根据理论研究者设计好的实验方案开展实践工作，理论研究者对实践者的实践过程进行观察、评估、调整和总结。从表面上看，理论研究者对参与教育实验的实践者及其实践进行着“干预”或“介入”，但这种“干预”或“介入”是在实践之前的实践方案设计和实践结束时的研究总结之时进行的，在实践过程之中理论研究者秉持旁观原则。当然，实践过程中如果实践者偏离研究方案或变量有变化时，理论研究者也会“干预”或“介入”，但这种“干预”或“介入”关注的是方案的落实程度和变量的矫正，而非实践者的实践本身。因此，就实践者的实践过程本身而言，理论研究者始终坚持采用旁观式观察。

在两种教育实验形态中，实践者都非全程参与，参与的阶段存在差异：在实验室的教育实验中，实践者一般是在研究的总结阶段参与，在归纳式的教育实验中，实践者往往是在研究的实施阶段参与。但二者的研究方法论基础是一致的，即都是在实证主义指导下，对相关变量进行控制和施加影响，收集并分析相关数据信息，确定实验影响与实验结果的因果关系。在整个研究过程中，强调理论研究者对于教育事实的如实研究，不渗透个人价值观念与情感，力求研究结果的客观性、因果性、可证伪性、定量化和可重复性。就如埃里克森（E. H. Erikson）所说的那样，实证主义教育研究的假定是：历史会重演，人们能对从过去的事件中学到的东西加以概括，用以说明未来的事件——无论事件发生的场合是否发生变化①。

因此，以实证主义为方法论基础的教育实验强调教育“真实地”存在于我们自身之外，可以通过实验的方法予以把握和捕捉。教育研究就是要

---

① 转引自〔美〕梅雷迪斯·D. 高尔、沃尔特·R. 博格、乔伊斯·P. 高尔：《教育研究方法导论（第六版）》，许庆豫等译，南京，江苏教育出版社，2002，第 21 页。

寻求教育现象中存在的因果关系，按照自然科学的研究模式把握教育存在的规律，认识的正确性也必须通过经验来验证。这种研究坚持技术理性，认为：实际的教育问题有通用的解决办法；解决这些实际问题的办法可以由在实际情境之外的研究者发展出来；这些解决办法可以通过出版物、训练或行政命令等途径转换成实践者的行动。显然，这种研究采用了“研究-开发-传播”（R-D-D）的流水线式的操作模式，实践者在流水线中只需要阅读由理论专家开出的“使用说明书”然后照章办事就可以了。在这样的知识生产链上，教育理论研究者与实践者以主客体的方式相分离，遵循从理论到实践（证实或证伪理论）或从实践到理论（归纳总结实践经验）的单向逻辑。过程中实践者就像人类学的研究对象——异乡的土著——一样被客观地研究，在理论研究者的眼里，学校的教育世界和实践者的工作环境就是“异乡”，实践者被剥夺了研究中的发言权和审视权。关于这一点兰珀特（M. Lampert）讲得更明确：“他们（理论研究者——笔者注）……认为教师如同技术生产部经理，认为教师的责任就是提高教学效率，非如此学业不能完成。根据这一看法，如果教学人员运用研究人员的成果来解决课堂问题的话，教学质量就可以得到提高。教师的职责就是查阅研究人员和决策者讲了哪些应该做的事情，或者对学生讲了什么并叫学生做些什么，例如，教师辅导和学生自学各应占多少时间，儿童必读的故事书中应该有多少新单词。似乎只要教师听命于研究人员和决策者，学生也就自然会学到东西了。”①

在研究中，实践者是被动的参与者，缺乏话语权，其需求无须理论研究者重视，理论研究（者）与实践（者）具有等级上的尊卑特征。当数据收集完毕或理论研究者认为信息足以说明理论假设时，研究就行将结束，也就是说，研究的一切都是围绕理论研究者的需要而开展。由于实践者往往被动参与，理论研究者也并不持续性地在学校教育现场与之沟通，这种研究因而也难以真正扎根于教育实践领域和实践者的心中，研究深度也有限。在研究文本呈现上，参与研究的人——理论研究者与实践者都“隐形”、不说话，呈现的是实验开展程序、变量与控制措施、数据分析与结果等客观描述。

当然，必须承认教育实验研究为教育研究的“科学化”和教育的“科学化”做出了贡献。而且，它本身也并非一无是处，实际上，现在教育实

① Lampert, M., 1985: “How Do Teachers Manage to Teach? Perspectives on Problems in Practice”, *Harvard Educational Review*, 55 (2).

践中的某些方面还需要进一步开展教育实验研究。不过，毕竟教育领域不是客观的物理世界，它充满了价值和意义，这些都不是实证主义研究方式所能解决的。狄尔泰曾旗帜鲜明地批判孔德的科学等级分类学说，认为他忽视了关于人和社会的科学所具有的不同于自然科学的独特性，在他那里是用自然科学的方法代替形而上学的方法，用自然主义的形而上学代替唯心主义的形而上学，他因此不能认识精神科学所从事的历史研究的真正意义。①

（二）教育叙事研究

对教育实践的研究长期被哲学与科学的研究方式统治，哲学方式推崇思辨，对教育的审视冷峻而遥远；科学方式推崇因果性“规律”的寻求，缺乏教育本身的温情与生动。不仅如此，两种方式的共同点在于都是以自上而下、由外而内的理路研究教育，埋没了教育实践者个体、教育实践情境、教育实践活动本身的独特性、灵动性。它们面临的困境是：教育研究越是精确，其与真实教育实践经验的联系就越少。因此，20 世纪 70 年代以来，西方教育科学领域发生了重要的“范式转换”：开始由探究普适性的教育规律转向寻求情境化的教育意义。② 在此情形下，教育叙事研究得以兴起。如同教育实验研究，教育叙事研究也分两种：一种是实践者自己记录、讲述和反思自己的实践“故事”，通过自我观照认识作为教育实践主体的自我及其实践；另一种是理论研究者进入教育实践场域，通过与实践者的交流及观察、体验，挖掘教育实践者实践“故事”蕴含的意义。在此，我们关注的是第二种。这种教育叙事研究转向是人文社科研究“叙事”转向的一部分，也是后现代学术研究的一部分。人们认识到，与其说人文学科领域的“科学研究”是在如实地描述、分析现代社会文化的真实状况，还不如只是为了完成现代性的体制权力所施予它们的任务。事实上，真实状况远没有被逻辑话语描述殆尽。③ 因此，西方人文社会学界以及教育研究领域掀起了一股可以称之为“转向叙事”的学术浪潮，其基本立场是说现实社会生活领域的复杂行为关系及其随时间流动的变迁特征不是任何一种理论框架所能解释得了的，在这种情况下，研究者只能通过“叙

---

① 谢地坤：《走向精神科学之路——狄尔泰哲学思想研究》，南京，江苏人民出版社，2003，第 55 页。

② 〔加〕大卫·杰弗里·史密斯：《全球化与后现代教育学》，郭洋生译，北京，教育科学出版社，2000，主编寄语第 1 页。

③ 丁钢：《声音与经验：教育叙事探究》，北京，教育科学出版社，2008，第 1 页。

事”（尤其是让社会上的各色人等自己言说）来接近、表达社会生活真相。①

在推崇叙事研究的人看来，人类经验基本上是故事经验；人类不仅赖故事而生，而且是故事的组织者。进而，他们还相信，研究人的最佳方式就是抓住人类经验的故事性特征，记录有关教育经验故事的同时，撰写有关教育经验的其他阐述性故事。这种复杂的撰写的故事就被称为叙事（Narrative）。写得好的故事接近经验，因为它们是人类经验的表述，同时它们也接近理论，因为它们给出的叙事对参与者和读者有教育意义。② 因此，教育叙事研究者相信，教育学不能从抽象的理论论文或分析系统中去寻找，而应该在生活的世界中去寻找，教育学就存在于我们每天与孩子说话的情境中，教育学就存在于我们与孩子在一起的方式之中。③

从上述立场出发，有些教育叙事研究者从杜威那里得到了启发，他们在研究中将经验置于最显著的位置开始于对杜威著作的定期重温④。因为对杜威来说，教育、经验和生活是紧密交织在一起的：当有人问研究教育意味着什么，从最概括的意义来回答，可以说就是研究生活。跟从杜威的观点，研究教育就是研究生活——比如，研究顿悟（epiphanies）、礼仪、常规、隐喻及日常行为。我们从思考生活中学习教育，我们从思考教育中学习生活。这种对经验的关注以及把教育作为经验来思考，是教育工作者在学校中所做的工作的一个部分。⑤

此外，教育叙事研究还从人类学家那里引进田野研究的方法，从现象学那里得到方法论的启示，从扎根理论那里借鉴信息处理方法，从文学和叙事学那里学会研究文本的组织与表达。这样，教育叙事研究日益发展成为一种独特的研究方式。目前，叙事探究作为在科学与人文这两极之间的一个中间道路，已逐渐成为教育研究中的一个核心学术话语方式。其对教育的重要意义在于：它把有关生活性质的理论思想引入活生生的教育经验之中，并通过生活（如教与学）经验的叙述促进人们对于教育及其意义的理解。⑥

---

① 丁钢：《声音与经验：教育叙事探究》，北京，教育科学出版社，2008，第4页。

② 转引自丁钢：《教育经验的理论方式》，《教育研究》2003年第2期。

③ 〔加〕马克斯·范梅南：《教学机智——教育智慧的意蕴》，李树英译，北京，教育科学出版社，2001，第43页。

④ 〔加〕D. 简·克兰迪宁、F. 迈克尔·康纳利：《叙事探究：质的研究中的经验和故事》，张园译，北京，北京大学出版社，2008，序言（xi）。

⑤ 同④，序言（xi-xii）。

⑥ 丁钢：《教育研究的叙事转向》，《现代大学教育》2008年第1期。

但再独特，叙事探究也有其基本特征，其中，理论研究者与实践者的合作必不可少：叙事探究是理解经验的一种方法，它是研究者和参与者在一定时间内，在一个或一系列的地点，以及在与周围环境的社会互动中的合作。①

许美德（R. Hayhoe）也认为：只有研究者与被研究者建立起密切的交往关系，才可能做出叙事研究来。② 这意味着研究主体——理论研究者必须改变过去的研究方式，建立与研究参与者——实践者的良好关系。就如康纳利（M. Connelly）和克兰迪宁（D. J. Clandinin）所说：关系是叙述式思考的中心，关系是叙事探究者做什么的关键，叙事探究是经验的研究，就像杜威告诉我们的，是在环境和事件条件下人的关系问题。参与者处在关系中，作为研究者我们也处在与参与者的关系中，叙事探究是这种经验的经验，是处在关系中的人与人一起研究。③

因此，可以说，教育叙事研究是理解教育实践生活、教育实践者经历与经验的一种方法，是理论研究者与实践者在一定时间内，在一个或一系列地点，以及在与周围环境的社会互动中的合作。理论研究者与实践者良好合作关系的建立是教育叙事研究的关键因素，因为它是研究资料来源的保障。如果实践者不愿意参与研究或不愿意敞开心扉并与理论研究者深入交流，理论研究者就不可能了解实践者独特的经历、经验、体验及学校教育生活中的种种“隐喻”。所以，纯粹形式上的教育叙事研究过程就是理论研究者与实践参与者协商合作，在沟通互动的基础上，经历“进入现场—积累现场文本（实践者的日记、笔记、反思、自传及研究者的现场记录等）—建构研究文本”的过程，是“我”讲“他（实践者）的故事”的过程。而且，这种合作过程一般在理论研究者与实践者个体之间发生，而非群体行为。

一般来说，教育叙事研究分为三个阶段：研究方案设计、经验资料收集和研究文本撰写。理论研究者与实践者的合作主要发生在后两个阶段，尤其是经验资料收集阶段。

在经验资料收集阶段，理论研究者采用人类学的田野研究方式来到教育实践现场（课堂和学校等）进行参与式观察，收集体现实践者个人经历

---

① 〔加〕D. 简·克兰迪宁、F. 迈克尔·康纳利：《叙事探究：质的研究中的经验和故事》，张园译，北京，北京大学出版社，2008，第 22 页。

② 〔加〕许美德：《思想肖像：中国知名教育家的故事》，周勇等译，北京，教育科学出版社，2008，第 8 页。

③ 同②，第 197 页。

和故事的素材（尤其是看似平淡却对实践者个人生活有深层影响的自我故事或个人经历故事）。除了收集这些素材之外，理论研究者还要与实践者深入交往，力求走进其内心世界，开展一些结构性和非结构性的访谈，倾听其个人经历、故事。其中，理论研究者坚持的基本原则是“悬置”自己的理论前设或“存而不论”“中止判断”。这是现象学方法在叙事研究中的运用。因此，在教育叙事研究中理论研究者要努力从实践者的立场和教育实践的本来面貌去理解经验，这要求理论研究者具有把他或她自己从组织化群体的特定价值和特殊利益中分离出来的能力，以使他或她能够获得一种不是建立在事先价值基础上的理解能力，而且还要与现行规范和价值保持足够的社会距离和个人距离，从而能够客观地分析它们。① 为了讲好“故事”及使这样的故事具有“客观性”，一个田野调查者（或说是讲故事者），通常面临着“深入性”和“科学性”的两难：一方面，如果他得不到社区的某种认同，无法消除当地人中的“外人”感，无法在参与中去观察，那么，田野作业的“深入性”就成了问题。另一方面，一旦他比较深入地进入社区生活后，他往往又被告诫要与被调查者保持一定的距离，不要让外来因素影响社区的“原生态”，否则，就是不够“科学”的。因此，对任何田野调查者来说，要做到田野资料既是深入的又是“科学”的，都是一件极困难甚至是不可能的事。在教育叙事研究中这种困境同样存在，其结果一般是为了保持“科学”的“客观性”而牺牲“深入性”，通过呈现一个“客观”的“故事”以带给读者意义。正如一位教育叙事研究者在其叙事报告后记中所说的那样：研究刚开始时，李群对我的观察本能地带有一定的戒备心，有意无意地展示“好”的一面，避免她认为“不好”的东西曝光。但我们只要真实，无论什么都没有“好”与“不好”，只有“是”与“不是”、“为什么是”与“为什么不是”。②

当然，在研究过程中理论研究者作为研究主体在参与时会有自己的独特感受，理论研究者每进入一个新的研究现场都会经历自己的故事，在与实践者互动过程中还会引发自己过去相关经历、经验的重现与对它们的反思。就像康纳利所说：当作为叙事探究者在三维空间研究时，对我们来说有一点变得清楚了，就是作为研究者，我们与自己的过去、现在和将来相

---

① 〔美〕诺曼·K. 邓津、伊冯娜·S. 林肯：《定性研究（第1卷）：方法论基础》，风笑天等译，重庆，重庆大学出版社，2007，第40页。

② 丁钢：《中国教育：研究与评论（第2辑）》，北京，教育科学出版社，2002，第229页。

遇。①理论研究者需要把这些感受以自传和反思笔记的形式记录下来，这样，就不仅有实践者的“故事”，也有理论研究者的“故事”。这两类主体的故事最后在撰写研究文本时交织出现，理论研究者在文本表达时说明自己的感受，是为了避免自己主观的理解对实践者的经验造成“污染”，误导读者。在故事的表达中说明自己主观的介入有可能造成的影响或研究对自己造成的影响（体验、矛盾冲突等），力求保持客观性。因此，在教育叙事研究中，理论研究者常常要背负伦理负担。这其实是教育叙事研究者不得不直面的伦理尴尬，因为在参与观察时不可避免地会涉入互动的虚伪。

总体上看，教育叙事研究中理论研究者与实践者之间力求形成一种互为主体性（intersubjectivity）的关系，理论研究者不再是研究的主导人物，而是关心实践者先前的个人经验与加入研究后的自我觉知经验，交互涉入、彼此了解，强调相互尊重与了解。理论研究者视实践者为一个可提供丰富资讯的主体，而且这个主体同意参与研究并与理论研究者建立良好的研究关系，他相信理论研究者对其经验的陈述不具威胁性，因而乐意敞开自己的经验世界并与理论研究者分享自己的经验。由此可见，就研究中两类主体间的沟通交往而言，他们的关系具有双向性（即都需向对方“敞开”自己），但从研究的最终指向而言，这种双向“敞开”仍具有单向特征，其重心在于实践者及其经验世界的如实呈现，而理论研究者却必须屏蔽自己的理论前设（参与而不介入）。说到底，双向“敞开”是为了让理论研究者能进入实践者的私人世界与个人生活范畴或生活经验世界。因此，理论研究者与实践者发展这种互为主体的交往关系本身只是一种手段，即作为收集资料、形成叙事研究必不可少的手段。只是因教育叙事研究所需要的经验性素材必须要有这种亲密关系才能获得，理论研究者才会努力去营造这种关系。故而在一定意义上，理论研究者采取的还是一种“旁观者”的立场，只是由传统的“远距离旁观”转换成“交谈式旁观”而已，并没有从根本上改变“旁观”的本质。这样来看，教育叙事研究与其他注重“宏大叙事”的研究相比，确实在研究的对象与内容、关注的焦点方面发生了转向，但在理论研究者与实践者的关系上还没有实现真正的突破。实际上，叙事研究者虽然强调与实践者建立信赖关系，但亦注意这一信赖关系与彼此友谊关系的区分，因为友谊有造成抽样误差和丧失客观性的潜在风险。所以，教育叙事研究本质上还是为了获取研究资料，它虽然体现出一定的

① 〔加〕D. 简·克兰迪宁、F. 迈克尔·康纳利：《叙事探究：质的研究中的经验和故事》，张园译，北京，北京大学出版社，2008，第63页。

“人文关怀”性，但这种“人文关怀”注定是不彻底的，甚至是虚假的。就像人类学家一样，他们与被研究者之间“无所谓远近”，他们即使像被研究者那样，对被研究的当地社会有切身的关怀，这个“关怀”也是暂时的、虚假的，人类学家关怀的还是他们自己的社会。完成调查任务之后，人类学家要离开他所研究的那个地方，将自己在当地的生活体会提升为“知识”。①

这样，研究一结束，实践者多多少少会有一种被“抛弃”的失落感。说到底，人类学家式的叙事研究中两类主体彼此之间即使有暂时性的“我—你”关系，从更根本意义上讲这还是一种“主体—客体”关系，一旦“故事”所需要的材料收集完毕，就是“合作”结束之时，留给实践者的可能更多是无限的惆怅：“而当宣布我的工作告一段落，已经习惯生活于关注之中的李群若有所失，她的内心希望这种‘注视’持续下去——被‘注视’中的李群体验着不同的自己。”②

结束之后呢？……

此外，教育叙事研究本身还蕴含着另一种潜在的理论研究者与实践者的关系。这种关系是以“故事”文本为中介的，即理论研究者—（实践者的）故事文本—读者（主要是其他实践者）式的关系形态。这种关系在一定意义上才是理论研究者从事教育叙事研究真正在意的：读者在研究开始时只存在于研究者的想象中，在现场工作中几乎被遗忘，现在（指创作文本时——笔者注）却变得突出了，这是叙事探究文本必须面对的情况。研究者和参与者在良好关系的基础上分享意义与重要性的愉悦是重要的，但是这对于撰写叙事探究文本是不充分的。作者要始终有一种意识，就是一个读者在越过作者的肩膀凝视他的写作和作品。如果读者的判断是错误的，或者文本的意义没有被他人理解，这些都是可以接受的解释。但是如果没有读者意识，研究文本对读者不具有价值意识，则是不可原谅的。③

叙事研究者希望通过故事文本来向读者展现真实的教育生活，从而达到一般教育理论所不能达到的效果，体现叙事研究的独特性。叙述可以借助文本向每个实践的参与者和读者摊开，也就是叙述提供给我们的文本并不像思辨一样斩钉截铁，每一篇文章都在告诉你真理，而叙事的研究结果

① 王铭铭：《经验与心态：历史、世界想象与社会》，桂林，广西师范大学出版社，2007，第144页。

② 丁钢：《中国教育：研究与评论（第2辑）》，北京，教育科学出版社，2002，第229页。

③ 〔加〕D. 简·克兰迪宁、F. 迈克尔·康纳利：《叙事探究：质的研究中的经验和故事》，张园译，北京，北京大学出版社，2008，第158页。

并不标榜自己是斩钉截铁的真理，而是读者可以参与进来，可以以你自己的方式去理解，在方法上采取了多义的诠释方法，多角度切入，给你一个开放的空间。①

第二节　实践优先与介入式教育研究

一、实践优先与介入式研究的学术渊源

如前所述，理论优先与旁观式研究的传统起源于古希腊，着力于一劳永逸地把握现象背后的本质、“多”背后的“一”，遵循从现象到本质的思辨理性主义模式，由此树立主体的权威地位，在促进人类征服自然并使主体、理性、科学、真理至上的同时，客观上形成了主体—客体、主观—客观、理论—实践等多方面的二元对立，为后世人类现实生活的困境埋下了形而上学的隐患。但同时，古希腊先哲们也认识到了实践和人生的意义，开辟了另一条实践优先的介入式研究路径，隐然为当代人类思想的转型发展指明了路径。

“实践”（Praxis）一词在古希腊经典文献中就已存在，最初的含义是指一切有生命东西的行为方式②。在此基础上，亚里士多德阐发“理论”时，明确提出了“实践哲学”，赋予“实践”概念以“反思人类行为”的哲学含义，强调从实践出发来研究人的生活、人的行为问题。对此，伽达默尔（H. Gadamer）指出：也许亚里士多德知道，人类的自我意识并不仅仅满足于知识的欢乐、理智、对事物和人的理解以及对数目的了解、对世界和神性东西的了解。人的兴趣同样关注着人的生活实践这种特殊性，这种特殊性使人从其他与自然界紧紧相连的生物中提升出来，使人作为社会的动物而能够创造人类的关系、道德和秩序。③

然而，在社会发展过程中，理论优先的旁观式研究传统一直占据统治地位，人类实践活动和生活全部交付给科学理性判决，实践沦为现代的科学概念压力之下的牺牲品。对此，伽达默尔指出：在科学方法论方面所产

---

① 丁钢：《声音与经验：教育叙事探究》，北京，教育科学出版社，2008，第5页。

② 李建设：《再论实践第一性——纪念“实践是检验真理的唯一标准”一文发表30周年》，《理论界》2009年第8期。

③ 〔德〕伽达默尔：《赞美理论——伽达默尔选集》，夏镇平译，上海，上海三联书店，1988，第26页。

生混乱的最后根据是实践概念的衰亡。实践概念在科学时代以及科学确定性理想的时代失去了它的合法性。因为自从科学把它的目标放在对自然和历史事件的因果因素进行抽象分析以来，它就把实践仅仅当作科学的应用。但这乃是一种根本不需要解释的“实践”。于是，技术概念就取代了实践概念，换句话说，专家的判断能力取代了政治的理性。①

近代首先看到这一困境的是康德，他在卢梭、休谟（D. Hume）等人的影响下清晰地表达出了对近代科技理性无限能力的怀疑，区分了理论理性和实践理性，认为人的实践行为无法用理论理性加以处理。但是，康德的实践哲学并非来自真实的、具体的经验性的实践活动，而是一种先验的道德形而上学，并没有真正走进人类现实的实践活动和生活过程。康德之后的马克思进一步凸显实践的地位，把物质生产活动这一人类基本存在活动也称为实践。不仅如此，在《关于费尔巴哈的提纲》中，马克思将实践引入认识论，将理论世界与实践生活世界联系起来，主张理论来源于现实活生生的生活实践，理论的价值与追求在于为生活实践服务。马克思还特别强调实践的力量：“哲学家们只是用不同的方式解释世界，而问题在于改变世界。”这句名言其实是对真正的实践哲学的呼唤，因为在此之前，实践哲学仍是抽象地谈论实践或实践中的种种问题，但很少涉及具体的实践本身。这种状况后来其实也没有得到响应，但自此越来越多的思想家开始真正重视实践取向。受此影响，进入20世纪后，哲学界开始重新思考实践问题。

胡塞尔（E. G. A. Husserl）率先提出“生活世界”理论，以“回到事情本身”强调理论世界统一于生活世界。在这一点上他与马克思殊途同归，只是用现象学语言进行了表达。不过胡塞尔的“回到事情本身”和现象学还原方法并没有摆脱传统哲学的窠臼，还是回到了先验意识。作为胡塞尔学生的海德格尔（M. Heidegger）对此有清醒的认识：这种观念，即意识要成为绝对科学的可能对象，完全不是什么发明；主导笛卡尔以来的近代哲学的正是这种观念。对作为现象学主题域的纯粹意识的展示，从现象学上说并非源于回到事情本身，而是源于回到传统的哲学观念本身。②

海德格尔认为造成这种现象的根本原因是主客体二元论的认识论路径，因而用“此在”和世界的本体论问题取代传统的认识论，从而使思维的路

① 〔德〕汉斯-格奥尔格·加达默尔：《真理与方法：哲学诠释学的基本特征（下卷）》，洪汉鼎译，上海，上海译文出版社，2004，第752页。

② 转引自孟强：《科学哲学的介入主义方案》，《哲学研究》2008年第4期。

径发生了根本转换。在日常生活中，“此在”以“在世存在”（In-der-Welt-Sein）的方式从事各种活动，事物也就在这些活动中得到呈现。在海德格尔看来，以在世存在的方式生存的“此在”及其生存的这种基本规定，是能够理解任何事物的前提条件。“在世存在”虽然是基本事实，但对近代以来的哲学却具有颠覆意义，因为在理论优先的旁观式研究传统的长期影响下，思想家们对存在的理解是以“出世存在”展开的，即将主体从现实世界中抽离出来，与世界对立，展开超越性的思考。海德格尔的这种转换意味着“此在”对世界（包括对自我）的理解总是在与事物打交道的过程中展开的，“此在必然与事物共在”，“此在”必然在世界之中。这就从根本上突破了传统认识论的主体与客体、理论与实践的二元对立，并内在地蕴含了主体间性，因为我们总是与他人一同出现并共在于同一世界之中。这其实也意味着只有在实践的具体情境之中，“此在”才能揭示事物的意义。

这其实确立了一种全新的实践性存在方式，使理论优先的超越性让位于实践的参与性和介入性，突破了二元论的认识方式，即不再从在世活动中抽身而出，而是在实践的参与与介入中完成对事物和他人的理解。在海德格尔看来，“此在”的存在同时就是理解，一方面是对“此在”自身的把握，另一方面也是对世界的把握，从而使解释学进行从方法论程序向本体论的创造性的转换。对此，海德格尔的学生伽达默尔曾评论说：理解并不是像狄尔泰所认为的那样，是在精神老年时代所获得的人类生活经验的顺从理想，同时也不是像胡塞尔所认为的那样，是相对于“非反思生活”素朴性的哲学最终方法论理想，而相反地是此在，即在世界中的存在的原始完成形式。在理解按照各种不同的实践的兴趣或理论的兴趣被区分之前，理解就是此在的存在方式，因为理解就是能存在和“可能性”。①

当然，海德格尔的这些思想直接影响了伽达默尔，以致他将自己的哲学解释学直接称为实践哲学。在伽达默尔看来，理解具有本体论意义，世界的存在就是通过理解得以展现的。

归根结底，伽达默尔的哲学解释学所探究的是人的世界经验和生活实践的问题。在他看来，哲学研究事物并不仅限于对科学的程序进行反思的阐明。它也不在于从我们现代知识的多样性中得出“总和”，并把这种总和知识修饰成一种整体“科学观”。哲学必须处理的乃是我们世界经验和生活经验的整体——它绝不像其他科学，而只是像我们在语言中表达出的

① 〔德〕汉斯-格奥尔格·加达默尔：《真理与方法：哲学诠释学的基本特征（上卷）》，洪汉鼎译，上海，上海译文出版社，2004，第336页。

生活经验和世界经验自身所做的那样。①

通过伽达默尔，源自古希腊的实践哲学传统在 20 世纪得以全面复兴。具体而言，伽达默尔的实践转向和对人类现实生活的关注主要是因为他清晰地看到了在一个工具理性高度发达的时代中，人们对自己的实践行为缺乏清醒的反思，实践在这个时代也沦落为等同于技术、生产的纯粹的应用性概念。人类失去了对自身实践行为的判断力，其后果是严重的。所以，他一直以自己的强烈责任感、使命感，力图使哲学走向现实、关心生活。日本哲学家曾说，伽达默尔绝不是游离现实的'书斋学者'，他始终根据自己敏锐的时代感觉和现实的（actual）问题意识，力图批判地诊断"现代"，克服"现代的危机"。他再次切入"人是什么"这一根本问题，肯定人是"历史的存在"，并企图通过彻底自觉这一问题展示新的人类形象。②

总体来说，进入 20 世纪后，不仅德国哲学家发生了实践转向，英、美等国的哲学家也同样如此。如维特根斯坦（L. J. J. Wittgenstein）意识到语言意义与人类实践活动的关系，在其代表作《哲学研究》中对《逻辑哲学论》运用的语义和静态结构分析方法进行了扬弃，主张语言不应该是僵死的命题和概念集合，它应该是"生活形式"的组成部分，只有置身于实践活动中，其生命力才能得以彰显。这种认识在很大程度上转变了分析哲学的发展趋势。以皮尔士（C. S. S. Peirce）和杜威为代表的实用主义哲学也明确放弃了理论优位的哲学方案。杜威明确把上文阐述的理论优先的旁观传统称为"旁观者认识论"。他指出，认识论是仿照假设中的视觉动作的模式而构成的。对象把光线反射到眼上，于是这个对象便被看见了。这使得眼睛和使用光学仪器的人发生了变化，但并不使被看见的事物发生任何变化。实在的对象固定不变，高高在上，好像是任何观光的心灵都可以瞻仰的帝王一样。结果就不可避免地产生了一种旁观者式的认识论。③

对此，杜威在《哲学的改造》《经验与自然》等多部著作中进行了深度批判，以致《确定性的寻求》一书还以"关于知行关系的研究"为副标题。他在批判的基础上，重构了理论与实践的关系，提出了新的行动认识理论。对此哈贝马斯（J. Habermas）曾评论说：在《确定性的寻求》中，

① 〔德〕汉斯-格奥尔格·加达默尔：《真理与方法：哲学诠释学的基本特征（下卷）》，洪汉鼎译，上海，上海译文出版社，2004，第 759 页。

② 〔日〕丸山高司：《伽达默尔——视野融合》，刘文柱等译，石家庄，河北教育出版社，2002，第 2 页。

③ 〔美〕约翰·杜威：《确定性的寻求：关于知行关系的研究》，傅统先译，上海，上海人民出版社，2004，第 21 页。

杜威批评经验主义的“旁观者知识模式”，根据这个模式，基本感觉提供了经验的坚实基础。事实上，经验的获得，只有通过与一个行为期待有可能与之遭遇的实在的互动，才有可能。出于这个理由，实在不是通过感官的接受性而揭示的，而是以一种建构主义的方式在筹划和施行有赢有输的行动的情境之中被揭示的。对象不是独立于有意施行的行动的受控结果之外而被“感受的”。①

依照这种新的认识理论，心灵不再是从外边静观世界和自足观照的快乐中得到至上满足的旁观者。心灵是自然以内，成为自然本身前进过程中的一个部分了。……从外边旁观式的认知到前进不息的世界活剧中的积极参加者是一个历史的转变。②

实践转向不只是发生在上述哲学领域，人文社会科学的许多学科领域受其影响也发生了这种转向，尤其是在社会学之中。美国社会学家塞德曼（S. Seidman）曾深刻批判旁观式的社会学研究，社会学家们不断提供针对现实的批判视角，试图启蒙广泛的大众，但是社会学理论乃至一般的社会学日益与公共生活疏远分离，这对社会学和公共生活都是不利的。随着社会学理论家放弃大众教育者和倡导者的角色，他们的思想也失去了社会针对性。而且，公众也因社会学逐渐丧失社会权威性而受损。由于社会学家们陷入了狭隘的学科问题，公共官员、活动家、政策制定者、记者和媒体评论员就担当起了公共知识分子的主要角色。③ 社会学理论的文化越来越远离普通的大众文化。社会学不断地产生具有杰出天赋并富于想象力的理论家，但他们通常只是与这个专家群体内部的成员交流。社会学理论这种日趋严重的与世隔绝状态在某种程度上反映了这样的事实：理论家们根本不使用广泛的公众语言，这个学科文化的传统和关注焦点使得他们的思想既不能让普通大众接近，也与日常生活中讨论当下道德、政治事务的方式无关。令人沮丧的是，除了在自己的小圈子里，社会学理论几乎无人去读。④ 在致力于统一社会知识和证明社会知识的过程中，理论家们已经迷失在概念分析和文本分析的灌木丛中。我们创造了一个与社会隔绝的世界，

---

① 〔美〕约翰·杜威：《确定性的寻求：关于知行关系的研究》，傅统先译，上海，上海人民出版社，2004，第4页。

② 同①，第293页。

③ 〔美〕史蒂文·塞德曼：《有争议的知识——后现代时代的社会理论》，刘北成等译，北京，中国人民大学出版社，2002，导言第1页。

④ 同③，导言第2页。

一个只有社会学家才能够、才愿意光顾的世界。① 在他看来，许多理论家屈服于对哲学基础和科学一致性的幻觉般的探求，许多理论家在追求建立一种研究社会的科学的时候走进了死胡同。② 而走出“死胡同”的关键是重新意识到理论是一种社会实践，一种做些事情的努力。③

无独有偶，法国著名社会学家布迪厄也一直致力于“超越社会物理学与社会现象学的对立”，表现出强烈的行动者立场。他指出人们长期以来对社会进行“双重解读”，即用社会物理学（social physics）的方式透视社会：它将社会看作一种客观的结构，可以从外部加以把握，可以无视居处于其间的人们的各自看法而从物质上观察、测量和勾画这种结构的关联接合。这一立场是客观主义的……。客观主义只能消极地把握实践，最多只能用“学究”式的对实践的思考来替代行动者的立场，而这只不过是对分析者建构的模式的执行操作而已。④ 在这种社会现象学的透镜里，个人机警自觉，社会就像是从这些个人的决策、行动和认知中涌现出来的产物；而世界对于这些个人来讲，又是那么亲切熟悉，饱含意义。这种立场的长处在于，它认识到了在社会持续不断的生产过程中，那些世俗的知识、主观的意义和实践的能力扮演了多么重要的角色。它强调了能动作用……。正是透过这一体系，人们才赋予他们的‘生活世界’以意义。⑤

为了克服这种主观、客观的二元对立，他提出了体现关系性的“惯习”和“场域”概念，并基于此提出“社会行动者”理论：只是因为存在着行动者，才有了行动，有了历史，有了各种结构的维续或转换。但行动者之所以是行动着的、有效力的，也只是因为他们并没有被化约为通常那种根据个体观念而理解的个人；同时，这些行动者作为社会化了的有机体，被赋予了一整套性情倾向。这些性情倾向既包含了介入游戏、进行游戏的习性，也包含了介入和进行游戏的能力。⑥

为此，他专门强调了实践场域中实践者的“实践感”和实践者实践过程中的“实践逻辑”。基于“实践感”和“实践逻辑”的特殊性，布迪厄旗帜鲜明地反对“唯理论主义”和研究中的“学院习气”。他对理论工作

---

① 〔美〕史蒂文·塞德曼：《有争议的知识——后现代时代的社会理论》，刘北成等译，北京，中国人民大学出版社，2002，导言第5~6页。

② 同①，导言第6页。

③ 同①，导言第7页。

④ 〔法〕皮埃尔·布迪厄、〔美〕华康德：《实践与反思：反思社会学导引》，李猛、李康译，北京，中央编译出版社，2004，第7~8页。

⑤ 同④，第9~10页。

⑥ 同④，第20页。

并无敌意。他时刻准备反对的是为理论本身的缘故而进行的理论工作，即“为理论而理论”的工作，或把理论的体制（institution）看作一个孤立的、自我封闭和自我指涉的话语领域，也不怎么热衷于概念持续不断的分裂繁殖和组织这些概念的无休止的文字游戏[①]，强调要使理论工作与经验研究彼此以最彻底的方式相互渗透[②]。不仅如此，布迪厄还提出研究者加强自我“认识上的反思性”，以避免“学究式的谬误”，通过这种反思敦促知识分子对现实社会有所作为，否则唯智主义偏见（intellectualist bias）诱使我们把世界看作一个旁观的场景（spectacle），一系列有待解释的意指符号（significations），而不是有待实践解决的具体问题。[③]

布迪厄也是这样开展自我反思的，如他对早年在阿尔及利亚从事的实地研究进行反省时说：在这场骇人听闻的战争中，只做一个参与性观察者是有愧疚的，我想有所作为，以消除我在良心上的愧疚……我无法满足于仅仅阅读几份左翼报纸或签署几份请愿书……我不能满足于只是读读书、去图书馆。……我去观看、去记录、去摄影：我从未接受将研究对象的理论构建与一组实践程序——没有这些实践程序，理论就算不上真正的知识——相分离的观念。[④] 作为一名社会科学家，不去介入、干预，恰如其分地认识到各自学科的局限，而是袖手旁观，这是对良心的背叛，是让人无法容忍的选择。[⑤]

布迪厄还积极介入政治活动，一直陆续和反种族歧视救援组织一起投入反种族主义的斗争，但是他又不加入任何组织，坚持在“批判性的超脱”和“涉入”两个立场之间转换。这与福柯和萨特两位大师的“干预”立场有差异。

如果对上文做个总结，我们可以发现，自古希腊始，并不只有理论优先的旁观式研究传统，还有实践优先的介入式研究传统。到了近代，随着前者问题日益凸显，后者开始重新被挖掘，尤其是通过马克思、海德格尔、伽达默尔、维特根斯坦、布迪厄等人的努力，人们越来越关注人的现实生活、实践活动、情境等，尽管他们认为的“实践”含义各异，但总的发展趋势是共同的，“实践”越来越由抽象走向具体，对实践的态度也越来越

① 〔法〕皮埃尔·布迪厄、〔美〕华康德：《实践与反思：反思社会学导引》，李猛、李康译，北京，中央编译出版社，2004，第 33 页。

② 同①，第 37 页。

③ 同①，第 42 页。

④ 同①，第 35~36 页。

⑤ 同①，第 265 页。

由旁观走向涉入、介入和干预。20 世纪以来，这一发展趋势十分明显地反映在教育研究上。

二、实践优先的介入研究传统在教育中的渗透

在我看来，教育学有两种形态，即个人教育学和专业教育学。所谓个人教育学，指的是个人对教育或受教育的理解、看法及其实践；专业教育学则是大学制度化之后教育学研究也随之体制化的结果，有人以此为业，教育学成为专门的学科和知识领域。这两种形态在当下并行不悖，但就发展而言，个人教育学在前，自古就有；专业教育学则是 19 世纪大学复兴之后才出现的。古代与近代的教育先哲追寻事物的本质并以超越姿态探求教育的真谛，同时也积极地介入现实生活，在教育实践领域也是如此。可以说，没有他们实践生活的深度和丰富就不会有其理论的高度。苏格拉底凭借其深厚的诘问艺术引导青年们领悟深刻的道理，产生了影响至今的“产婆术”，柏拉图也有 40 多年开办柏拉图学园的教育实践经历，亚里士多德长期担任亚历山大大帝的老师并创办了吕克昂学园，夸美纽斯一生都在从事教育实践活动，裴斯泰洛齐（J. H. Pestalozzi）也是一位著名的教育实践家……这样的人物还可以列举很多。我们这里探讨实践优先的介入式研究传统在教育中的影响，主要是探讨专业教育学诞生后，在大学从事教育理论研究的专业人员对学校教育实践的介入情况。

自 1810 年德国建立柏林大学后，大学发展出了科学研究这一重要职能，各知识领域日益分化并纷纷在大学里确定自己的疆域，教育学亦是如此。然而康德、赫尔巴特虽有教育实践经验，但基本是大学的教育教学经历，而且这个时候欧洲的基础教育体系并未完全建立，这使得他们不太可能真正介入中小学的教育实践。值得一提的是，虽然教育学学科最早在德国确立，但德国大学学术研究的传统也在相当程度上决定了理论研究者不太可能真正介入学校的教育实践。因为，在德国大学里，追求真理和为知识而获得知识，作为一项崇高而有价值的职业，在大部分时间里已经成为德国大学中教授与学生共同的毕生工作。在他们中许多人的传记中，我们看到了作为一切人类无私努力之真正特征的那种精神的自我否定和升华。……科学——对纯粹真理和知识的追求至少暂时能把人类的大部分从世俗生活的低级区域提升到理想的高空，并能提供一个额外证据，证明这

样的信念：我们真正的家在那里，而不在尘世间。①

这种德国大学中根深蒂固的“纯学术”传统决定了其教育研究理论优先的旁观特色，实践优先的介入注定不能在德国教育研究中真正产生影响。而且，虽然20世纪德国哲学率先对理论优先的旁观传统进行反思，开实践转向的先河，但客观来讲，这些反思更多停留在思想层面，行动或具体的实践介入还是欠缺。确切地说，实践优先的介入传统在教育研究中真正产生影响是在19世纪中叶以后的美国，而且随着美国逐步取代德国成为世界教育学术的中心，其影响渐及世界。如果说德国在19世纪是世界教育学术的“马首”，那么这一地位在19世纪末到20世纪前半叶则逐渐被美国所取代了。

美国大学教育研究者热衷于对教育实践的介入主要是因为美国是一个新国家，短暂的历史虽然使其文化长期落后于欧洲，但亦赋予其发展极强的开放性和生命力。与德国不同，美国的生活为“解放”这个概念注入了新的内涵。就美国人而言，文化的新颖多样和理念的自由发展绝不意味着仅仅用一组偶像取代另一组偶像，而是意味着解脱到广阔的天地里去。新世界最丰饶的新事物不是其气候、植物、动物或矿藏，而是对知识的新概念。……新世界的人在生活的所有领域都发现了不容置疑的各种可能性。在美国的种种发明中，对世界影响最大的莫过于关于知识的新概念，而这种概念源自美国的实践。②

就教育研究来说，如果说欧洲人是贵族式的旁观传统，美国人则把教育研究及其成果全都纳入教育实践场，使不停地尝试、创新成为新的学术习惯。赫尔巴特教育理论传入美国后的命运就反映了这一点。美国人看到了它的不足及对教育实践产生的消极影响，这成为引发规模浩大的进步教育运动的重要因素。这种特有的“喜新厌旧”研究习性也源于美国特有的实用主义文化，以致成为美国人独特的认识旨趣。因此，在美国大学里专业生存导向的旨趣，促使大学董事会将较多资源拨给生产有用知识的那些专属学院，这使得美国大学研究者不得不面向中小学教育实践，满足其需求，以体现知识的“有用性”。也正是这种实用主义取向，使美国大学发展出与德国大学不同的新功能——服务社会。这一新的大学功能随着威斯康星大学的建立（1848年）和《莫雷尔法案》颁布与实施而越来越成为美

① 〔英〕梅尔茨：《十九世纪欧洲思想史（第一卷）》，周昌忠译，北京，商务印书馆，1999，第189页。

② 〔美〕丹尼尔·布尔斯廷：《美国人：开拓历程》，中国对外翻译出版公司译，北京，生活·读书·新知三联书店，1993，第169~170页。

国大学的普遍共识。在此情形下，美国大学的教育理论研究者较少坐在书房做纯粹思辨的研究，而是走向社会、走进中小学，广泛开展各种形式的大学与中小学合作研究，既促进基础教育的发展，也满足自己的需求。美国最早的院校协作可以追溯到1861年谢尔登（E. A. Sheldon）创建的奥斯威戈小学教师培训学校（Oswego Primary Teachers Training School），专供大学教育研究者观察和研究之用，但真正开展有影响的介入式研究并对教育理论创新产生重大影响的则非杜威莫属。

杜威是美国历史上最为著名的哲学家和教育学家之一，也是美国学术获得世界尊重的代表人物，在哲学理论、教育理论及方法论等方面有诸多新突破。与赫尔巴特一样，杜威具有深厚的哲学功底，他首先是个哲学家，然后才是教育学家。但是，他并没有沿用赫尔巴特研究教育学的哲学思辨方式（尽管早期他也是赫尔巴特教育理论的崇拜者），而是注重教育实践。当杜威来到芝加哥大学时，对“现在所有各种教育理论到处乱传”的现象较为不满，并“为抽象地讨论教育而不联系具体的实践所苦恼”。① 为此，他萌生了创办一所实验学校的想法。1895年秋，芝加哥大学专门拨款1000美元，资助杜威建立“大学初等学校”，招收12名6—9岁的学生以及2位教师。这所学校后来更名为芝加哥大学实验学校，一般称为杜威学校。对这所学校，杜威寄予厚望：如果没有实验学校，那么教育理论工作就会成为笑话和欺诈——就像教授一门自然科学而忽略给学生和教授们提供实验室一样。② 他解释道：这样一所学校与教育学研究的关系就像是科学实验室与生物学、物理学或化学的关系一样。就像大学化学实验室旨在发现“化学真理”而不是直接参与生产重要的化学染料或药品，实验学校的重心在于建立各种教育因素的实际组合的科学理论。③ 杜威主张在学校里直接进行实验，反对在实验室内实验后再在学校中应用。对杜威来说，教育研究需要许多不同的人合作建立伙伴关系，包括学者、公民、教师、行政人员和家长。杜威不愿意承认一个日益普遍的观念，即教育研究人员应该是心理学家与教育实际工作者之间的中间人。杜威越来越相信，教育学术与教育实践不仅应在同一学院中融合，而且应在每个学校以及其中每个人

---

① 〔美〕埃伦·康德利夫·拉格曼：《一门捉摸不定的科学：困扰不断的教育研究的历史》，花海燕、梁小燕等译，北京，教育科学出版社，2006，第47页。

② 同①，第48页。

③ 同①，第48~49页。

间融合。[①] 杜威主张利用学校所有成员的主动性通过讨论做出决定，而不是由一位专家对被动的教师发号施令来决定教学方法和内容。[②] 并且，他始终对已经发展起来的偏离教育实践的教育研究持有警惕之心，提出要预防它变成“纸上谈兵的科学”，并要求注意教育学者之间越来越习以为常的“教育套话”的交流。为此，他指出：教育科学的最终现实性，不在书本上，不在实验室中，也不在讲授教育科学的教室中，而是在那些从事指导教育活动的人们的心中。……①教育的实践提供构成所探究问题的资料和题材。它们是待研究的基本问题的唯一资源；②教育的实践也是一切研究的结论的价值的最终检查。[③]

事实表明，杜威学校可算是大学人员介入实践的一个成功范例。一方面，对于这所学校，大学一直是直接的和间接的帮助与支持的源泉。没有专家们的这种指导，教师们在他们日常经验中创造性地行使他们的职责时，可能要走更多弯路。要是这个实验能进行到底，它可能在各年龄阶段的教育方面提出第一个联合事业的范例。[④] 另一方面，杜威的教育理论与他在实验学校中的 8 年实践研究密切相关，他后来的著作（包括代表作《民主主义与教育》）基本是在这些介入实践积累的基础上写就的。对此，凯瑟琳（C. M. Katherine）指出：这个学校是心理和教育系的一个实验室，杜威先生的教育理论，就是在这里根据当时新兴的心理学原理，和全系师生、学校教师以及学生家长共同创造的。它从不是一所“实习”学校。[⑤] 虽然杜威的名气在 1904 年以后不断扩大，同时在学术上继续发表文章，但他为离开芝加哥大学付出了重大代价。尽管他后来一直继续撰写有关教育的书籍和文章，参加各种教育组织和教育事业的活动，但他直接参与教育实验的时间则止于 1904 年。他后来的著作，包括他的杰作《民主主义与教育》（1916 年）是在芝加哥实验学校积累的认识的基础上写就的。杜威失去了和他在芝加哥大学同事的日常联系，对他曾度过激动人心岁月的学校感到怨恨。[⑥] 之

---

① 〔美〕埃伦·康德利夫·拉格曼：《一门捉摸不定的科学：困扰不断的教育研究的历史》，花海燕、梁小燕等译，北京，教育科学出版社，2006，第 50 页。

② 同①，第 50 页。

③ 赵祥麟、王承绪编译：《杜威教育名篇》，北京，教育科学出版社，2006，第 210~211 页。

④ 〔美〕凯瑟琳·坎普·梅休等：《杜威学校》，王承绪等译，北京，教育科学出版社，2007，原序第 8 页。

⑤ 同④，原序第 7 页。

⑥ 同①，第 55 页。

后，杜威未再对他的实验学校的成果进行系统的评判性的评价[①]，杜威没有继续研究和发展这些问题，而是像哈罗德·拉格所观察到的，从“教育的重新组建”转为“哲学的重新组建”。虽然杜威时常在教师学院开讲座，但 1904 年后教育研究不再是他日常生活的一个重要组成部分。[②]

基于以上分析，我们可以认为杜威在其实验学校开展的教育研究为大学教育理论研究者介入实践树立了一个典范。这种介入式研究强调理论研究者与实践者在学校教育实践中面对面的直接对话、交流，实践者也能积极参与到研究中去，体现了理论与实践双向建构的特征。

然而，令人遗憾的是，这一教育研究路径随着杜威的辞职而中断，未能继续发展下去。1909 年，贾德（C. H. Judd）接替了杜威芝加哥大学教育系主任的职务，基于性格、社会观点和思维方式的巨大差别，他很快就抛弃了杜威的教育研究方法。[③] 贾德做系主任时说起杜威的工作总是用“嘲笑或轻蔑”的口吻，这就证明了他对杜威工作的冷漠。[④] 在对教育研究的理解上，杜威与贾德存在重大区别：杜威把学校看作教育的实验室，而贾德则认为学校主要是实施实验结果的场所。一个人可以通过学校调查来研究“效率”问题，也可以用同样的方法评价考试的优点，但形成指导原理的具体工作必须由大学的学术人员完成。[⑤] 而且贾德在教育研究上与桑代克结成了同盟军：贾德在芝加哥大学的努力和桑代克的工作交相辉映。虽然他们是竞争对手，但他们两人在使控制性实验和统计测量成为教育研究的基本方式的问题上同样起了关键的作用。[⑥] 事实上，在杜威离开芝加哥大学到哥伦比亚大学的那年（1904 年），桑代克发表了《心智与社会测量导论》。这本书造成了和杜威相反的教育研究法的大为时兴。[⑦] 桑代克的观点为大学教育学院和教育科研的学科基础提供了一个符合教育界日益明确的组织模式的思路。与此相反，杜威的教育研究方法主张跨学科的综合研究、各角色之间的公开对话和合作，因此他的方法与不断发展的职业化潮流相对抗。[⑧] 在这场决定美国教育研究方法选择的竞争中，最后的获胜者

① 〔美〕埃伦·康德利夫·拉格曼：《一门捉摸不定的科学：困扰不断的教育研究的历史》，花海燕、梁小燕等译，北京，教育科学出版社，2006，第 55 页。

② 同①，第 56 页。

③ 同①，第 42 页。

④ 同①，第 67 页。

⑤ 同①，第 67 页。

⑥ 同①，第 68 页。

⑦ 同①，第 56 页。

⑧ 同①，第 61 页。

是贾德与桑代克，桑代克的显赫声望超过了杜威离开芝加哥、改变研究方向后的影响，造成了当时的教育研究不可能沿着杜威所倡导的道路继续发展。① 历史地看，所谓的桑代克的成功和杜威的失败是影响早期教育学术形成的重大事件。随着岁月的流逝，桑代克的成功和杜威的失败对教育研究的制约与影响日趋明显，它对早期教育家们建立全国公立学校的教育理论科学产生了重大影响。② 自此，杜威在教育史上的地位，与其说是位改革家，不如说他是位被左派和右派既歌颂又批判的文化偶像更为确切。可以肯定地说，他的教育科学观点没有为今后的教育研究建立一套可用的模式。③

上述情况表明，杜威在其实验学校开创的实践优先的介入式教育研究未能成为美国教育研究的主流，之后在美国教育研究中占据主流地位的仍是延续理论优先的旁观式传统的教育实证研究（美国称之为“教育科学研究”④ ）。但与此同时，我们也要看到，杜威重视教育实践、探究教育实践特殊性的研究思想，对美国乃至世界的教育研究都有重大影响，突出表现在日后在美国流行的教育行动研究、关注教育实践本身⑤及越来越多的大学与中小学院校协作上⑥。总体上看，“二战”后美国的教育研究中，研究和实践人员之间的伙伴关系变得十分吸引人，这是由于很多研究基地从实验室转移到了学校和教室里。在这种以实地考察为主的研究里，与实践人员合作可以给研究带来智力资源，而这在孤立的研究中是无法得到的。最理想的情况是，这种合作关系给研究带来一种双向流动：一方面研究给实践提供指导；另一方面在实践中产生的知识和智慧又丰富了研究。在某些情况下，没有这种合作关系就无法开展重要的研究项目。然而这种伙伴关系也不总是轻而易举就形成的，往往要花很长时间才能建立起来。这种关系对建立双方的信任起着关键的作用，只有有了这种信任，研究人员才能

---

① 〔美〕埃伦·康德利夫·拉格曼：《一门捉摸不定的科学：困扰不断的教育研究的历史》，花海燕、梁小燕等译，北京，教育科学出版社，2006，第 57 页。

② 同①，第 22 页。

③ 同①，第 42 页。

④ 美国的“教育科学研究”与德国的“教育学研究”虽然都延续了理论优先的旁观式学术传统，但两国对“科学”的理解存在巨大差异，因而在实质上形成了世界教育研究的两种范式。黄志成将之称为“盎格鲁范式”和“日尔曼范式”。至于两种范式间的区别，可参阅黄志成：《教育研究中的两大范式比较：“日尔曼式教育学”与“盎格鲁式教育科学”》，《教育学报》2007 年第 2 期。

⑤ 如“反思性实践者”“教师实践智慧”等。

⑥ 美国的大学与中小学院校协作情况，可参阅拙著：伍红林：《大学与中小学院校合作教育研究中的理论者与实践者》，北京，中国社会科学出版社，2013。

把工作做好，也才能和实践人员关于研究在实践中的作用开展丰富的对话。……简言之，研究人员需要实践人员，实践人员也需要研究人员。没有这种合作的关系，大量的教育科学研究很可能是零零碎碎的、机会主义的，而教育家们也不大可能用科学知识去改进他们的实践。[①]

美国以杜威为代表的这种介入式教育实践研究的世界性影响突出表现在对中国教育研究的影响上。民国时期，教育研究不受政府重视，缺乏经费支持[②]，专业教育研究者人数有限[③]，大学教育系也普遍面临生存危机（20世纪二三十年代一些大学的教育系先后被撤销）。在此情形下，有限的教育理论研究者中的大多数还是延续了在国外大学的生活方式和工作方式，开展的是理论优先的旁观式教育研究，写写文章、出出书，或发表教育时评等。只有少部分学者，如陶行知、晏阳初、梁漱溟、黄炎培等人走出大学校门，扎根中国实践土壤，开展各种教育实验或改革，探索有中国文化特征的教育理论体系，创造了中国教育研究的第一次辉煌。当时中国教育研究的这些介入式尝试，一方面与当时中国社会的时代要求及中国知识分子的“士人”精神有关，另一方面也与以杜威为代表的美国教育研究方式有关。因为从美国留学归来的大批教育研究者，不少是杜威工作过的芝加哥大学和哥伦比亚大学的毕业生，尤以陶行知、陈鹤琴为代表。而且，杜威本人在中国有长达一年的访问经历，在其影响下，当时中国掀起了一股杜威风潮及教育改革浪潮。20世纪八九十年代以后，中国教育研究再次受美国影响，追赶美国教育改革和研究的潮流迄今未绝。

三、一种典型的介入式教育研究——教育行动研究

受理论优先传统影响，教育研究长期以一种体制化的方式与教育实践分离：人们往往认为“研究”是理论研究者的专利，他们进行基础与应用型的教育研究，并由其中衍生出诊断与解决实践问题的技术；而“行动”则是实践者的职责，只需要提供问题与素材给理论研究者做研究，并检验其研究结果的效用。在这种研究“常识”中，理论研究者的角色不仅区别于实践者，且通常比实践者更加优越。不过，自20世纪五六十年代以来，

---

① ［美］理查德·J. 沙沃森、丽萨·汤：《教育的科学研究》，曹晓南、程宝燕、刘莉萍译，北京，教育科学出版社，2019，第80~81页。

② 余家菊：《师范教育》，北京，中华书局，1926，序言；许椿生、陈侠、蔡青：《李建勋教育论著选》，北京，人民教育出版社，1993，第379页。

③ 据《第一次中国教育年鉴》（开明书店，1934），1929—1931年三年间派遣国外留学学习教育专业的留学生总计716人，占留学生总数的5.6%；1912—1932年20年间国内大学本科毕业生中教育系毕业的只有626人。

这种教育研究传统面临越来越大的挑战：一方面，专业教育理论研究者对自己不能清楚解释教育实践过程的内在逻辑而感到不安，另一方面，实践者对教育理论知识在实践运用中的可靠性也提出疑问。前者使理论研究者走进实践，寻求把握与认识实践情境的不确定性、不稳定性与无序性，后者使实践者产生自己参与研究以解决问题的动力。在此取向下，实践者及其实践经验或实践智慧在教育研究中越来越受重视，实践者自身也不同程度地获得了研究主体的身份。教育行动研究即在此背景下得到发展，“合作”是其基本特征①。其中，理论研究者与实践者间的合作关系在不同时期出现的教育行动研究模式中呈现出不同的状态。

1. 技术取向教育行动研究

行动研究发展初期呈现技术取向。在科利尔（J. Collier）倡导的行动研究中，理论研究者所扮演的角色是“非指导性的咨询专家”（non-directional consulting expert），其任务是引导团体成员澄清问题、再认识变革需要、参与决策过程并执行行动。“二战”后，随着美国《合作教育法》的颁布（1953 年），行动研究在教育研究中得到推广，特别受到杜威“做中学”的启发。但这一时期的行动研究仍受实证主义技术理性的影响，在理论研究者眼里，实践者是“第三人称”——“他或他们”。因此，行动研究一般由理论研究者主控，“合作教育行动研究”其实并无“合作”的真正意味，实践者只是被邀来共同进行教育研究，并未真正确定其在研究中的主体地位。理论研究者“吸收”教师研究一些教室之外的问题，这些问题与教师的实践兴趣根本无关。可能这种研究在一定意义上能改进实践，提升实践者对教育实践、情境的理解，而且实践者也有可能参与研究的策划、实施、评估等过程，但实践者担当的是“助理研究员”角色，主要工作是收集理论研究者不易或不便收集的资料。对于研究本身尤其是研究合理性的确立，实践者只能依赖理论研究者的声誉或“学术权威”，而非自己的深入分析与思考。因此，这种模式仍是“R-D-D”模式的变体，带有浓厚的实证主义气息。理论研究者与实践者间仍然是资料榨取式的“合作”，只是体现了一定的“沟通”性而已，而且这种“沟通”仍然有明显的单向特征。如今，这种模式在院校协作中仍然广泛存在，在经历了长期的研究“压迫”以后，实践者似乎已经习惯于听从理论研究者的“指令”，按照“程序”操作，如果理论研究者不能给出明晰的“指令”或“程序”，

① 这从教育行动研究的英文名称“collaborative action research”就可以看得出来。教育行动研究中的“合作”包括实践者间的合作和实践者与理论研究者间的合作。

实践者还会显得不太适应，甚至茫然失措。这足以反映出实践者难以真正获得研究主体地位的困境所在。

2. 反思取向教育行动研究

20 世纪 50 年代以后，教育行动研究在美国逐步陷入低谷，却于 20 世纪 70 年代以后在英国得到巨大发展，并在斯滕豪斯（L. Stenhouse）和埃利奥特（J. Elliott）的努力下发展出与技术取向教育行动研究不一样的特点，突出了教师自身的反思性，主张教师应该拥有在教育专业方面独立自主的自我发展能力与权力。此种独立自主的专业发展必须透过实践者自身在其教育实际中从事系统性探究与自我反省而获得。教师因此可以在其教室中验证知识、建构知识。埃利奥特的主要观点是：只有不断发展和提升教师的批判与创造水平，才能促进学校教育教学实践的改变。他前所未有地强调实践者的“自我反省”（self-reflection）与教育行动的重要性。“行动促进反省”是埃利奥特的独到创见，但真正将反思性行动研究发扬光大的是美国人舍恩（D. A. Schon），20 世纪 80 年代，他在美国使教育行动研究重新焕发了活力。

舍恩对日益发展的科技理性进行了反思，认为科技理性即为实践的实证主义认识论（the positivist epistemology of practice）。19 世纪实证主义发展至巅峰，并进入了大学体制；到了 20 世纪前几十年，科技理性已在实施专业教育的学院中占据了一个牢固的位置。① 这使得研究以一种体制化的方式由实践中分离出来，并通过对交换关系的仔细界定与实践相联系。研究者进行基础科学与应用科学研究，并由其中衍生出诊断与解决实践问题的技术；实践者则提供问题给研究者做研究，并检验其研究结果的效用。研究者的角色不仅区别于实践者，且通常比实践者更加优越。② 但实际上，这些科技理性并不能概括实践中的一切，科技理性有其内在局限性，在现实生活中，我们所知道的远多于所能描述的。于是，我们逐渐觉察到实际发生的实践现象的重要性——复杂性、不确定性、不稳定性、独特性和价值冲突性——均不符合科技理性的模式。……在真实世界的实践工作中，问题并不以实践者假设的模样出现，它们是由令人困惑、苦恼及未确定的问题情境中的林林总总所建构的。为了转变问题发生的不确定性情境，实践者必须将令人无法处理及不易理解的不确定情境，掌握与描述成一个能

① 〔美〕唐纳德·A. 舍恩：《反映的实践者——专业工作者如何在行动中思考》，夏林清译，北京，教育科学出版社，2007，第 27 页。

② 同①，第 23 页。

被理解的情境。[①] 据此，舍恩提出：让我们重新考虑专业知识的问题，并从头框定问题。如果科技理性的模式在面对实践的“多样”情境时，是无法胜任、不完整的，甚至更糟的话，那么，让我们重新来寻求替代的、较符合实践的富有艺术性及直觉性的实践认识论，而这样的艺术性和直觉性确实是有些实践者在不确定、不稳定、独特的及价值冲突性的情境中所展现的。[②] 他认为：我们的认识通常是内隐的（tacit），内隐于我们行动的模式中，潜在于我们处理事务的感受里。可以恰当地说，我们的认识存在于行动之中。[③] 为此，他明确提出了“行动中反映”（reflection-in-action）[④]、“行动中认识”（knowing-in-action）[⑤]、“实践中反映”（reflection-in-practice）[⑥] 等概念[⑦]，主张实践者“在行动中反映”，开展“反思性实践”。当实践者在实践中反映及对实践反映时，他反映的可能目标会随着他面临的各种现象以及他的“实践中认识”的不同而有所变化。他可能会对潜藏在判断下的隐含规范和评价进行反映，或对隐于行为模式中的策略与理论进行反映。他可能对情境所引发的一些感觉（正是这些感觉使他选择了行动的特定形式）进行反映；也可能对他形成亟待解决问题的过程进行反映，或者对他在一个较大体制脉络中建构出的自我角色进行反映。[⑧] 由于这些因素，“行动中反映”的研究就显得极为重要了。如果我们可以发展出一种实践认识论，将技术问题的解决置于一个更宽广的反映性探究脉络中，显现出行动中反映自有其严谨性，并将实践中的不确定性与独特性和科学家研究工作的艺术性联系起来，那么“严谨性与适切性”的两难就可被解决了。因此，我们可以提升“行动中反映”的合法性，并鼓励它更深、更广地发展。[⑨]

以上之所以详细阐述反思取向的教育行动研究，目的在于突出这一时期实践者的主体性在被长期遮蔽之后终于得到重视。人们意识到，实践者

---

① ［美］唐纳德·A. 舍恩：《反映的实践者——专业工作者如何在行动中思考》，夏林清译，北京，教育科学出版社，2007，第 33 页。

② 同①，第 39~40 页。

③ 同①，第 40 页。

④ 同①，第 40 页。

⑤ 同①，第 41 页。

⑥ 同①，第 49 页。

⑦ 中国台湾的夏林清教授将“reflection”翻译成“反映”，在中国大陆则一般翻译成“反思”。因此，“行动中反映”和“实践中反映”，中国大陆一般称为“行动中反思”和“实践中反思”。下文的表达亦类似。

⑧ 同①，第 50~51 页。

⑨ 同①，第 55~56 页。

也是有理解能力的主体。他们的行动不是由自然法则完全决定的，而是受行动者的理性观点影响——这些观点和理性会发生变化，反思性地改变着行动者的所作所为。[①] 因此，研究中理论研究者开始把实践者看作共同的生活世界的成员——像研究者自身一样，作为有理解力的主体，不仅是“他者”而且也是具有自主性和责任感的行动者，应该受到关注。研究者把这些“他者”作为“你们”——即第二人称。[②]

这时，实践者自身开始成为研究的主体，他们自己提出并选择研究的问题，自己决定行动的方案，自己实施和总结。过程中，理论研究者根据实践者的需要或要求在研究全程有不同程度的参与，扮演的角色是“促进者”和“阐释者”：原则上，理论研究者基于“合作”精神参与行动研究，一方面协助教师自我澄清问题、计划行动策略，帮助他们发现已知道却未能说清楚的知识，将学校教育教学及变革有关的知识与他们自己行动中的认识（经验）协调起来，同时观察行动历程和结果评价；另一方面也发挥中介作用，促使参与的教师与其他成员展开沟通讨论。过程中，理论研究者不直接提供问题的答案。正如行动研究的著名倡导者费舍（A. Foshay）和古德森（M. Goodson）所认为的那样：当教师相信专家会告诉他们问题是什么并怎样去解决这些问题，合作性行动研究的大门就被关闭了。[③] 其中，两类主体在研究全程有不同程度的合作，具有双向特征，但这种关系犹如“主人”（实践者）与“佣人”（理论研究者），具有雇佣性。

3. 批判取向教育行动研究

上述两种教育行动研究虽有差异，但共同之处在于都关注微观层面的实际教育问题的研究与应用性处理，忽略了对政策或其他社会政治、经济结构、意识形态等背景因素的思考。20 世纪 70 年代，几乎与反思取向教育行动研究发展的同时，兴起了批判取向的教育行动研究。

1971 年，杨（M. F. D. Young）在其著作《知识与控制》（*Knowledge and Control*）中指出，教师应对习以为常的教育实践与教育生活中的观念、假设、方法、态度等进行反省与挑战。葛伯特（Gorbutt）把这种批判思考的精神特征称为教师的“专业知觉”（professional awareness），认为作为研究者的教师应随时保持自我批判的“专业知觉”，不断检视自己与其他同

---

① 〔美〕诺曼·K. 邓津、伊冯娜·S. 林肯：《定性研究：策略与艺术（第 2 卷）》，风笑天等译，重庆，重庆大学出版社，2007，第 622 页。

② 同①，第 623~624 页。

③ 转引自刘良华：《行动研究的古典精神及其转化》，《集美大学学报（教育科学版）》2002 年第 3 期。

人的教学，并据此修正教学行为与态度。到20世纪80年代，受新马克思主义和法兰克福学派批判理论的影响，这种批判取向的教育行动研究更强调“解放”意蕴，卡尔（W. Carr）和凯米斯（S. Kemmis）是这一取向的代表人物。他们大力提倡批判理性，摆脱前面两种行动研究的微观视野，强调从宏观角度反省、批判教育实际存在的背景，包括社会政治经济制度、历史、文化传统、教育机构之权力结构、意识形态等因素，认为教育行动研究事实上是教师从其信念、假设、固定习惯、偏见以及意识形态的无形限制中获得解放的历程。确实，批判理性在某些方面扩展了技术理性和实践理性：它承认实践理性的优先性——在面对不确定实践问题时有必要做出决定，但它不认为问题是由行动者个体独自决定的。它的目标是理解情境如何影响人们做决定，以及思考事态可能被如何重建，未来的情境可能发生改变……批判理性会根据结果来评价情境——主要从实践后果对那些参与改变情境和由情境改变而受影响的人们的非理性、不公、偏离或不令人满意的程度方面来评价。①

就理论研究者与实践者在研究中的关系来说，他们努力寻求“共识”，认为“共识”是交往合理性与有效性的规范并将之建立在“论辩”的基础上。所谓“论辩”是基于“共识”的需求与人类共同志趣之达成所进行的理性互动与沟通的形式。这明显受到哈贝马斯相关理论的影响。哈贝马斯致力于对交往理性和商谈伦理的建构，“确立公正、合理、民主的话语规则和程序，通过建立在三大有效性②要求上的话语共识的达成来改进和完善社会的规范体制”③。因此，在“论辩”中寻求“共识”的过程也是在不受宰制与束缚的自由平等条件下，相互教育、共同成长的过程。批判性教育行动研究特别强调理论研究者与实践者之间的民主平等与交互批判反省（reciprocal reflection），成为“互为信赖的朋友”和“批判性的朋友”，认为这符合民主与正义的本义。研究者倾向于把这些群体成员看作是‘我们’——即第一人称。④ 不过，在这种关系中，理论研究者提供了批判的向度和价值的介入，如果使用不当有可能产生一种“精英意识”，即把自己认为重要的观点强加给实践者，而且他自身也不知道自己的理论、价值

① 〔美〕诺曼·K. 邓津、伊冯娜·S. 林肯：《定性研究：策略与艺术（第二卷）》，风笑天等译，重庆，重庆大学出版社，2007，第623页。

② 即真实性、正确性和真诚性。

③ 章国锋：《关于一个公正世界的“乌托邦”构想：解读哈贝马斯〈交往行为理论〉》，济南，山东人民出版社，2001，第114页。

④ 同①，第624页。

是不是也带有偏见且需要被批判。另外，正如人们普遍认为的那样，批判理论具有“乌托邦”性质，因此，在批判性教育行动研究中，理论研究者与实践者的关系也不可避免地具有“理想”特征。

至此，我们对不同取向的教育行动研究及其两类主体间的关系做了简单概述。从总体上看，教育行动研究确实起到了解放实践者的作用，对打破传统哲学思辨式或实证式教育研究中理论研究者与实践者的主客体关系起到了很大作用。但是，我们对此也不能过于乐观。因为教育行动研究在现实中的推行并非如上文所述的那样顺畅，恰恰相反，它面临着巨大困难。越来越多的迹象表明，人们多在理论上“谈论”行动研究①，而真正在实践中操作、“做”行动研究的人其实少之又少。在西方，行动研究倡导者也承认，若从“行动研究的行动”来看，行动研究在西方也确实步履艰难。总的来说，比较成功的行动研究并不多见②。

就研究中理论研究者与实践者的关系而言，教育行动研究存在一个悖论：一方面，人们认为无论是学校还是实践者本身，都缺乏开展行动研究的动力和条件，如学校部门及其工作设置之间的“箱格化”、实践者之间的孤立化、难以保证研究所需要的时间与经费、实践者缺乏对自我及其实践的习惯与能力的反思等。这要求开展行动研究必须有外部理论研究者的干预和推动。另一方面，当理论研究者干预实践者的行动研究时，干预的“度”如何把握：不能过大，否则就喧宾夺主，剥夺了行动研究所提倡的主要核心理念——实践者作为研究者或反思性实践者的自主性和在研究中的主体地位，又回到传统研究窠臼中去；也不能过小，否则行动研究难以开展，没有实效。因此，在多数情况下，理论研究者与实践者在合作中常常处于摇摆不定的“博弈”之中，理论研究者不得不游移于教育实践及实践者之外，不能真正深入，而实践者又常常偃旗息鼓，退回自己阵营。因此，“合作”的行动研究在实际操作中常常难以达到“理想”的预设状态。

而且，实践者虽然在“研究型教师”和“反思性实践者”这些口号的激励下参与了教育实践研究，但相对于理论研究者，其研究还是被动的甚至“低级”的，处于理论研究者的“俯视”之下，实践者远未成为真正的“研究者”。这样来看，教育行动研究实际上并没有完全摆脱传统实证主义教育研究“R-D-D”模式的局限性。这与行动研究倡导的“合作”中的

---

① 这里的“谈论”不仅仅指相关的学术研究活动，也指行动研究已日益成为大学里的一门课程。这种课程固然促进了行动研究的推广，但也使其日益蜕化成一种特殊的理论知识体系，而不是一种实践行为。

② 刘良华：《校本行动研究》，成都，四川教育出版社，2002，第238页。

“民主”理想仍有距离。对理论研究者而言，他们是出于改进中小学教育教学实践的需求，走出书房，进入充满不确定性的教育田野开展研究的，目的在于为实践者提供理论、方法等方面的“指导”或“辅导”。然而，这种“指导”或“辅导”的实际后果常常出人意料：研究者的善意“指导”与“辅导”实际上对实践者构成了“霸权”性的压抑，遭到实践者排斥。理论研究者就会感叹“我们”遇到了“漠然的教师群体”和“学校支持的消退”，结果“我们成了尴尬的研究者”。[①] 更何况，教育行动研究并不追求发展理论，它旨在帮助教师和管理者来有效开展日常工作或迅速交流所遇到的具体政策问题，这种研究很有希望帮助克服长期存在的教育研究与教育实践难以紧密结合的问题。但是，这种研究不会有助于产生有关教育过程的崭新深入的见解，除非在实地一起工作的研究者和实践者把他们的经验都带回到大学中进行从容不迫的理论探讨。[②]

因此，指望通过教育行动研究来建构系统的教育理论是不现实的，恰恰相反，行动研究带有明显的反理论倾向：一方面，理论研究者参与行动研究时会自觉根据实践者的需要提供服务；另一方面，实践者对理论及理论研究者过去及潜在的霸权始终十分警惕，其所提倡的“教育理论联系教育实践”的本质是“拿来主义”——“拿”理论为我所用，而并不回馈理论。因此，理论（研究者）与实践（者）在教育行动研究中的沟通本质上是单向的（满足实践者专业发展及实践变革需要），只是这时的指向与教育实验研究中的指向（满足理论研究者及理论发展需要）方向不一样而已。

---

① 牛瑞雪：《行动研究为什么搁浅了——大学与中小学合作研究的困境与出路》，《课程·教材·教法》2006年第2期。

② 〔美〕埃伦·康德利夫·拉格曼：《一门捉摸不定的科学：困扰不断的教育研究的历史》，花海燕、梁小燕等译，北京，教育科学出版社，2006，第242页。

第二章　深度介入：教育研究方式的中国创新

西方旁观式研究和介入式研究两大传统对教育研究产生了巨大影响，已成为拉动世界教育研究的两驾马车，对于理论创新和方法论革新具有重要意义。但客观而言，旁观式研究传统一直一枝独秀，成为西方学术研究根深蒂固的内在气质，这种气质还渗透在介入式研究之中，使教育理论研究者对实践的介入更多是“接近”，而非真正“进入”并“介入”。这是由西方学术文化的内在精神决定的。

我国教育研究自西方移植而来，两大研究方式深刻地影响了我国教育学者、教育理论形态和研究方法论，也引发了当代中国教育学发展的深层困境。事实上，20 世纪以来，许多教育学者都认识到“移植”存在的诸多问题，提出了开展原创性教育研究的主张，基于中国本土的诸多原创性探究实践也不断出现。如 20 世纪三四十年代陶行知的“生活教育”、陈鹤琴的“活教育”理论与实践等；再如 20 世纪八九十年代风起云涌的教育实验研究等；进入 21 世纪，大学教育理论研究者与中小学教育实践者的合作日益普遍，如华东师范大学叶澜、李政涛牵头的“新基础教育”研究，东北师范大学邬志辉扎根农村教育开展的相关研究，华中师范大学郭元祥、陈佑清等开展的“深度教学”研究，首都师范大学宁虹、张景斌等领衔开展的大学与中小学合作研究，等等，均对教育理论研究者如何在中小学实践情境中与实践者开展深度合作、在改变实践品质和形态的同时促进教育理论创新进行了深度探讨。这些研究表现出一大特点，即有清晰的方法论自觉，不满足于“说”“写”，而是越来越多地投入“做”中去，体现出与西方不同的鲜明的“深度介入”特征。在此基础上，他们探求中国教育及研究的特殊性并做出相应的理论与实践创新。如南京师范大学张新平结合教育管理学学科，提出“教育管理研究的第三条道路”——“实地研究”：大致可以这样说，实地研究是指教育管理研究者离开自己熟悉、习惯和珍视的教学科研场域，较长时段地“沉入”到相对陌生的研究对象的生活环境中去，采用参与观察和非结构式访谈等获取资料的方法，系统、详尽地描述、理解乃至批判和反思研究对象的物理与精神特征、思想信念与行动逻辑的相对松散的研究方式体系。实地研究并不是一种高度契合的单一研究方式，而是指深入到“实地”开展研究的种种方式的系统，它既包括不受研究者自身价值观念影响，如实地描述和解释研究对象的观察性实地研究，也包括研究者将自身的价值追求贯穿于研究过程，试图影响和改变研究对象的建构性实地研究，还包括研究者以揭示研究对象所受的种种欺骗、不公正对待以及质疑、反思种种理所当然的假设为己任的批判性研究。①

我们认为，这些生生不息的探究将使我国教育理论研究和实践改革呈现出与西方不同的样貌。在一定意义上，可以说当下中国教育理论研究和实践改革正迎来一个新时代，一个基于中国文化又体现中国创造的新型研究方式正在形成。在此，我们将它称为深度介入式教育研究。

第一节 深度介入式教育研究的兴起

教育学自西方传入中国已有百余年，教育研究方式的沿袭亦是如此。如今，随着当代中国教育理论研究的日益成熟和基础教育变革的迫切需要，在西方研究方式基础之上发展出中国自己的教育研究传统正当其时，这也必将促进当代中国教育学的重建。从一定意义上讲，这体现了历史的必然性。

一、中国独特的学术传统

在上文述及西方学术传统时，我们曾对西方人源自古希腊的“理论”追求和超越性的思辨进行阐述：即使他们有对实践智慧的追求，但相对于“理论”的思辨来说始终处于弱势。虽然“二战”后，西方实践哲学复兴，但始终难以克服西方文化基因里传承的主观与客观、主体与客体、理论与实践等种种二元对立。与此相较，中国文化大异其趣。如果说西方人以理论理性为尊，中国人则重视实践（实用）理性。实践（实用）理性构成中国整个文化心理的基本特征。李泽厚先生曾有很精彩的分析：这种理性具有极端重视现实实用的特点，即它不在理论上去探求、讨论、争辩难以解

① 张新平等：《教育管理实践个案研究：实地研究方式》，上海，上海教育出版社，2007，第5页。

决的哲学课题，并认为不必要去进行这种纯思辨的抽象。重要的是在现实生活中如何妥善地处理它。……在这里，重要的不是言论，不是思辨，而是行动本身；"君子欲讷于言，而敏于行"，"听其言而观其行"，"君子耻其言而过其行"，……这里也没有古希腊那种日神精神和酒神精神的分裂对立与充分发展（即更为发展的思辨理性和更为发展的神秘观念），而是两者统一融合在实用理性之中。[①] 所谓"中国哲学"，尤其是儒家学说，大体上只是半哲学。正因为它是半哲学，所以就不重视抽象的思辨论证、严密的逻辑推理、系统的理论建构等。相反，它特别强调理论必须具有实践的和实用的品格。[②]

我们说中国文化中缺乏对理论理性的追求，并非说中国人不能或不善于开展超越性的理性思辨。事实证明，近代以来的中国完全能够适应西方意义上的抽象思维和逻辑训练，进行现代科学技术的发明。但重视实践理性和实际行动的文化基因仍然强烈地影响、支配着今天的研究者。比如，当理论研究者到中小学去和教师一道开展教育教学研究时，教师总是说，"你不要讲这么多理论，直接告诉我怎么做得了"。对于理论研究者来说，对教育实践的研究不会停留于"是什么"的描述性回答，还要和实践者一起探讨"为什么""怎么办""除了这样还能怎样"等问题。这表明，西方教育研究是一种"求知"（knowing）的学术取向，是一种理论的兴趣，注重对问题的诊断、思辨及科学性的追求而不以实用为目的，所以就强调以旁观者姿态审视和观察教育现象，即使重视实践的理论研究者也难以真正融入实践之中。而中国人开展教育实践研究，则是以"达己达人"为宗旨，与中小学教师开展合作首先看重的是双方人品，将其作为合作持续的重要保障，且双方都把自己置入研究过程之中。研究者与教师一起探讨实践变革的各种可能性，强调理论在实践中的"用"或理论的"学以致用"。在这一意义上，中国人开展的教育研究与西方人开展的教育研究在性质上有很大差异，本质上是一种关于教育实践中的"理"的研究。我们将之称为"事理"研究，以与自然科学式的"物理"研究区分开来。对此，叶澜指出：事理研究既不像自然科学，是对人的外界物体之研究，以说明"它"是什么为直接任务；也不像精神科学，是对人的主观世界状态的研究，以说明主体"我"之状态、变化、性质以及为什么会如此等为直接任

① 李泽厚：《中国古代思想史论》，北京，生活·读书·新知三联书店，2008，第 26～27 页。

② 李泽厚：《实用理性与乐感文化》，2 版（修订本），北京，生活·读书·新知三联书店，2008，第 247 页。

务。它以人类自己所创造、从事的活动为研究对象，既研究事由与事态、结构与过程、目标与结果等一系列与事情本身直接相关的方面，也研究如何提高活动的合理性、效率、质量与水平。事理研究的目的指向如何使活动更富理性，如何通过活动更好地满足人们对从事这项活动的需求。因此，它是一项既要说明是什么，又要解释为什么，还要讲出如何做的研究，包含价值、事实和行为三大方面，且三大方面呈现出三种时态（过去、现在和未来），涉及活动主体与对象、工具与方法等多方面错综复杂的关系。如此的复杂性，是对物的研究与对精神的研究都未面临的。所以，事理研究中理论研究与实践之间具有从对象到目的的直接关联性，它的研究域的变化常与实践的需求和进展直接相关。正是事理研究与实践的这一特殊关系，使事理研究不同于物质研究和精神研究，成为以综合研究为特征的一种研究。①

为了顺利推进事理研究，教育理论研究者需要深度介入实践。这正体现了中国文化注重实用（实践）理性而形成的“知行合一”传统。知行关系一直是中国哲学探讨的重要命题，关于知行之先后、难易、轻重虽众说纷纭，但主流是“知行合一”。有学者提出，“合知行”是中国哲学的第一特点：中国哲学在本质上是知行合一的。思想学说与生活实践融成一片。中国哲人研究宇宙人生的大问题，常从生活实践出发，以反省自己的身心实践为入手处；最后又归于实践，将理论在实践上加以验证。即是，先在身心经验上切己体察，而得到一种了悟；了悟所至，又验之以实践。要之，学说乃以生活行动为依归。② 要之，中国哲学乃以生活实践为基础，为归宿。行是知之始，亦是知之终。研究的目的在行，研究的方法亦在行。过去中国之所谓学，本不专指知识的研究，而实亦兼指身心的修养。所谓学，是兼赅知行的。③

可见知行合一、行知转化是中国学人的生存方式，也是学术研究的基本原则。这种生存方式和基本原则深处还蕴含着中国“士人”所特有的践履精神。这种精神在《易经》的“天行健，君子以自强不息”中有体现；孔子以“士志于道”对这一基本价值做了规约；曾参则进一步明确：“士不可以不弘毅，任重而道远。仁以为己任，不亦重乎？死而后已，不亦远乎？”这种精神在后世不同时代士人身上均有体现：汉末党锢领袖李膺，

① 叶澜：《教育研究方法论初探》，上海，上海教育出版社，1999，第323~324页。
② 张岱年：《中国哲学大纲》，北京，商务印书馆，2017，第25~26页。
③ 同②，第27页。

史言其“高自标持，欲以天下名教是非为己任”；北宋范仲淹喊出“先天下之忧而忧，后天下之乐而乐”；晚明东林党人的“事事关心”一直让人回味；近代梁启超则发出“世界无穷愿无尽，海天寥廓立多时”的吁喊；梁漱溟也发出“吾曹不出如苍生何”的悲鸣。可以说，这种精神凝聚千年而成为中国知识分子的基本性格，中国知识分子自始便以超世间的精神过问世间的事。换句话说，他们要用“道”来改变世界。

中国知识分子发展出的学术态度不同于西方“静观的人生”，而是“行动的人生”，不仅仅是解释世界，还要改变世界。对此，清初的顾炎武说，“君子之为学，以明道也，以救世也。徒以诗文而已，所谓‘雕虫篆刻’，亦何益哉！”① 余英时也说，救世与“经世”都是“改变世界”的事。这一精神上起先秦下及清代，始终都贯穿于中国知识人的传统之中。②

最迟自20世纪三四十年代以来，中国知识界已逐渐取得一个共识：“士”已一去不复返，代之而起的是现代的知识人。“士”的传统虽然在现代结构中消失了，“士”的幽灵却仍然以种种方式，或深或浅地缠绕在现代中国知识分子的身上。③

这种判断是准确的，因为在当代中国一代代教育学人身上，我们还能看到这种可贵的品质。虽然当代大学的学术体制对教育学的学术研究有一些消极影响，还是有许多教育理论研究者秉持这种“士”的精神为中国教育和中国教育学研究踏实前行。当代中国著名教育学家叶澜曾自述：做事业的心态，就是为了发展，而不是谋什么。许多人对我讲，叶老师这样的年纪，什么都不做也可以过日子，还这样辛苦，求什么？我不求什么，为的是大家一起做了这么多年，人在发展，还要延续，这就是教育的价值，教育的价值就是求得人的发展，还有什么比人的发展更重要、更有意义的呢？如果说我在“求”什么，我做了一辈子教育学，在专业的意义上我求的是创建中国的教育学。但不止于此。我们做了15年，应该也可以了，但是人的发展没有止境。④ 这番自我告白可以说是当代一批优秀教育学人的行动与坚守，激励一代代教育学新人为中国教育和中国教育学切实行动。

此外，我们还要看到在马克思主义思想传入中国后，与中国学者所特有的“践履”精神有了结合性的转化。对此，李泽厚先生曾分析：马克思

---

① 顾炎武：顾亭林诗文集，北京，中华书局，1959，第98页。

② 余英时：《士与中国文化》，上海，上海人民出版社，2003，第609页。

③ 同②，新版序第6页。

④ 庞庆举：《人性问题：“生命·实践”教育学人学之基》，上海，华东师范大学出版社，2015，第219页。

主义的实践性格非常符合救国救民的需要。但是，中国传统的民族性格、文化精神（亦即文化心理结构）和实用理性是否也起了某种作用呢？重行动而富于历史意识，无宗教信仰却有治平理想，有清醒理智又充满人际热情……，这种传统精神和文化心理结构是否在气质性格、思维习惯和行为模式上，使中国人比较容易接受马克思主义呢？以前一些人常说，马克思主义不适合中国国情，但事实却并不如此，马克思主义不仅引领着中国成功地完成了一场翻天覆地的农民战争，在整个中国社会中生了根，而且在这个过程中，从毛泽东的军事政治战略到刘少奇的个体修养理论，到邓小平的“实事求是是毛泽东思想的精髓”和“两个文明（物质文明和精神文明）”的提法，已经使马克思主义很大程度上中国化，即与中国社会的实际、思想意识的实际结合起来了。……这也说明马克思主义与中国传统结合，进一步中国化并非偶然插曲，且将成为历史的持续要求。相反，那些过度烦琐细密的知性哲学（如分析哲学）、极端突出的个体主义（如存在主义），与中国人的心理结构和文化传统倒是相距更为遥远。①

的确，中国的“知行”传统与马克思主义实践思想结合后，实践更凸显出了认识论意义。这在毛泽东对“实践”概念的生动解释中得到了反映。他在《实践论》中说：“世上最可笑的是那些‘知识里手’，有了道听途说的一知半解，便自封为‘天下第一’，适足见其不自量而已。知识的问题是一个科学问题，来不得半点的虚伪和骄傲，决定地需要的倒是其反面——诚实和谦逊的态度。你要有知识，你就得参加变革现实的实践。你要知道梨子的滋味，你就得变革梨子，亲口吃一吃。你要知道原子的组织同性质，你就得实行物理学和化学的实验，变革原子的情况。”② “通过实践而发现真理，又通过实践而证实真理和发展真理。从感性认识而能动地发展到理性认识，又从理性认识而能动地指导革命实践，改造主观世界和客观世界。实践、认识、再实践、再认识，这种形式，循环往复以至无穷，而实践和认识之每一循环的内容，都比较地进到了高一级的程度。这就是辩证唯物论的全部认识论，这就是辩证唯物主义的知行统一观。”③

这种中西合璧的方法论在很大意义上决定了开展教育研究的基本立场，即不满足于旁观或近观式的描述和解释，而要深度介入并改造教育实践，切切实实地改变教育世界。

① 李泽厚：《中国古代思想史论》，北京，生活·读书·新知三联书店，2008，第332～333页。

② 毛泽东：《毛泽东选集（第一卷）》，2版，北京，人民出版社，1991，第287～288页。

③ 同②，第296～297页。

二、中国教育学的实践自觉

随着科举制的废除和“新学”兴起，近代中国的教育实践形态发生了根本变化，传统教育和传统教育思想被搁置或抛弃，西方教育学由此进入中国。而这种“入”是全盘移植式的引入①。对此，叶澜指出，20世纪初教育学在中国的“引进”与其他的人文学科相比，缺乏内在的学科理论根基，它是应办师范之急需，从一开始就采取了“传统中断”和“全盘引进”的方式，把西方的“教育学”当作适用的教育学拿过来就“用”。其他的一些人文社会学科如哲学、文学、历史都有“中”“外”之别。这些学科不会因引进国外学说而造成完全中断、取代国内学科的效应。在教育学中这种效应却产生了，并逐渐演化成一种“新”的传统②。这个传统就是，教育学在中国的百年历程中，形成了对国外教育学翻译、介绍到述评、编纂、自编等一系列消化吸收的“中国范式”，并随着吸收对象的更替而多次循环，还视这种循环为“发展”③。所以，“中外”关系问题是影响中国教育学发展的一个“世纪问题”。虽然王国维先生在《国学丛刊序》中说学无中西，就教育而言的确有些核心价值和追求具有一定的普适性，教育学的许多理论主张都有普适性，但必须认识到教育和教育学具有民族性和文化性格，每个国家都有自己的教育传统和学术传统。这种传统必然会反映在教育研究上，转化成为这个国家特有的教育研究传统。石中英曾详细阐述德国文化传统对德国教育学的影响和美国文化传统对美国教育学的影响，分析了一个国家文化传统与教育学之间的内在联系，认为教育学文化性格是教育学理论品格的核心。把握了“教育学的文化性格”，我们才可能从“西方中心主义”的迷雾中走出来……回到传统，重建传统，超越传统。只有在传统的浸润下，我们才能获得真正的学术自尊心、自信心，才能敞开那充满热情、关怀、希望的教育之思，真正地在逻辑的、语言的、技术的层面上与多样化的西方教育学传统对话，博采众家之长，臻达贯通古今、中西合璧之境，创造出一个中国教育学的新时代，在21世纪的世界

---

① 关于这一“移植史”可参阅黄济：《20世纪中国教育学科的发展》，《北京师范大学学报（人文社会科学版）》2000年第1期；郑金洲、瞿葆奎：《中国教育学百年》，北京，教育科学出版社，2002；金林祥：《20世纪中国教育学科的发展与反思》，上海，上海教育出版社，2000；郑金洲：《中国教育学60年（1949—2009）》，上海，华东师范大学出版社，2009；侯怀银：《中国教育学发展问题研究——以20世纪上半叶为中心》，太原，山西教育出版社，2008；侯怀银等：《20世纪中国教育学发展问题研究》，北京，北京师范大学出版社，2011。

② 叶澜：《中国教育学发展世纪问题的审视》，《教育研究》2004年第7期。

③ 同②。

教育学论坛上响起来自古老国家的声音。① 吴黛舒、黄志成也分别从文化传统、学术传统、研究传统的视角分析“德国教育学”与“美国教育科学”两种教育学研究传统或范式的区别。②

西方教育学传入中国发展至今已有百余年，已有很多教育学者认识到“文化性格”问题。20 世纪 20 年代末，针对“五四”以来简单照搬欧美教育学的现状，舒新城、庄泽宣、邱椿、姜琦、罗廷光等学者开始试图以一种现实主义的态度探索适合教育学的发展道路，响亮地提出了“教育学中国化”的理念。③ 1957 年，《人民教育》刊登了《为繁荣教育科学创造有利条件》，张文郁先生提出了“教育学的中国化”问题。瞿葆奎先生是最早对教育学中国化问题进行系统理论反思的学者，1957 年在《华东师大学报》（人文社会科学版）第 4 期专门发表了《关于教育学“中国化”问题》一文，在对种种教育学“中国化”的错误取向提出批评的同时，提出不能舍弃马克思列宁主义教育学“中国化”问题，也不能舍弃中国教育的实践而谈教育学“中国化”问题。1978 年以后，教育学中国化多向度展开，但 20 世纪 80 年代初期，由于教育学研究整体水平不高，对教育学中国化的解读尚停留在粗浅水平上。进入 20 世纪 90 年代后，对这一问题的研究有了新的高度和深度，典型代表是鲁洁先生的研究成果④。1991 年，《中国教育学刊》发行专刊进行讨论，之后陆续出版了一系列专门研究成果⑤。通过这些讨论，人们对创建“中国教育学”的必要性逐步达成了共识。西方的体系一开始就没有给中国教育思想留下章节：西方的学科框架容纳不了中国的教育思想，西方的学科体系和研究传统拒绝中国的传统教育思想，拒绝中国以传统方式表现的教

① 石中英：《教育学的文化性格》，太原，山西教育出版社，1999，第 362 页。

② 黄志成：《教育研究中的两大范式比较：“日尔曼式教育学”与“盎格鲁式教育科学”》，《教育学报》2007 年第 2 期；吴黛舒：《“研究传统”与教育学的发展　德、美两国教育学“科学化”道路的差异和启示》，《教育理论与实践》2004 年第 3 期。

③ 侯怀银：《西方教育学在 20 世纪中国的传播和影响》，长春，东北师范大学出版社，2011，第 179 页。

④ 鲁洁：《试论中国教育学的本土化》，《高等教育研究》1993 年第 1 期。

⑤ 丛立新：《关于“建立有中国特色的教育学”口号的争议》，《中国教育学刊》1993 年第 2 期；周谷平、徐立清：《马克思主义教育学中国化历程初探》，《教育研究》2002 年第 10 期；罗明东、黄瑞：《从“外国化”、“中国化”到“中国特色教育学”：中国教育学发展主体性增强的历程》，《云南师范大学学报（哲学社会科学版）》2003 年第 3 期；闫引堂：《“教育学中国化”命题之再认》，《教育研究与实验》2005 年第 2 期；邬志辉：《论全球化时代中国教育学的本土化问题》，《集美大学学报（教育科学版）》2005 年第 1 期。

育思想，拒绝中国原生的教育思想。① 中国教育学百年发展的本土性资源不足、独立自主性不强、学科性质与归属不清、发展的内在需求和动力不足，社会尤其是学术界的认同度不高，这些都是事实。反思中国教育学的百年之路，一个总体问题是学派成长的缺失，即“内涵式”“开创性”发展不足 。② 教育学在20世纪的发展中走过的曲折和付出的“学费”换来的最重要的启示就是：要提升教育学科的独立学术品格和力量，教育学界要为此做出持续和艰苦的学术努力。教育学在新世纪发展的方向不应再是以西方为本的“中国化”，而是要创建“中国教育学”。这里的“中国”，其内涵不只是教育学要从本国的文化传统中找到自己的根、开发其当代价值，也不只是教育学要以本国的教育实践和教育问题作为发展教育理论之不可或缺之源，而是中国学者应为教育学发展做出世界性的贡献。③

至此，中国教育者对基于深度介入中国本土教育实践、基于中国教育实践智慧创建中国教育学和实现教育学理论创新的路径达成了普遍共识。教育学研究要聚焦教育实践，需要关注实践、参与实践、批判实践、改进实践，需要教育学研究者重新进行角色定位，从单一的知识型研究者转化为实践型研究者，从知识的陈述者转变为知识的批判性分析者。④ 理论工作者要想很好地理解实践、解释实践、为实践服务，不深入实践中去，不亲身实践是不行的。⑤ 教育学研究要揭示实践逻辑、解决实践问题，理想的教育学是一种实践教育学，教育学研究范式需要实现实践转向。⑥ 对于构建真正有意义的教育思想来说，最宝贵的资源不在别处，就在研究者——作为思想者的研究者自身，就在研究者的本土境脉与本土实践——研究者生活于斯而感悟于斯、喜怒于斯而又情系于斯的本土社会境脉与本土教育实践之中。是我们自身、是我们自己的家园从根本上赋予了我们思想的力量，激励我们思想的智慧。⑦

---

① 吴黛舒：《繁荣背后的反思：中国的“教育学本土化”》，《教育理论与实践》2007年第9期。

② 靖国平：《从“学科立场”到“学派立场”——论中国教育学的学派意识及其实践路向》，《高等教育研究》2006年第1期。

③ 叶澜：《中国教育学发展世纪问题的审视》，《教育研究》2004年第7期。

④ 郑金洲：《中国教育学研究的问题与改进路向》，《教育研究》2004年第1期。

⑤ 石中英：《论教育实践的逻辑》，《教育研究》2006年第1期。

⑥ 余清臣：《“比较利益人”：实践教育学的人性假设》，《教育研究》2009年第6期。

⑦ 吴康宁：《“有意义的”教育思想从何而来——由教育学界“尊奉”西方话语的现象引发的思考》，《教育研究》2004年第5期。

由此可见，当下中国教育研究到了消除教育学“全盘引进”这一天生“胎记”的时候了。这客观上需要理论研究者深度介入中国教育实践的土壤，一方面以自身研究促进基础教育实践变革，另一方面从实践中发现原发性教育问题、收集原始性研究素材、发掘原创性实践智慧、做出原创性研究成果、得出独特性研究结论，使中国教育学自中国教育实践土壤中生长出来，由此生发出中国教育学的研究传统和范式，建构中国教育学发展的内在机制，真正为世界教育学发展做出中国贡献。

三、教育学学科立场的再觉醒

在教育学经历多次“内裂”与“外解”及基于多学科研究的“教育科学”盛行的情形下，坚守教育学学科阵营的学者正在展开“逆袭”，推动当代教育学的更新和转型，其中以叶澜最具代表性。她说：我认为教育学对自身“科学性”的认识，应以对象的性质来衡量，即教育学在多大程度上揭示了教育作为一种特殊的社会活动的特殊性，揭示了这一活动为实现目的所规定的“事理”，从而做出了其他学科不能代替的对教育的认识和知识的贡献，以及这些认识对教育实践发展的导引作用。[①] 而教育学理论研究的基本格局是缺乏对教育本身的深入研究[②]，这意味着教育学研究必须确认教育活动内部的基本因素与结构，把握其特殊性，以及认识由要素、结构、功能的差异所造成的整体形态上的特征。……有关教育过程内在机制与逻辑的把握，是教育学研究中最深入和最丰富也是最为艰难的研究。……不进入这个问题领域，教育学就依然没有达到教育本身作为一种特殊的人类活动之特殊性的学科意义上的认识，它的学科独立性在学科意义上的建构也没有完成，因此还是不能发挥对于教育实践不可由其他学科取代的、具有本学科指导意义的作用。要形成与此相关的学术研究的有意义的成果，不能没有对实际进行着的教育过程的深度透析。可以说，教育内在过程的机制与逻辑的揭示，是教育学的核心构成，也是衡量教育学作为独立学科存在的理论成熟度的标准[③]。无独有偶，德国当代著名教育学家本纳（D. Benner）也持类似的观点，他在代表作《普通教育学——教育

---

① 叶澜：《立场：“生命·实践”教育学论丛（第二辑）》，桂林，广西师范大学出版社，2008，第27页。

② 叶澜：《命脉：“生命·实践”教育学论丛（第四辑）》，桂林，广西师范大学出版社，2009，第2页。

③ 叶澜：《基因：“生命·实践”教育学论丛（第三辑）》，桂林，广西师范大学出版社，2009，第33~34页。

思想和行动基本结构的系统的和问题史的引论》中强调：本书同样坚持这个观点。它有意识地拒绝把教育学基础理论问题交给其他学科，……拒绝教育学理论发展和研究衰减为其他科学的应用科学。只有涉及教育过程和体制自身逻辑的基础理论探讨才能在教育学研究中研究教育问题。没有自己的基础理论问题教育学不可能成为科学。① 之所以引用以上两位当代教育学家的观点，是因为他们的认识超越了一直以来人们关于教育学学科独立性的争论，找到了解决这一争论的钥匙，那就是教育学学科独立性及科学性等难题的确证归根结底是对“教育过程和体制自身逻辑”的深入研究，形成教育学对教育研究的逻辑判断。

四、当下中国基础教育改革持续推进的内在要求

改革开放以来，中国基础教育即开始了规模宏大的改革。1985 年，《关于教育体制改革的决定》颁布，掀起了以教育体制为核心的宏观改革，确立了九年义务教育及其管理体制。1993 年，《中国教育改革和发展纲要》颁布，进一步将教育发展摆在战略地位，为适应市场经济体制改革从宏观上对教育发展提出了新要求，第一次提出中小学要由应试教育转向全面提高国民素质的轨道，自此出现了素质教育与应试教育的不同提法；要求学校要办出自己的特色，普通高中的办学体制和办学模式要多样化，要求减轻学生学业负担。这标志着教育改革由“体制”转向学校发展的“内涵”。1997 年，《关于当前积极推进中小学实施素质教育的若干意见》发布；1998 年，《面向 21 世纪教育振兴行动计划》发布；1999 年，《关于深化教育改革全面推进“素质教育”的决定》发布。三年内连续发布三个与教育相关的重磅文件，可见面向 21 世纪国家对教育的重视。这一系列文件的颁布，使各地教育行政部门大大加强了推进素质教育的力度，而且将课程改革当作推进素质教育的重点。至此，我国基础教育改革的重心由“体制改革”转到了“素质教育改革”。2004 年初，国务院批准《2003—2007 年教育振兴行动计划》，明确提出“办好让人民满意的教育”，对前些阶段改革中的薄弱环节进行了强调，如“重点推进农村教育发展与改革”等，强调“基础教育课程改革是全面实施素质教育的核心环节”，明确了课程改革的核心地位。2010 年，《教育规划纲要》出台，教育的公平、均衡、质量、

① 〔德〕底特利希·本纳：《普通教育学——教育思想和行动基本结构的系统的和问题史的引论》，彭正梅、徐小青、张可创译，上海，华东师范大学出版社，2006，前言第 1 页（注释 2）。

创新发展成为核心和努力方向。2012年，党的十八大召开之后，中国社会转型再次迎来新局面和新挑战，基础教育改革亦是如此，要重新出发，啃“硬骨头”。中国基础教育改革步入“深水区”。

应该说，通过多年持续推进，中国基础教育实现了跨越式的发展，从中央到地方的各级政府和教育行政机构发挥了核心作用，成为我国基础教育改革的动力源泉。政府通过其为数众多的职能部门，对教育改革进行着全方位、全过程、高强度的控制，同时扮演着教育改革的设计者、指导者、管理者、监督者及调控者的角色。就此而论，中国教育改革基本上是自上而下的。可以肯定，在今后的教育改革中，政府及其职能部门还将继续发挥这样的作用。同样也可以预料，随着改革的推进，政府的决策也将更加科学，教育理论及理论研究者将会在教育决策中发挥越来越大的专业作用。

因此，一方面是领导要有科学决策的意识，加强教育理论的学习，提高教育理论素养；另一方面则是改变决策方式，尊重教育逻辑和教育理论，发挥教育专家的专业作用。对此，叶澜指出：对于一个急剧变革的时代来说，要求在理论上把问题都搞清楚了再来进行变革显然是不现实的。但中国的问题不在此，而在于中国近代以来有轻视教育理论的陋习，把教育只当作社会工具，把自然科学的科学标准作为衡量一切理论的标准，把操作、方法、技术作为解决问题的法宝，把教育看作只要有经验、无需理论的一项具体而琐碎且谁都可以说三道四的非专业领域。……要真正实现当代中国教育变革的历史任务，则必须改变这种落后的观念与行为，改变轻视教育理论与教育研究，以及教育理论与教育实践在整体上缺乏相互沟通与转化机制的状态；必须改变教育理论热衷于国外的教育及其理论的介绍、诠释和例证式的应用，热衷于从其他学科研究中寻找大前提的演绎式应用的水平；必须改变教育实践习惯于听上级行政指示和凭经验办事、随波逐流的传统。教育理论研究与教育实践发展之间是否能建立起具有内源性的关联，是当代中国教育变革能否走向成熟、取得成功的不可缺少的保证。①

由于中国教育管理传统的惯习，实现这样的转变并不容易。当下中国的社会发展尤其是基础教育的改革，客观上对教育理论者深度介入相关教育政策制定甚至决策提出了迫切需求。这也是近年来各级各类教育智库迅猛发展的重要原因。

---

① 叶澜：《“新基础教育”论——关于当代中国学校变革的探究与认识》，北京，教育科学出版社，2006，第119~120页。

通过对中国基础教育改革的历史回顾，还可以发现一个基本趋势，就是改革的重心日益降低，中心任务日益从宏观体制机制改革转向学校质量内涵提升。这表明当下和未来教育改革的主体正在发生改变，学校日益成为中国教育改革的基本单位。具体地说，改革并不只是把最新的政策付诸实施，它还意味着改变学校管理、校园文化、课堂教学、日常生活、师生生活方式等。这正是当下教育改革深水区之所在。学校的这些改革是深层、缓慢、持续的，因而也是复杂、反复、困难的。人们并不是拒绝变革，而是根本不知道如何应对变革。对于个人，尤其是与他人相互作用的个人来说，答案就是要用有关变革过程的知识来武装他们的头脑，并通过反思性行动不断提炼变革过程，而且要用变革文献中日益增多的可获得的知识来测试他们所知道的东西。[①] 由此可见，越是到改革的深水区，越需要理论的指导和参照，否则改革就会盲目，甚至是反复摸着石头过河。对于学校及其教师来说，凭其自身力量学习理论，以理论为参照来持续推进改革，一再以理论信念挑战和打破自己的惯习亦会十分艰难，因为把理论和思想融入实践是一个远比人们所认识的更为复杂的过程。在这种情形下，迫切需要教育理论研究者深度介入，与教育实践者开展深度合作和面对面的沟通指导。教育理论研究者作为“外力”和学术权威，将赋予学校及教师推进改革的强大动力，使其获得改革的合理性甚至权威性。对于教育理论研究者来说，对待变革过程的最佳洞察来自研究者与实践的联系[②]。可以说，当下和未来的基础教育改革为教育理论研究者深度介入教育实践提供了迫切的需求和契机。

第二节　深度介入式教育研究的内涵

相较于旁观式教育研究，介入式教育研究因其“介入”而有不同；相较于传统的介入式教育研究，深度介入式教育研究因其“深度”而有不同。可以说，深度介入式教育研究是介入式教育研究在中国文化土壤和中国基础教育改革过程中的进一步发展，有可能成为中国教育研究的新范式，也可能开辟中国教育研究的新传统。

---

① 〔加〕迈克尔·富兰：《教育变革新意义（第3版）》，赵中建、陈霞、李敏译，北京，教育科学出版社，2005，序第3页。

② 同①，序第4页。

一、“介入”及其“深度”

长期以来，人们常常关注教育的研究方法和方法论，而对教育的研究方式所提甚少。其实，早在1806年赫尔巴特发表《普通教育学》时就特别强调，假如教育学希望尽可能严格地保持自身的概念，进而形成独立的思想，从而成为研究范围的中心，而不再有这样的危险——像偏僻的被占领的区域一样受到外人治理，那么情况可能要好得多。任何科学只有当其尝试用其自己的方式，并与其邻近学科一样有力地说明自己的方向的时候，它们之间才能产生取长补短的交流。[①] 他希望教育学能像其他独立的科学一样形成自己的研究方式，与其他学科进行“取长补短的交流”，然而他及他之后的教育学者都未能实现这一夙愿。本书中我们重提“教育研究方式”，是为了将其与教育研究方法和方法论区分开来，力图寻求探究教育过程与体制内在逻辑的新路径，形成教育学对教育研究的逻辑判断。教育研究方式不是方法论，但需要方法论思想的指导；研究方式也不等同于方法，而是多种方法在研究过程中的综合运用。教育研究方式是在一定方法论指导下综合运用多种方法对教育实践开展探索的一种路径，而深度介入式教育研究在方法运用和方法论上都表现出独特性。

（一）何为深度介入？

在教育研究中，理论研究者与实践的关系和距离大致有几种类型：其一是入乎其内，出乎其外，如夸美纽斯、裴斯泰洛齐、苏霍姆林斯基等。他们首先是优秀的教育实践者，但又不停留于实践，而是以丰富的实践经验为基础提炼形成教育理论。在劳动分工高度发达的今天，这种情形已经不多见了。其二是身处事外，心在其中，如赫尔巴特等。他们对教育实践高度敏感、关心，关注现实，虽不在教育实践之中，但通过自己的言说、写作对教育实践者进行价值引领、方法论启迪和道义支持，承担“布道者”“启蒙者”角色。这是当下许多教育学研究者的工作方式和生活方式。其三是身处事中，心在其外。他们身处教育实践之中，但其目的并非实践和实践者的发展，而是为了获取研究资料或其他利益。这其实是一类“资料榨取者”，吴康宁也称之为“利益追求者”[②]。这是当下许多教育学研究者的工作方式和生活方式。如果是为了教育研究，这不失为一种好的取向，因为对实践和实践者开展贴近的观察与用心体验，总比对实践进行抽象的

① 〔德〕赫尔巴特：《普通教育学》，李其龙译，北京，人民教育出版社，2015，第5页。
② 吴康宁：《教育改革的“中国问题”》，南京，南京师范大学出版社，2015，第280页。

想象要好得多，也能在一定程度上反映和描述真实的教育实践生活。其四，身心皆处事中。理论研究者在实践场域中与实践者合作，共同致力于实践改进和实践者发展，但对理论创生关注不够。其五是身心皆处事中，身心又皆处事外。这不仅意味着理论研究者跨越制度藩篱，由学术场域进到实践场域之中，与实践者开展置身式的互动与合作，促进实践的改进和实践者的发展，同时还不忘理论研究者的本分，努力推动理论的更新，寻求坐而论道与起而行道的统一。

其四、其五即“介入”，而其五则是我们所言的深度介入。深度介入式教育研究说到底就是“在教育之中研究教育”，理论研究者真正“走进”教育之中，而非“旁观”或“近观”。“在教育之中”是为了认识和把握教育实践运行的内在机制、逻辑和结构，从而对教育现象蕴藏的本质做出只有教育学才能做出的特有回答，只有这样才能确立教育学的科学性和独特性。对此，叶澜说：有关教育过程内在机制与逻辑的把握，是教育学研究中最深入和最丰富也是最为艰难的研究。……不进入这个问题领域，教育学就依然没有达到对教育本身作为一种特殊的人类活动之特殊性的学科意义上的认识，它的学科独立性在学科意义上的建构也没有完成，因此还是不能发挥对于教育实践不可由其他学科取代的、具有本学科指导意义的作用。要形成与此相关的学术研究的有意义的成果，不能没有对实际进行着的教育过程的深度透析。可以说，教育内在过程的机制与逻辑的揭示，是教育学的核心构成，也是衡量教育学作为独立学科存在的理论成熟度的标准。①

正所谓“不入虎穴，焉得虎子”，对教育过程内在机制与逻辑的把握不可能通过“近观”和“旁观”获得，深度介入不失为一种恰当选择。深度介入式教育研究是在尝试以教育学这一学科的方式来认识和把握复杂的教育实践，同时实现教育实践形态向教育学理论形态的转化。这使得我们把教育实践当作外部对象去探究，而且也将其作为教育理论得以创生的源头去挖掘和发现。它需要理论研究者自身生命实践的投入，与实践者共同面对同一教育事实并进行真实有效的沟通，还需要合作创造可能的和更好的教育世界。深度介入式教育研究的过程，既是用教育实践来启发、检验、丰富教育理论的过程，也是扎根教育实践创造原创性教育理论的过程。

---

① 叶澜：《基因：“生命·实践”教育学论丛（第三辑）》，桂林，广西师范大学出版社，2009，第33~34页。

（二）“深”到哪儿去？

1. “深”到学校的日常生活中去

生活具有非凡的育人价值，学校教育生活更是如此。学校教育的伟力就蕴含在每天日常的生活当中。这个平凡而朴素的教育真理值得我们一再强调。因此，深度介入式教育研究并非理论研究者蜻蜓点水般地到学校走走看看、做报告、跟教师谈话等，而是致力于扎根学校日常生活。

扎根日常生活，意味着深度介入式教育研究关注的对象的普通性，即研究针对的是普通学校、普通班级、普通教师、普通学生以及他们普通的教育教学生活，因为这些普通构成了当下中国基础教育的真实状态。研究他们及其生活，促进他们及其生活的改变与发展，就是研究和改变当下中国的基础教育。教师和学生，是学校一切活动的人之主体构成。学校活动本身就是一种生活，不是人之生活总体之外的一部分，而是其中特殊的一部分。对于学生而言，学校生活是其生命成长最快、最重要和最具基础性的文化道德素养形成，且用多年珍贵岁月构成的特殊部分；对于终身以此为业的教师而言，学校生活就是其职业生命的主要构成部分。我们可以这样说，学校生活的质量是师生生命质量的重要构成。如果我们把学生生命质量的提升主要放在增加或提升校外生活质量上，那是忘了学校存在的意义；如果我们把学生生命质量的提升主要寄望于在校期间非经常性的某些特殊活动日或课外活动上，那是忘了日常才是修炼人生真性情的根本这一平凡的真理。这些似乎都不该忘，但在现实中却常常因儿童的不起眼和日常的平凡、重复而被忽视，人们总期待着能用什么异常或不凡来改变学校现状。然而，恰恰最需用力、最真实的改变，就在日常。只有基于日常、通过日常，才能将高远的、具有根本意义的目标，化到每人每天的生命实践之中。①

所以，扎根日常生活，就意味着努力开发学校日常生活的育人价值。学校及师生的发展并非靠几次有轰动效应的“活动”推动，更非靠专家几次报告的指点，而是他们在学校一天天的日子中“过”出来的。发展的关键正在于“过怎样的日子”和“怎样过日子”上，得过且过是过，过一天是一天是过，每天进行重复的机械劳动是过，把每个日子过成“诗”也是过。理论研究者的深度介入，要打破的就是习以为常的得过且过、重复性

① 叶澜：《回归突破：“生命·实践”教育学论纲》，上海，华东师范大学出版社，2015，第320页。

地过，和教师们一起发现和创造日常生活中的美，赋予日常生活不一样的活力，创造不一样的学校新生活，改变学校日常生活的“质”，使其不普通、不平常。只有这样，理论才能在学校生活中真正扎下根来，成为学校的运行方式和师生的生活方式。

扎根日常生活，意味着理论研究者角色心态的“普通”和研究神圣性的祛魅。在实践者心目中，理论研究者的角色及研究的地位是高尚的，意味着权威和不可接近。实践者往往认为自己不能研究或自己做的探索不算研究。通过理论研究者的深度介入，实践者长期近距离与理论研究者合作和面对面接触，就可以发现理论研究者其实也是普通人，其所思所想与自己有相通之处，甚至常常不如自己。基于这样的差异与共性，理论与实践、理论研究者与实践者才可以碰撞、互补和发展，赋予日常生活以研究品味；正是在这样的过程中，实践者才能明白教育研究的意义并在研究中进步。

2. “深”到教师的实践研究中去

学校教育实践改革越往深里去就越难，对教师的挑战也越大。一方面，改革要求教师不能满足于循环往复的机械性的工作和生活，要对实践保持高度敏感，对创新产生渴望，养成研究习惯；另一方面，大量教师在改革中越发觉得自身研究能力不足，专业知识与能力储备不够。可以说这种矛盾制约了改革蹚过“深水区”和教师专业发展。解决这一矛盾需要教师开展实践研究，尤其是有针对性的专题研究，在研究过程中不断发现问题，不断锤炼研究能力，不断寻找解决问题的可能路径。在这一过程中，理论研究者的深度介入可以成为教师研究和专业发展的催化剂与助力器。客观地说，理论研究者的专业素养、研究能力、问题意识相较实践者具有明显优势，在深度介入过程中，其研究的视野、认识问题的明晰度、可能提供的解决方案等可以为实践者提供参照。尽管理论研究者并不能提供处方式的现成答案，但通过理论（研究者）与实践（者）的碰撞，可以使问题更清晰、路径更明确，从而使研究的深度和效度得到提升与保障。最主要的是，通过深度介入教师的实践研究，经过一定时间的积累，可以使教师专业发展得到突破，同时形成某一领域专题研究的系列，成为学校持续推进改革的重要资源。如在“新基础教育”研究中，有教师特别讲到理论研究者是如何影响他们的研究的。在教师的管理中，建立了专家指导下的读书制度和教研制度。每年都要向全校教师推荐几本“新基础教育”的著作供他们研读。还把叶澜和专家们的讲话制成光盘或放在校园网上与老师们分享。老师们读了以后会在网上发帖并展开讨论，有的长长一篇，有的三言两语，但都有自己独到的见解。还多次组织大型的读书会，请专家做读书辅导，当场对教师的发言点评。教研制度的特点在于日常化、有效性。针对日常教学中的问题开展经常性教研，每个教师轮流主持教研活动，持续不断地进行研究。在研究中，形成了课堂教学的“新范式”，提出了课堂教学的十条要求、培养学生学习习惯的十个方面。这些教研成果有效地提高了教师们的教学质量。①

3. “深”到教师的思想里去

如前所述，深度介入之“深”首先是理论研究者对学校教育实践改革介入的高频度。这意味着理论研究者携其理论与实践者经常交流、互动和合作，在潜移默化中对实践者产生深刻影响。

其一，是理论研究者的人品、学品对教师的深度影响。教育实践研究面对的是活生生的人，实践者首先要了解清楚理论研究者的立足点、态度等，才会让理论研究者进入实践场域。理论研究者研究实践和实践者，实践也在考验理论研究者，实践者也在研究理论研究者。这个过程很微妙。一旦实践者发现理论研究者用心不正、不诚，或者研究对自己的生活和工作产生了不利影响，就不肯合作，不肯说出真心话。所以，经由双方人品、学品互动产生的情意和友谊是推进合作的重要力量。在实践中，一个连贯的经验世界是通过行动的方式，通过对存在状态的实际改变来获得的。这一过程所涉及的精神方面的东西是意志。实践是意志的运用，实践思维是意志，实践经验是服从于意志的世界。② 理论研究者与实践者两类主体在合作中情感的互动与结合是这种“意志”运用的具体体现。

其二，是理论研究者的教育价值观及其理论转化成为教师的教育价值观、教育理念甚至教育信仰，从而改变教育实践行为。这种外在价值和理论向实践者内在价值和理论的转化过程十分艰辛，却是深度介入的重要成果。对此，“新基础教育”研究合作学校的校长反思：2009 年，学校开始制订“新基础教育”扎根规划。教师发展成长了，实践积淀逐渐丰厚了，学校文化提升了，……在初步实现了“新基础教育”研究跨越性发展的时刻，浮躁的幼芽又一次在我的思想中抬头了。叶老师在规划的修改指导中，一语中的，指出了我潜藏在规划背后的思想状态。规划只扎了很多细根，

① 叶澜、李政涛等：《“新基础教育”研究史》，北京，教育科学出版社，2010，第 422 页。

② 〔英〕迈克尔·奥克肖特：《经验及其模式》，吴玉军译，北京，文津出版社，2005，第 248 页。

而忘了主根。在叶老师的一次次指导下，我逐渐对“根扎在哪里”有了清晰的认识，意识到学校价值取向在新的发展阶段依然重要。骨干教师数量不断增长，教师是否会只追求外在的荣誉，忽视学生的发展、学校的发展，产生晕轮效应、光环效应？学校经历了成型性研究结题后的新转折点，是否又会再一次安逸保守、停滞不前、缺乏动力？学校的精神文化内涵如何才能进一步提升？一次又一次的讨论使我逐步明确了后一阶段学校发展的价值取向：每一个教师“心越做越静，做一个醉心于教育的人、享受教育的人、痴迷于教育的人”；“拥有高尚的人格理想、高洁的精神品质、高雅的审美情趣”。那种形式主义的空架子、只是为校长脸上贴金的事坚决不做，只做有利于师生发展的事；只关注少数“尖子学生”、只关注少数“青年教师”的事坚决不做，把发展的权利放还给每一个师生；那些为自己扬名、为自己谋利益的事坚决不做，让精神真正穿透每一个人的心灵。这三个坚决不做的原则逐步浸润在我的每一个思想细胞中，融化在我的血液中。①

其三，经由双方合作，转变实践者的思维方式。2007 年，叶澜在“新基础教育”成型性研究的“冲刺”阶段工作总策划时说：常州市第二实验小学的王校长对“多”做了这样的思考，多方位思考、多角色参与、多伙伴合作、多渠道沟通。这是从校长的角度考虑治校要注意的“责任人”与“多”的关系。叶澜还给予了指导和提醒：校长不仅要能讲清道理，而且要知道如何去做，知道各种可能性。这样去训练思维，思维就缜密了，就可以成为指导行动的力量了。杨小微老师说：“新基础教育”研究要求校长从管理走向领导。要更加主动地、自觉地改变自己的管理实践，使自己的思维方式出现了实质性的“变轨”——从点状走向结构、走向关系、走向复杂思维。如果说把复杂问题简单化是科学，那么把简单问题复杂化就是哲学。因此，既要有科学的态度，又要有哲学的思想。只有这样，才能做好该做的，做精想做的，不断创造和丰富新型学校的特质。②

二、深度介入式教育研究的意蕴

（一）“我”的深度介入

首先，是作为理论研究者的“我”的价值的介入与转化。在学术研究

① 叶澜、李政涛等：《“新基础教育”研究史》，北京，教育科学出版社，2010，第 473~474 页。

② 王冬娟：《追梦：那一段华美的旅程》，《基础教育》2009 年第 4 期。

中，关于是否进行价值介入，实证主义者与人文主义者间争论不断。但现在，人们一般承认在学术研究中，尤其是在人文社科研究中，价值介入是不可避免的。不过这种价值介入的基本立场是以“我（研究者）”的价值来理解研究对象，“我”的价值是确定研究问题、筛选事实、做出判断的前提或基础，具有单向性，且对研究对象并不产生直接作用。

在深度介入式教育研究中，“我”的价值介入除具有上述意思以外，更强调作为理论研究者的“我”的价值通过与实践者的合作，在教育实践中得以转化成为实践者的内在观念并外化为具体的教育实践行为，并凝结成教育实践的具体形态（如学生和教师的发展、学校文化、学校组织管理等）。因为有了这层转化的追求，过往作为一种心理上的移情的价值介入便转变成理论研究者与实践者在价值上的相互影响和现实转化。不过，“我”的价值介入并不意味着在任何情况下，理论研究者都不用留意和克制自身价值判断对实践者的影响，更不是说理论研究者可以其价值任意介入。我们主张的是理论研究者如果不以自己的价值介入，就不能真正发挥理论之于实践的引领作用，也不能创造出新型教育实践形态。而且这种价值不是理论研究者的个人喜好，而是基于对受教育者、实践者及研究者自身的发展需要、时代精神及不同学校个性化变革特征的深入解读。其价值介入过程也不是推行理论研究者的“价值霸权”，而是基于实践者对价值的认同、体悟及主动践行。在理论研究者价值介入过程中，实践者还会有自身价值的介入并对理论研究者的价值选择和判断产生影响，两类主体的价值往往在实践变革中融通并创造、转化为新型实践。

其次，作为研究主体的“我”对变革实践的置入性介入。旁观式的理论研究者一般不出席、参与介入现场。例如，在韦伯看来，学者应拒绝过问他的学科力所不逮的问题，即只应停留于对实践者的“提醒”和“警告”。在诸多学科中，最能体现参与而不介入原则的要算人类学了。它要求研究者“离我远去”到“异乡”，与“土著”生活，在与其亲密接触中“找事”，然后回到家乡“写事”。而且，人类学家与被研究者之间“无所谓远近”，他们即使暂时会像被研究者那样，对被研究的当地社会有切身的关怀，这个“关怀”也是暂时的、虚假的，人类学家关怀的还是他们自己的社会。完成调查任务后，人类学家要离开他所研究的那个地方，将自己在当地的生活体会提升为知识①。“暂时”和“虚假”的关怀注定人类学

① 王铭铭：《经验与心态：历史、世界想象与社会》，桂林，广西师范大学出版社，2007，第144页。

家的投入不可能是发自内心的，有时还会产生排斥和抱怨的心理。因此，人类学者长期以来一直满足于对各种社会文化现象进行超脱性的客观描写，而避免主观是非判断和介入实际问题及提出变革建议。更有甚者，他们千方百计地使他们所研究的传统社会维持现状，成为标本和“活化石头”，使一门与社会文化息息相关的科学成为纸上空谈。①

近年来，在受实证主义影响很深的社会学中兴起了“过程—事件分析”，主张开展深度个案研究。它与人类学介入的不同之处在于它不是对“异乡”的深度观察和描述，而是对“己”文化和社会的研究，寻求的也不是社会整体状态的表达，而是探究社会实践某一方面的运行逻辑。二者的相同之处则是理论研究者置身于研究对象之外，本身并不干预社会实践的运行，深入其中只是为了更好地把握和认识实践。当然，还有许多社会实务工作者会以自己的专业知识介入社会工作，但这种介入坚持“价值抽离”“案主自决”“隐私保密”的基本原则。有时候，他们标榜“以人为本”“尊重他人”，但这主要还是为了让工作对象加深对自己的信任，说出其内心感受，以便找到问题症结加以解决。在根本上，它还是从技术理性的技巧层次出发，仍然强调专家式的单向理解模式。

深度介入式教育研究有上述“我”对现场的进入，但不仅仅是“人”的身体的在场，还强调理论研究者与实践者在价值观念、理想信仰等方面的内在沟通、亲密无间。教育学不仅是“为人之学”，也是“为己之学”；教育学者不仅研究教育，也研究自我；教育实践者不仅教学生，也教自我。因此，在学校这一场域中充斥着生命的沟通与对话。当教育学理论研究者置身于教育实践现场时，不可能作为旁观者而存在，而是将自己的整个生命置入现场，以自己之生命与教育现场之所有生命交流、沟通，如同植物一样，深深扎根于实践的泥土，熟悉学校教育实践的“泥土”生活，了解学校的特质、人与事，全力介入学校日常生活所遭遇的实际问题或困难，以理论逻辑适度干预实践逻辑，与实践者一起变革实践，寻求实践和生命发展的新可能并创造出新的实践形态，实现实践研究过程与实践变革过程的统一。这种介入不是旁观，而是将整个“我”置入其中进行互动、互补、分享、沟通与对话。在介入过程中，理论研究者不对实践者提出“警告”或价值抽离，而是敢于介入实践并直面实践中的各种问题；不满足于提供建议，而是通过合作保证介入的频度、效度，边试验、边发现、边完

---

① 〔美〕克利福德·吉尔兹：《地方性知识：阐释人类学论文集》，王海龙、张家瑄译，北京，中央编译出版社，2004，导读二：细说吉尔兹，第30~31页。

善，由此达成深度介入、理论生成与实践变革的持续推进。教育研究的主体不仅研究实践，而且直接创造实践。这也是研究主体介入研究对象的深层次表现：不但不停留在“说明”对象上，也不停留在“解释”和“理解”对象上，而是创造对象。

当然，在深度介入过程中，理论研究者至少要注意两个方面：其一，坚持与体现实践者的立场。教育理论与理论研究者真正在实践中发挥作用，必须进入实践者的内心世界，进入其日常生活。这要求理论研究者必须从实践者的立场出发，将理论转化为实践者精神世界的有机组成部分并转化为行动。因此，深度介入要基于对具体实践者及其实践生活的前在状态、潜在状态的深入了解与理解，不是“乱介入”或不切实际地介入。这需要理论研究者能解读影响和制约实践与教师发展的各种问题、困难和障碍，并以此作为帮助其制订自我规划的依据。这也可以说是艺术方法在教育研究中的运用。其二，介入在“深”的同时，又是适度的。在介入过程中，理论研究者需要自识与自持，坚守介入的边界，不能包办代替。事实上，深度介入不是“永久介入”，真正有生命力的“介入”是要培育实践者研究实践的自主性和自觉性，实现从“有形介入”向“无形介入”的转化。

（二）坚守教育学的学科立场

学科立场是由学科研究主体确立的，是观察、认识、阐明与该学科建构和发展相关的一系列前提性问题的基本立足点。[①] 对学科立场的关注和研究在当代中国并不是教育学界独有的现象，事实上，有些一向被认为比教育学科学性强得多、成熟得多、地位也高得多的学科同样在讨论学科立场问题。因此，备受质疑的教育学更应重视这一问题。在深度介入式教育研究中，教育学立场可以说是理论研究者的第一立场。

在研究过程中始终坚持以教育学的眼光和参照系来观照教育实践，并审视、吸收、转化各种理论与实践的研究资源，生成教育学的研究成果。如果回顾教育实践研究的发展史就可以发现，它总是与邻近学科（如哲学、心理学、社会学、人类学、经济学等）的研究方法、方法论的转变联系在一起。这至少表明两点：其一，我们常见的实际是基于“××学”的教育研究，尤其当教育成为各学科研究的“公共领域”时，什么是基于教育学立场的教育研究还不甚清晰。其二，教育研究的发展变化往往是研究者在教育实践中运用其他学科的方法推动的，缺乏基于教育实践变革本身对

---

① 叶澜：《立场：“生命·实践”教育学论丛（第二辑）》，桂林，广西师范大学出版社，2008，第 2 页。

方法的内在需求与内生式创造。

其实，在转型背景下，对基于教育学立场的教育实践研究与基于其他学科立场的教育实践研究的差异的反思，应当成为教育学者始终保持的学科自觉。这至少应体现在以下三方面。

其一，努力揭示教育作为一种特殊社会实践活动过程的特殊性，揭示这一活动过程为实现育人目的所规定的“事理”，做出其他学科不能代替的对教育的认识和知识的贡献，发挥其对教育实践变革的导引作用。对此前文已有述及，不再赘述。

其二，始终坚持对学校教育整体的把握。在教育学史上，最早以学校为基本单位开展教育研究的是夸美纽斯，其关注点主要在于学校中的“教学”，注重阐述把一切知识教给一切人的艺术。之后，赫尔巴特扭转洛克、卢梭等人注重个体的取向，再度将目光聚焦于学校，强调形成对教育整体的认识。不过赫尔巴特之后，其开创的教育学体系出现了内部分化（教学论、学校管理论、德育论等），“教育整体”观念却逐渐被人们淡忘。20世纪初，杜威再度回到学校教育中来，在对传统教育理论进行批判以后，建构了新的理论体系。然而自杜威从芝加哥大学辞职后，其研究路径很快被以桑代克、贾德为代表的从其他学科立场（心理学等）出发研究教育的方式取代。自此，庞大的教育科学体系各取学校教育之一隅，学校教育整体在被瓜分之后成为“空壳”。具体地说，其他学科对教育的研究是在其学科传统、研究范式相对成型之后，把教育当作一个研究领域介入的，从各学科视角来研究其中的一个点或面。在一定意义上，它们并不在乎教育学研究什么、如何研究以及形成了什么。这样的教育研究，最多也就是社会学中的一章，或一个心理过程，或一种经济投入，或一种政治工具，或一个社会心理现象的示例，或一个历史侧面，或一个哲学选题等，仅此而已。……在更深一层的意义上，这种混淆的主要后果是使科学地研究教育的工作被扭曲了。如果教育不是被看成一种自然完整的现实本身，而只是被当作一个多侧面的研究对象，每每按照科学模式的需要加以预先整理，那么，被研究的就不再是教育，而是我们自己关于教育的观念了——往往也就是那些从未讲过课、教过书的人的观念。另一方面，如果从一种“多学科”的角度把教育看作各学科的交叉点或一切社会科学的某种归结，那么，教育作为一种过程或一种社会子系统的本体也就会融化在众多的认识论的理论之中。[①] 它们是有差异的，且各自具有独特性，但却不构成教育学的独特性，恰恰相反，它们在把“教育”瓜分一空之后否决了教育学作为一门学科存在的合理性和必要性。实际上，赫尔巴特早就指出，教育学作为一门独立学科，其研究对象就是“教育整体”。但现在一些教育研究方式（如教育行动研究、教育叙事研究等）虽对教育实践予以了极大关注，但也只是关注了某些方面、领域甚至细节。

我们主张并践行的深度介入式教育研究再度回归“学校”，以学校为基本单位关注教育理论与实践的整体发展。这是在教育学分支学科得到较大发展并分治教育实践不同领域之后的重新统整，是“裂变”之后的再次“重聚”。因为对当代学校教育实践整体的认识，不可能由哪一门分支学科独立承担，也不可能用将各门分支学科已有成果简单相加的方法来完成，它需要通过以当代教育活动内在整体为对象的深入研究，需要吸收、整合、提升已有分支学科的研究成果，在更高层次上，形成一门不同于分支学科研究对象划分原则的、相对独立的教育学来承担。[②]

事实上，学校教育实践本身作为活生生的现实整体，是一个客观存在。无论从其他学科得到多少关于它的知识，它总有一个其他学科所无法穷尽的“内核”。这个独一无二的“内核”具有一些仅属于教育学而其他学科现在不能或永远不能处理的事物。正如叶澜所说：只要作为内在整体的教育活动还存在，以此作为对象的内在整体式的教育学就有存在的需要。没有哪一个内生分支学科的研究，哪怕是它们的总和（也没有任何一个外生交叉学科，哪怕是它们的总和）所形成的有关教育的认识，可以代替教育研究主体对教育整体的把握。教育活动内在整体的研究的目的是形成当代教育学，而不是恢复以往只有大一统教育学的局面，削弱或限制分支学科；是体现当代教育主体有关教育整体的新认识，形成有助于内生分支学科和内生应用学科发展的教育学；是形成新的对教育是什么、为什么、应如何和怎样展开等问题的基础性、理论性的认识，使整体与分支、理论与应用形成更为有效且更具有相互促进、相互建构之价值的当代教育学科新的关系形态和发展局面。[③]

当然，我们主张以学校教育整体为研究对象并不是说不需要研究教育

① 赵中建、顾建民：《比较教育的理论与方法——国外比较教育文选》，北京，人民教育出版社，1994，第312~313页。

② 叶澜：《立场：“生命·实践”教育学论丛（第二辑）》，桂林，广西师范大学出版社，2008，第22~23页。

③ 同②，第23页。

的局部，而是在基于教育学立场的整体认识的前提下研究这些局部。而且，主张基于教育学立场开展对学校教育整体及其局部的研究，并不是说研究过程中不需要吸收其他学科的资源，而是改变过去从其他学科简单移植、演绎甚至照搬的方式，根据实践的内在需要在研究中吸收、转化其他学科的资源。

以“新基础教育”研究为例，在实践领域，它以学校教育两个层次（学校、班级）、三个方面（学校管理、课堂教学、学生发展）为核心，在关注的面与点上有新的深化并赋予其新的内涵，如对课堂教学既不强调赫尔巴特式的“教”，也不强调杜威式的“学”，而是将“教学”看作一个分析单位，注重重建教学过程的整体过程逻辑等。此外，还注重教育整体各方面的内在关联性，强调整体与局部的相互转化，与过去割裂式的理解决然不同。对不同层次不同方面的关注始终突出“事”与“人”的关系，如关注学校管理改革与学校领导发展、课堂教学变革与教师队伍建设、班级建设与班主任发展、学校教育变革与学生主动健康发展等之间的内在关联等，强调在成事中成人、以成人促成事，实现人—事间的沟通与转化。在关注社会宏观背景下学校教育的整体存在的同时，也关注整体之下的具体教育活动；既关注学校师生的整体发展，也具有“具体个人”意识；既强调学校教师队伍发展的整体规划，也关注不同年级、学科、教研组教师的发展规划，还关注教师个体的发展规划与跟踪；既关注一至九年级学生发展系列的整体研究，也关注年级差异、班级差异及个体差异的具体研究等。

在理论领域，通过对学校教育变革实践的多年深度介入，逐步实现对教育理论体系的整体重构：既有方法论层面理解的更新，涉及研究者思维方式的转变、问题域的拓展与更新、新的研究路径的形成、研究性质的确定、教育理论与实践关系的再认识等方面；也有基本理论层面的新突破，涉及学科性质的重新界定、学科定位的确立、学科立场的形成、基本理论的更新（如教学论、学校管理论、学生发展论等）；还有应用理论层面的深化等。三大层面的相互关联形成了一个不可分割的整体，表现出新型教育理论形态。在理论研究者与实践者合作的实践研究设计上，努力实现各种研究活动在纵向、横向上的贯通与转化及策划上的“前移后续”。例如综合研究、专题研究和日常研究。综合研究是一所学校基于对本校情况细致分析而形成的事关学校整体发展的研究，是对一所学校教育整体状态的把握与推进，具有综合性、整体性和分散研究所不能替代的意义。专题研究主要是学校教育各相关领域（如不同学科的课堂教学、不同年级的学生工作、学校管理的具体领域、教师发展、学校文化建设等）在综合研究及学校现有条件的基础上开展的有针对性、提升性或开拓性的专门研究。日常研究则要求实践者注重养成研究、反思、创新、总结的习惯，这一切都是在理论的全息性渗透之下开展的。

其三，坚持“教育”的价值追求。教育是一种以人的身心发展为直接目标的特殊实践活动，人的成长是最核心的价值。因此，深度介入式研究非常关注育人价值，如学科教学、校园（班级）生活、各种活动、各种制度、学校管理等对师生育人价值的深度开发，强调“成人—成事”的内在统一与相互转化，而非仅仅停留于“事”的完成。仍以教育行动研究和教育叙事研究为例，前者始终强调实践者为“事”服务的专业发展，但教师作为“人”，不只是专业工具，还有其他方面的发展需求。后者虽以发出实践者的声音为己任，但在人文关怀的外套下难以摆脱类似实证研究的冷漠：我们只要真实，无论什么都没有“好”与“不好”之分，只有“是”与“不是”、“为什么是”与“为什么不是”。[①] 一旦“故事”所需材料收集完毕，合作也就结束，留给实践者的可能只是无限的惆怅。

教育学是一门极具人文关怀的学科，说到底它是研究造就人生命自觉的教育实践的学问，是一个充满希望、为了希望、创生希望的学问。[②] 这门学问的独特之处在于对人（无论是受教育者，还是理论研究者和实践者）的生命成长的持续一贯的关注，将人的生命成长置于主体自身的实践（事）之中。在一定意义上，教育是直面人的生命、通过人的生命、为了人的生命质量的提高而进行的社会活动，是以人为本的社会中最体现生命关怀的一种事业。[③]

为此，在深度介入时，教育学研究者内蕴着一种态度：对生命成长与发展的迷恋和热爱，对教育生活中生命成长苦难的正视，以及对生命成长幸福的永不停歇的希望。教育学的研究者不仅是关注和研究生命成长的人，更是迷恋和热爱生命成长的人。这样的热爱不是旁观式的爱，不是纸面上的喧哗和躁动，而是一种置身式的爱。如果教育学有智慧，那么，它的智慧是一种“以介入的方式爱生命的智慧”，这是教育学的“人文关怀”的最高境界。[④] 这具体表现在：始终关注理论研究者与实践者自身、学生是

---

① 丁钢：《中国教育：研究与评论（第2辑）》，北京，教育科学出版社，2002，第229页。

② 叶澜：《方圆内论道：叶澜教育论文选》，北京：中国人民大学出版社，2019，第31页。

③ 本刊记者：《为“生命·实践教育学派”的创建而努力——叶澜教授访谈录》，《教育研究》2004年第2期。

④ 李政涛：《教育学的智慧》，合肥，安徽教育出版社，2008，第15页。

否获得发展，关注“具体个人”（校长、教师、学生、理论研究者自己）的前在状态是什么、潜在状态是什么、发展路径是什么、发展困难是什么、发展差异是什么、发展资源是什么等。这种关怀与社会学或人类学式的教育研究截然不同，因为，自涂尔干确定社会学的研究对象和基本原则以来，社会学和人类学的研究一直强调研究的价值无涉。为了客观地研究某一现象或命题，要与研究对象保持距离，做到冷漠而无动于衷，以便比较、提炼、概括一般的解释通则。然而，理论发展与实践变革之“事”归根结底都取决于“人”的作为。在这一过程中，“人”投入整个的自己，而不仅是“专业”的一部分。此外，教育研究本质上是一种事理研究，面临的不是自然科学式的“人—物”关系，而是“人—事”间的纠缠，是寻求教育“事理”的过程。从“事”中寻求“事理”，其实也是在“事”中和通过“事”认识自我的过程。主体做什么（to do）与成为什么（to be）并非彼此分离：人不仅化本然对象为人化实在，从而创造现实形态的意义世界并存在于其中，而且一再追问自身的存在意义并指向内在的意义世界，意义世界则相应地表现为观念形态（精神之境）与现实形态（人化实在）的统一。成己与成物的过程中所形成的知识与智慧，既内化为人性能力，又渗入于普遍的规范系统，后两者（人性能力与规范系统）又进一步从不同的方面制约着变革世界与成就自我的过程。[①] 这表明，“人”与“事”具有内在关联性。然而在现实中，许多个人显然已经只是作为劳动者，而不是作为人活着。关于劳动的精神和道德意义，人们一般能够肯定的那些东西已经不再适用于这些人了。所有范围的现代人都习惯于过度忙碌，这导致了他们精神的退化。还有孩子，他们也间接地遭遇了这种状况。由于受制于无情的劳动方式，父母无法以正常的方式照料他们的孩子。这样一来，一些对孩子的成长不可替代的东西就失去了。后来，这些孩子本身也陷于过度忙碌之中，日益沉溺于外在的消遣……绝对的无所事事、精神涣散和遗忘是他的生命需要。他不追求教养，而是追求消遣，并且是精神要求最低的消遣。[②] 这也正是当前许多教育理论研究者与实践者生活的真实写照：成天埋没于一大堆做不完、没有尽头的“事”中，硬生生将“事”与“人”割裂、对立起来。成为一个不自由的人，一个浮躁的人，一个不完整的人，一个迷失于非人道之中的人，一个把自己的精神独立及道德判断出卖给组

---

① 杨国荣：《成己与成物：意义世界的生成》，北京，人民出版社，2010，第 47 页。

② 〔法〕阿尔贝特·施韦泽：《文化哲学》，陈泽环译，上海，上海人民出版社，2017，第 53~54 页。

织化的社会的人，一个在任何方面都遭遇文化信念障碍的人：现代人就这样在一个昏暗的时代走着昏暗的路。[①] 面对这一切，深度介入式教育研究主张促成"人"与"事"的内在关联与二者的相互转化，强调在"成事中成人"——不满足于做成了变革的"事"，更关注成事过程中人的生命整体是否有更新性变化。此外，还要"用成人促成事"，使参与的主体认识到自己不只是为"事"而付出，它更是自己生命价值的体现和自身发展的重要构成，由此而激发做好每一环节的研究与实践工作的自觉，并在每一环节中感受发展的成长感、自豪感和尊严感。这样的研究对于理论研究者与实践者而言都具有生命成长的"内在利益"价值。

（三）理论的全程、持续、深入渗透

1. 理论适度先行

世界总是通过这样那样的概念框架的"透镜"被感知的；概念框架及其所使用的语言在我们的所见所闻上印下了消除不掉的"印迹"。[②]理论研究者及其理论对实践深度介入的前提是实践者对理论的了解和认同。这种了解与认同也是实践者开展实践变革及其研究的前提。实践者通过理论这一"透镜"，可以对自己习以为常的行为进行反思性"观看"，以其为参照来发现自身理念与行为中存在的问题；同时通过理论提供的框架，实践者可以形成实践变革和未来发展的基本设想与方案，使实践变革有明确的理论指引，不至于盲目前行。

此外，理论适度先行还有其更深层的意义。理论即语言，教育理论语言是关于教育的"逻各斯"，通过适度先行的理论学习及后续持续推进的理论学习，可以使实践者对教育进行深度思考，形成实践者相对统一的话语系统，进而提高实践者的教育理论素养并促使其形成一种教育价值观，也凭借这套话语系统与其他理论研究者及实践者开展深度对话，增进对教育的理解。在当前对教育及教育改革众声喧哗的时代，通过理论适度先行形成相对统一的话语系统其实是形成实践者对教育实践及其变革的共同愿景和深层理解，还通过这种统一的话语系统来形塑一个研究共同体。因为语言技能并非一种简单的技术能力，而是一种规范能力。[③] 教育理论的语

---

① 〔法〕阿尔贝特·施韦泽：《文化哲学》，陈泽环译，上海，上海人民出版社，2017，第60页。

② 〔美〕拉瑞·劳丹：《进步及其问题》，2版，刘新民译，北京，华夏出版社，1999，第17页。

③ 〔法〕皮埃尔·布迪厄、〔美〕华康德：《实践与反思：反思社会学导引》，李猛、李康译，北京，中央编译出版社，2004，第194页。

言及其话语实践，是理论研究者深度介入实践的一种巨大力量。当然其前提是理论者得有相对成熟的理论。

2. 实践变革过程中理论的全程渗透

英国著名哲学家迈克尔·奥克肖特（M. Oakeshott）说：实践在任何地方都暗含和依赖一种未曾实现的想法，一种“将要成为……”但“现在却不是”的想法。① 实践假定了两个世界，而这两个世界以某种方式被还原为一个世界。它假定了一个当下的世界——迄今为止我将这个世界称为关于“是什么”或“存在状态”的世界；除此之外，还有另一个世界，迄今这个世界被描绘为关于“将是什么”的世界或“尚不存在的”世界。②

在理论研究者介入之前，实践者的教育实践以其每天习以为常的方式开展。当理论研究者介入尤其是深度介入以后，以理论为参照，在“实然”实践基础之上和实践者共同构建出教育实践的“应然”世界。通过教育实践“实然”与“应然”的对比，发现当下实践存在的问题和发展可能，并通过两类主体合作的研究性变革实践，促进“实然”实践向“应然”实践转化。实践是对“实然”的改造，以便使其与“应然”相符。……因此，实践并不仅仅是对“当下”的改变；它是将“当下”改变得与一个观念相符合。实践就是对一个给定的世界的改变，以便使其与另一个给定的世界相一致。③ 在这一过程中，实践者的实践智慧被发现和以合适的方式呈现，一方面转化成为实践者共同体的共享知识，另一方面通过理论研究者的改造向教育学理论创新转化。这其实是理论与实践两个维度的“实然”与“应然”的转化过程，也是理论研究者实践化和实践者理论化的转化过程。

总的来看，深度介入式教育研究在强调实践者对日常教育教学活动的反思、要求教师研究教育实践等方面与教育行动研究有相似之处，但它更强调行动前的探究指向和行动设计中的理论渗透，强调实践者的实践本身须内含自觉的变革以及教师反思参照系因新理念的介入而更新，因参照系的更新而带来反思的新质量和重建的可能。深度介入式教育研究在进入教育田野现场与实践者开展互动合作方面和教育叙事研究有相似之处，但它不是为了“讲述故事”而搜集材料，而是为了在理论参照下解读实践及实

① 〔英〕迈克尔·奥克肖特：《经验及其模式》，吴玉军译，北京，文津出版社，2005，第247页。

② 同①，第249~250页。

③ 同①，第277页。

践者的现状、问题、亮点及寻求可能的发展空间。而且，研究者与实践者的合作不是暂时的，而是长期、持续的过程，始终将实践者的发展、需要放在心头并有针对性地提供帮助，始终关注实践者作为“人”的整体成长，也让实践者真实体会到成长感和研究的快乐，体现了真正的“人文关怀”。

概括地说，深度介入式教育研究强调“理论适度先行”，并在先行基础上，通过学习研究（形成新认识）—策划设计（新认识转化成新方案）—实践反思（新方案转化为新行动，发现新问题）—重建创生（形成新经验，产生新资源，达到新思考）的持续循环和理论研究者与实践者合作开展实践研究（综合研究、专题研究等）、研讨（定期高密度听课、评课、座谈等）、推进性评价（自评、中期评估与普查等）等基本环节，以及学校日常化的研究性变革实践等方式来实现理论对实践的全程、持续、深入的渗透。这时，理论不再是用于发言、总结、论文中的新名词，而是研究主体在经历动心、动脑、动手过程后转化成的新参照系，对实践者发展与实践变革产生真实的作用，不断形成对理论的新的内在需要。其间，实践者对理论的“体悟”与“践行”十分重要。当实践者真正将理论吃透并转化到实践中去时，对实践的变革就会有方向感而不至于茫然，尤其是关于日常实践的眼光和态度会发生质的变化：打破过去习以为常的状态，以一种研究的眼光审视、研究自身的教育教学实践活动，然后尝试有所改变。

其中，两类主体自身的发展变化至为关键：理论研究者的理论以实践为基础，善于通过实践检验自己的理论，善于在与实践者的沟通和交流及对实践变革的亲身参与中吸取实践者的新创造、新经验、新智慧，获得理论发展的新灵感，做到理论构建与实践变革的内在统一，理论不是随便说说让别人去听、去信、去做，而是源自自己的践履。实践者的实践变革不再是自己的粗略构想，而是在研究性变革实践中以理论为参照系逐步实现内在观念、外在行为的新变化，并将理论转化为学校教育不同领域与层次的实践形态。在这里，两种不同的活动——研究与实践在保持自身特质的同时，融入了一个特殊的“研究—实践共同体”。理论从中创生，创生中的理论不断地汇入生成着的实践；实践在理论的渗入下又不断调整。在理论的参与中，实践的动力因素处在不间断的累积和调适中，这些动力因素有的作为促动力量汇入实践之“流”，并转化进实践的作品中，有的则反作用于实践主体，引起主体力量的增强和意识的敏感化，还有的则返归于研究者，对理论的创生产生新的挑战或需求。于是，又促进了理论的不断丰富与更新，而后再返回实践……。由此，展现出教育理论与实践之间持续不断地循环互动、相互建构、互动生成的关系图景。①

当然，深度介入式教育研究中渗透的“理论”并不是乌托邦，也不是其他学科理论（如哲学、心理学等）在教育中的直接演绎推理，而是基于教育学立场在变革实践中发展起来的理论。它不是无中生有的理论，具备坚定的实践根基；它不是虚无缥缈的，而是可以实现的。这种理论追求对传统教育理论进行深入透视与反思，对中国教育传统、中国文化进行深入认识，对当代中国教育实践现状、实践者生存状态、学生生存状态进行深入了解，对世界教育变革潮流进行深入把握，对当代教育变革进行整体、综合式的考量，对时代精神进行深刻体验，对教育本质进行深入理解，等等。

（四）发展基于内在需要的共生关系

内在需要是相对于外在需要而言的。如果合作是以外在需要的满足为维持的动力，它就注定是短期的、单向的、工具性的。当外在需要得不到满足，合作就失去持续的源动力。确实，我们看到，教育实验研究是理论研究者将实践者当作理论或模式的推广与验证的工具、资料榨取的对象；教育行动研究是出于实践者对理论研究者的处方式咨询和建议的需求；教育叙事研究是出于理论研究者对实践者如实呈现自己及提供故事“原型”、叙事资源（日记、教案等）的需求。即使在美国十分盛行的教师专业发展学校（PDS）合作模式中，理论研究者与实践者的“双向”需求也是两种不同单向需求的叠加：理论研究者需要实践者提供师范生实践的场所和研究的田野，实践者需要理论研究者提供免费的专业培训。两种需要之间有较大的差异，缺乏沟通与转化的基本方式，有时还相互冲突。

在深度介入式教育研究中，理论研究者与实践者则发展出基于内在需要的双向滋养型共生关系。这是因为双方都认识到理论发展与实践变革间同时态、纠缠式的内源性关联。一旦在实践场域中两类主体真正开展合作，这种相互的内在需要就会被进一步激发。当理论研究者长期置身于原生态教育实践，就会体会到师生的真实生活与生存状态及教育本身的丰富性、复杂性与发展的可能性，还会感受到因实践者发展和实践变革而持续出现的新的压力与挑战，迫使自己不断发展、不断研究。这时，理论研究者有可能会真正开始热爱教育实践。对实践者来说，在与理论研究者的互动中，不只需要理论研究者提供各种资料和信息，还需要理论研究者帮助他们既

① 叶澜：《立场：“生命·实践”教育学论丛（第二辑）》，桂林，广西师范大学出版社，2008，第116页。

发现问题又解决问题，及时提供富有针对性、启发性和直接指导价值的建议，对其观念和行为的转化产生积极作用。最关键的是，实践者通过与理论研究者互动，改变自身的思维方式，形成理论眼光和研究意识，并以之观照自身实践，体味发展的快乐和作为实践者的尊严与幸福。这时，我们可以发现，理论研究者与实践者的需求就不再是“叠加”的，而是基因双螺旋式的沟通与转化。这样，理论研究者也不再是学校场域的匆匆过客，实践者也不再是资料打捞的对象，两者是基于过去、现在并指向未来的共同创造的合作伙伴，彼此有着内在关联和一致性。

因此，在深度介入的过程中，理论研究者并不将自己定位为立法者或阐释者，实践者也不将自己定位为执行者或资源提供者，两者是在合作中用自己的行动改变教育实践和创生新型教育理论的一路同行的研究者、学习者、创造者。这种主体间关系呈现“进化”特征——从“我—他”到“我　你”再到“我们”。这种关系形态的形成与中国的人际文化传统有关，与西方原子式的个人主义传统和主客二分的学术传统影响下的两类主体间的关系有根本性的不同。

（五）方法运用上的具体综合

研究对象与研究方法的适切性是教育研究方法论的第一要义。深度介入式教育研究从根本上说是对教育实践的“事理”研究。事理研究既不像自然科学，是对人的外界物体之研究，以说明“它”是什么为直接任务；也不像精神科学，是对人的主观世界状态的研究，以说明主体“我”之状态、变化、性质以及为什么会如此等为直接任务。它以人类自己所创造、从事的活动为研究对象，既研究事由与事态、结构与过程、目标与结果等一系列与事情本身直接相关的方面，也研究如何提高活动的合理性、效率、质量与水平。事理研究的目的指向如何使活动更富理性，如何通过活动更好地满足人们对从事这项活动的需求。因此，它是一种既要说明是什么、又要解释为什么、还要讲出如何做的研究，包含价值、事实和行为三大方面，且三大方面呈现出三种时态（过去、现在和未来），涉及活动主体与对象、工具与方法等多方面错综复杂的关系。①这种研究在方法上的特征是哲学、科学与艺术方法的具体综合。②在深度介入式教育研究中，在对教育本质、教育价值、教育理论的反思批判与重建及教育研究全过程的整体把握等方面注重哲学方法的运用，尤其强调哲学对思维方式的改进作用；

---

① 叶澜：《教育研究方法论初探》，上海，上海教育出版社，1999，第323~324页。

② 同①，第325页。

对教育事实的搜集、对教育信息的整理与反馈、对教育研究过程的设计与结论检验等注重科学方法的运用，尤其强调实事求是的科学精神在研究中的作用；对研究中不同层次、不同类型主体的情感与态度的把握及主体间关系的变化和发展，对学校文化与变革氛围等方面的理解则注重艺术方法的运用，尤其注重体悟、直觉式的判断与理解，用自己的生命体验与成长经验去认识人的培育中呈现的状态、事件与规律。

这里重点说明艺术方法。教育实践内在事理的许多方面难以用科学、哲学方法予以理解和解释，而只能靠研究主体以自己的心去感受。具体来说，又可以分为以下几个方面。

（1）感知。感知可以看作人与世界联系的直接通道。作为把握世界的方式，感知的作用离不开与“身”相关的感官：它首先表现为因“感”而知。① 而感知的更内在形式与理性相联系，即研究者身与心的融通，同时关涉对教育世界和人自身的理解、领悟与认识背景、过程之间的关系。当教育理论研究者置身于学校教育实践现场，其身之感性直观与心之理性直观相互交融，教育实践过程的丰富性、多样性将引发直觉式的感受。

（2）体验。体验与身之感知密不可分，所谓“以身体之”“切身体会”即是此理，不断反求诸己是其特征，隐含着研究者与实践者的自我反思和自我批判，同时不断将自己已积累的体验投入对教育实践的生成性过程的理解中去，在此过程中使自己的精神世界不断丰富。正如伽达默尔所言：每一个体验都是由生活的延续性中产生，同时与其自身生命的整体相连。这不仅指体验只有在它尚未完全进入自己生命意识的内在联系时，它作为体验仍是生动活泼的，而且也指如何通过它在生命意识整体中消融而“被扬弃”的方式，根本地超越每一种人们自以为有的意义。由于体验本身存在于生命整体里，生命整体目前也存在于体验之中。② 伽达默尔还指出：凡是以某种体验的表现作为其内在规定性的东西，它的意义只能通过某种体验才能把握。③ 教育就是这种以体验作为其内在规定性的东西，因此，加拿大著名当代教育学家范梅南（M. V. Manen）强调：只是到了最近，才有人认识到教育需要转向体验世界。体验可以开启我们的理解力，恢复一

① 杨国荣：《成己与成物：意义世界的生成》，北京，人民出版社，2010，第88页。

② 〔德〕汉斯-格奥尔格·加达默尔：《真理与方法：哲学诠释学的基本特征（上卷）》，洪汉鼎译，上海，上海译文出版社，2004，第90页。

③ 同②，第91页。

种具体化的认知感。[①] 因此，教育学文本不应当被当作一种具体阐述对学习环境进行有效管理的程序的技术手册来写作和研究。教育学的文本应当具备一种启发灵感的品质和某种叙述的结构来激发批判性的反思与产生顿悟的可能性，从而使人在道德直觉上形成个人品质。[②] 这个过程也是理论研究者与实践者"悟"的过程。

（3）想象。想象其实在教育学研究中具有长久的应用传统，如夸美纽斯将宇宙、自然与人的教育相关联，又如卢梭以虚构的爱弥儿阐述自己的教育理想等。只是随着自然科学的理性主义向教育学研究的渗透，教育学研究越来越具有科学化的严谨和逻辑性，想象的空间日渐萎缩。由于学校教育实践总是指向未来生成、成长而不是现有状态的简单呈现，因此，需要理论研究者与实践者不断设想"除了这样，还可以怎样""更好的状态会如何"，不断扩展、延伸、打开思路并产生新的尝试方式和"转化"方案。借助想象，人们可以敞开事物尚未呈现的方面、规定、联系，也可以用观念的方式构成现实中尚未存在的对象。前者表现了想象的发现功能，后者则展示了想象对发明的意义。在此意义上，想象意味着维特根斯坦所说的创造的行动。[③] 此外，想象不仅构成对教育实践的认识方式，而且体现于研究过程中人与人的相互理解过程。在由己及人的推论中便蕴含着想象，即始终秉持他者立场开展设身处地的思考。对此，利科（Paul Ricoeur）指出：说你像我一样思考、感知，意味着想象：如果我处于你的地位，我将如何思考与感知。[④]

（4）直觉。在实践中，实践者在很多情况下是在不太清楚或实际上不清楚行动的主观意义的状态下展开实际行动的，实践者只是在较含糊的意义上"意识"到了它，而非"知道"他正在做什么或者清楚地意识到了正在做什么。在深度介入式研究中经常会有这种状态，往往是灵光一闪的直觉，其特点在于超越既定思维模式。逻辑思维更多涉及普遍程序、已有知识系统，相对于此，直觉既基于已往的知识背景，又不受这种系统的限定。在直觉中，常规思路往往被转换或悬置，使新视野的呈现成为可能。同时，以直觉为形式，某些思维环节常常被省略或简缩，大量无关或具有干扰性质的因素被撇开或排除，思维过程由此呈现无中介、直接性的特点，形成

① 〔加〕马克斯·范梅南：《教学机智——教育智慧的意蕴》，李树英译，北京，教育科学出版社，2001，第13页。

② 同①，第14页。

③ 杨国荣：《成己与成物：意义世界的生成》，北京，人民出版社，2010，第96页。

④ 同③，第97页。

对相关问题、对象的整体领悟。

（5）洞见。这进一步指向教育实践过程的本质规定和具有决定意义的方面，并获得认识上的内在贯通。它具有顿然、突发的特点，但同时又以长久的经验积累为基础。对于教育实践的认识与把握有时会在人的脑海中若隐若现，但就在某个时刻，在某种现象、观念或某个人的触发之下，洞见往往会在顿然间形成。这种洞见往往与教育实践研究和变革过程中的关键事件、关键节点相联系，意味着转化及其认识水平的能级提升。

三、深度介入式教育研究的挑战

客观地说，并不是每个教育理论者都能或都愿意开展深度介入式教育研究。这受研究者自身脾性、兴趣影响，也与其介入实践的能力有关。但这不是最大的制约，因为这些都属于理论研究者个人可以控制和改变的范畴，脾性、兴趣可以在介入过程中调整，能力也可通过介入实践的锻炼提升。没有人能够从天而降，一下子在实践中扎下根来，一定会经历长期合作和成长的过程。制约深度介入式教育研究的往往是一些非个人可以控制的因素。

（一）体制困境

当今时代是体制化时代，被固着于体制内的人难以避免被纳入体制化管理方式，从而形成体制化生存方式。由人建立起来的理性化体制成为制约人的巨大力量。就体制组织而言，其存在形态首先带有无人格性的特点。在生活世界中，家庭、邻里、朋友等社会关系通常以人为直接的关系项，也就是说，在日常的交往活动中，我们所面对的对象，都是具体的人。相对于此，体制化的存在往往表现为超然于人的结构，在各种以效率为目标的管理机构中，工具意义上的理性常常构成了其组织原则；后者有别于关注人的存在意义的价值理性。以不同程度的形式化为特征，体制组织形成了自身的运行机制。[①] 在这种体制环境中，个人的意愿与选择往往受到约束或不得不受到约束。对此，哈贝马斯指出：现代社会的病态就在于，工具理性的体制化运作，大举侵占了生活世界的领域，人与人之间的相互理解与沟通，被各自分离的意见的机械组合的量化计算所代替……在现代性的背景中，体制所代表的工具理性，似乎就是理性的全部。[②] 对于开展深

① 杨国荣：《作为哲学范畴的“和”——“和”的哲学阐释》，《中国哲学史》2001 年第 2 期。

② 翟振明：《价值理性的恢复》，《哲学研究》2002 年第 5 期。

度介入式教育研究的理论研究者与实践者这两类主体来说，他们都生活在两类不同的教育体制之中，其合作不可避免地受到两种体制因素的制约。

1. 理论研究者的体制困境

任何一个时代的学者在进行学术研究时，总是无法超越自己所处时代和环境的限制，更无法超越特定的思维模式、思想框架、语言文字的限制及相关制度化的规范。其中，制度化的规范就是所谓学术体制。① 具体来说，大学学术体制对教育理论研究者开展深度介入式教育研究的制约主要表现为以下三方面。

其一，理论研究者久处体制之中，形成了“学院化生存方式”，以制度的方式与基础教育实践脱节。在大学学术体制之中，理论研究者只承担研究的职责，从其研究的兴趣出发去思考和研究问题，并往往孤立地、理想化地研究问题的某一方面，从而提供具有确定性的成果或指导原则。这样从事教育学知识的生产对理论研究者来说当然是其职业职责的分内之事，但因为长期置身于学院与书斋，未深入现实生活世界，其思考和研究因而面临尴尬的处境：远离教育实践，却偏偏要表达教育实践。在学术体制压力之下，还要加速“生产”，因而不可避免地对教育实践进行抽象、想象甚至是空想，其教育逻辑只能是“学院化”的教育逻辑，一旦面临实践的检验，便会受到来自实践和实践者的抗拒。可以说，不打破这种学究式的眼光和唯理论主义的追求，理论研究者不可能做到对教育实践的深度介入。为此，理论研究者在介入实践的过程中，不仅要透视实践和实践者，亦要经常自我透视和反思，寻找在与实践者合作过程中自身可能存在的问题，时刻自我警醒、自我批判。

其二，理论研究者面临的学术考评方式使其难以扎根实践。在大学学术场域中，理论研究者面临沉重的学术压力。学术绩效成为职称晋升、岗位调整、薪酬获取、个人威望等方面的核心评判标准。这使许多理论研究者迫于压力不得不暂时甚至永久放弃自我的学术志趣而屈从于这种体制系统。有抱负的理论研究者也许不得不抛开需要耗费心血和精力的长期基础研究计划，而去追求发表对职务与职称晋升有直接作用的作品，而且数量越多越好，成为“学术内卷化”的主动参与者。这有可能使得对职务与职称晋升效益不大的研究因短期功利需求被迫搁浅。开展深度介入式教育研究的教育理论研究者也必须面临这样的抉择，因为这种研究耗费大量时间

① 左玉河：《中国近代学术体制之创建》，成都，四川人民出版社，2008，第12页。

与精力，要扎根式地“泡”在实践之中，把握实践内在过程结构和运行逻辑，将场域之中的“实践智慧”或问题转化为原创性的教育学理论绝非易事。这种情形必然会影响理论研究者的学术产出“绩效”。事实上，许多理论研究者正因此而放弃深度介入，重新返归大学学术体制。因此，深度介入式教育研究的开展需要理论研究者具有“定力”和决心，还要有一定的责任与使命意识。从另一个角度讲，要真正推进这一研究方式，为促进教育学理论更新和教育实践变革而努力，大学必须要进行学术考评方式的改革，最起码要对开展这一研究的理论研究者及其团队“放行”。

其三，大学科层化的管理方式使理论研究者的深度介入面临时间与精力的矛盾。理论研究者作为大学教师，必须承担与其岗位要求一致的教学任务；同时还必须完成部门交付的其他任务。在大学管理中，还存在所谓“2080”现象，即20%的骨干教师承担80%的任务，而开展深度介入式教育研究的往往是这20%的骨干教师。大学繁重的各项事务必然挤压理论研究者开展深度介入研究的时间与精力。这一矛盾需要理论研究者所在单位从制度上予以解决。

2. 实践者的体制困境

从实践者维度看，深度介入式教育研究也面临许多体制困境，主要表现在以下两方面。

其一，实践者与理论研究者合作开展的深度介入式教育研究作为一种探索性的、学术化的实践变革研究，常常与自上而下的教育实践改革产生矛盾。在中国教育改革中，政府是教育改革的设计者、指导者、管理者、监督者及调控者。开展深度介入式教育研究要应对来自上级的各种督导、检查、考核，面临较大压力。当然，如果深度介入式合作研究能得到地方政府和教育行政机构的认同与支持，这种压力就能得到一定程度的缓解。

其二，实践者面临来自大学教育理论研究者与地方本土教研力量的双重压力。地方教研室及其教研员是中国基础教育重要的研究力量，承担着推进国家基础教育改革、落实教育政策和促进教师专业发展的重要职能。因为制度权威有其附着的各种研究资源和权力资源，教研员对于中小学教师有很强的约束力。当中小学教师与教育理论研究者合作开展深度介入式研究时，他们同时面临官方制度化的学术权威（教研员）和相对无约束力的学术权威（大学教育理论研究者）两个权威，就会茫然失措，不知如何选择。教研员也可能会因认为自己的领域受到侵袭，而对大学教育理论研究者怀有戒心甚至敌意，故意对中小学教师施加有形或无形的压力 。因此，大学教育理论研究者在开展深度介入式教育研究时，必须加强与地方教研室及教研员的合作，形成合力。

（二）普遍主义与相对主义的困境

1. 普遍主义的困境

教育学自诞生之日起就有追求普遍主义的内在动力。这是由西方学术传统所决定的。所以夸美纽斯宣称探究把一切知识教给一切人类的艺术，赫尔巴特和拉伊等人都宣称自己的教育学是“普通教育学”。总的来看，西方旁观式教育研究希望追求的就是普遍教育原理，传统介入式教育研究实际上是普遍教育原理在实践领域的应用。这种教育学研究的普遍主义追求既是理论研究者的世界观，也是价值观，还是方法论。因此，理论研究者总是寻求复杂多元的教育现象、问题背后的教育本质（多→一），寻求教育过程发展变化的内在规律（动→静），然后将其作为一般原则并应用于丰富多彩的教育实践。

深度介入式教育研究凸显的是研究主体对实践情境的置身性介入，因而在教育学研究认识论上体现出强烈的地方性与情境性，这与普遍主义追求形成了矛盾。面对此困境，深度介入式教育研究在以下几方面突破了传统教育研究的普遍主义诉求。

其一，研究中凸显的民族文化意识。每个国家教育都有自己的历史、传统、经验智慧和现实处境。教育研究和教育实践改革都必须直面和尊重这些特点，并在此基础上开创体现本国文化、传统、经验智慧和现实处境的变革路径与理论。事实上，也没有哪种或哪几种理论能够解决和解释当下中国如此复杂的教育实践变革问题。中国当下的教育改革对形成中国自己的教育学理论和教育变革理论提出了迫切要求。随着体现其他国家历史、文化传统和现实处境要求的教育实践经验和教育理论的日益丰富，世界教育实践变革和教育学理论一定会百花齐放。

其二，研究中凸显的历史意识。非情境性的普遍主义教育学知识是排斥时间性的，而深度介入式教育研究恰恰强调教育实践运作或变革的动态性、可变性、不可确定性。我们一直强调教育实践运行和变革要兼顾过去、现在和未来（如在课堂教学的学情分析中，我们要求教师分析学生的前在状态、现有状态和潜在状态，然后在此基础上确定教学目标、教学重难点和教学策略；制订学校发展规划时，也要求学校“盘清家底”，对学校过去的积累、现有的基础、未来发展的优势与劣势等做深入分析等），着力避免用一种模式或要求来“框”定变动不居的实践情境。这种历史意识要求我们在深度介入实践时强调从实际出发，从现实问题出发，而不是从教条性的教育原理出发，我们是“现实的理想主义者”，也是“理想的现实主义者”，强调理想与现实的相互融合和转化，以及过去、现在和未来的相互融合与转化。

其三，研究中凸显的多元选择意识。教育实践情境的变动不居、教育问题的复杂多维、实践者自身的个人差异及区域与学校历史文化的差异，决定了教育实践运作和变革方案的多样性，不可能用一种价值和路径要求所有的实践者、学校和区域，最后研究呈现出来的成果或经验也一定是多元化的。这种多元性进一步构成了资源的丰富性和实践者、学校、区域之间沟通互动的基础。

2. 相对主义的困境

面对上述对普遍主义研究取向的突破，会有人质疑深度介入式教育研究滑向相对主义。介入主义把客观性问题交给了科学实践过程本身，我们不应该用外在的标准来规范科学家的活动，因为这样的标准不具有规范效力。科学家总是要为自己的研究结果进行辩护，一切可以动用的资源均可以强化自己的知识主张的客观程度。无论是形而上学的客观性还是主体间性的客观性，均未能给予客观性以合理的说明。客观性本质上涉及与科学实践有关的一切因素，涉及是否有力量和资源把对手的知识主张归结为“主观的”……。介入主义坚持实在的建构性以及客观性的暂时性。科学是一项地方性的情境化的事业，知识相对于特定的实践条件而成立。一切确定之物，无论是确定的对象还是确定的客观性标准，在介入主义的框架中都被取消了。的确，这是一种相对主义。当我们从理论态度转向实践态度、从表象走向介入、统合认识与存在的时候，就已经埋下了相对主义的种子。[①] 面对相对主义的质疑，我们从以下方面予以澄清。

其一，深度介入式教育研究并不意味着价值选择的相对主义。教育作为一种以人的身心发展为直接目标的特殊社会实践活动，天然含有“善”的价值取向。因此，教育实践的运行和变革虽然面临多种价值选择甚至挑战，但道德目标仍排在第一位。这意味着，面对教育改革的多元价值选择，促进人和学校的主动、健康发展仍是主流价值，即使面对实践变革多元的路径与方法的选择，仍以此道德目标为评判的重要标准。这说明深度介入式教育研究在价值、方法及路径的选择上并非“什么都行”或“什么都对”。

---

① 孟强：《从表象到介入：科学实践的哲学研究》，北京，中国社会科学出版社，2008，第217~218页。

其二，深度介入式教育研究面对带有不确定性的实践情境的“确定性”追求。实践情境的流变性和变革的复杂性，使得教育理论研究者不可能像理论优先的旁观式教育研究者那样寻求永恒的“教育真理”或“教育规律”。但这并不意味着面对流变复杂的实践情境，理论研究者完全放弃对教育理论确定性的寻求。深度介入式教育研究寻求的是不确定中的“确定性”。正如叶澜所言：现实社会和学校中充满着不确定性，存在着诸多不稳定的因素。最初，我们期望通过对实验学校和实验区的确定来控制、减少不确定性，但这种期望很快被打破。部分实验骨干教师出于各种不同的原因离开学校或不能把实验班带到底，这是首先面临的变化；随后，领导人更换、学校突发意外事件、人际关系出现矛盾等各种状态相继出现。所有这一切使我们越来越清晰地意识到，在社会转型期进行学校转型的研究，只能在承认现实中不确定性无法避免的基础上策划、进行，要善于研究和开发这些不确定性中存在的发展可能性和可转化因素，以积极的态度生成新的变革因素和形成变革推进的确定性事实……不确定性的增加正是当代中国社会转型的基本事实……但不确定性的变化趋势还是朝着有利于转型实现的方向，只要研究的本身与这一趋势一致，那么，在不确定性的现实中生成确定的变革事实的可能性是存在的。[①]

由此可见，这种变革中的“确定性”与传统研究追求的永恒不变的“确定性”相比具有根本差异，其具有生成性和弹性化特点。对于这种新型“确定性”的追求，首先需要理论研究者面对复杂实践情境时审时度势，判断实践运作和变革发展的趋势与方向，然后在此基础上“推波助澜”，促进积极因素的发展并减少消极因素。比如，在学校变革中要对教师新生成的创造性因素、实践智慧保持高度敏感，然后搭建平台或创造机会将这些新因素转化成促进整体变革或全面变革的新资源，推动师生和学校朝着理想的方向发展。说到底，这其实是在推动实践变革中对事物发展进程的“度”的把握。所谓“度”，是无过无不及、掌握分寸、恰到好处。[②] 这种“度”不是理性的逻辑（归纳或演绎），在动词的意义上，“度”表现为通过比较、权衡、判断等做出合乎当然之则与必然之理的选择，从而使实践过程所涉及的各种关系获得一定境域中最为适当的定位，由此达

① 叶澜：《“新基础教育”论——关于当代中国学校变革的探究与认识》，北京，教育科学出版社，2006，第393~394页。

② 李泽厚：《实用理性与乐感文化》，2版（修订本），北京，生活·读书·新知三联书店，2008，第38页。

到理想的实践结果。① 比如，教师要经常通过比较、权衡、判断等使其教育教学实践保持在一定的“度”之内，否则就会变异。例如，有语文教师由于不能把握语文的“思想渗透”的度，使语文课变异成为思想政治课；再如，有教师由于不能把握学生发展的阶段差异和能力差异，将教学目标定得过高或过低。

此外，“度”不仅涉及既成形态，而且具有未来的指向，表现为“审时度势”，即对实践持续的未来进展和可能状态有自觉把握。所谓“势”，包含多重含义，它首先表现为历史衍化的某种趋向，这种趋向同时呈现方向性；在宽泛的意义上，它也指体现于事物发展、变迁之中的某种包含必然性的力量，所谓“不知其然而然者，是之谓势”②。“度势”，则意味着通过对共时与历时、已成与将成、方向性与终点不确定性等关系的审察、判断，以往察来，从事物的既成形态，展望其未来的发展。对“势”的这种“度”，既无一定的程序，也不同于单纯的理论思辨，它包含了经验观察、逻辑推论、理性直觉的交互作用，这种把握世界的具体方式，便体现了基于知行过程的实践智慧。③ 有了对实践中“势”的把握，实践运作和变革才会因“势”而行、顺“势”而为、因“势”利导甚至是乘“势”而进。

上述对“度”和“势”的把握不但不排斥变化，而且强调在运动、变化中取得和谐、均衡和稳定，凸显“灵活性”。

另外，我们还必须认识到，教育实践的运作与变革虽然具有流变性和复杂性，但毕竟还有且须遵行的“实践逻辑”。“实践逻辑”体现了实践者的主观性惯习，同时还具有逻辑性。因此，深度介入式教育研究虽然不能确定永恒的“规律”，但对教育实践运作的大概或弹性化的发展方向或发展可能还是能够确定的。比如，在教学中对不同年龄段学生学习与发展的特点、困难、需求进行预测，并在此基础上制订相对确定的教学方案等。这种教育实践运作发展的弹性化方案体现了不确定实践情境中的“确定性”，只是这是一种可能性的“确定性”。这种确定性并不为实践者提供处方式的操作方案或模式，却提供了创造的可能与空间。

---

① 杨国荣：《论实践智慧》，《中国社会科学》2012 年第 4 期。

② 同①

③ 同①。

第三节 深度介入式教育研究的阶段与过程

近年来，我国不同教育学团队开展了不同形式的深度介入式教育研究。他们经历了不同的历程，亦有不同的研究体验与经验。这里我主要结合自己参与“新基础教育”研究的感受、体验，尝试对深度介入式教育的过程做些分析。从根本上说，深度介入式教育研究是教育理论研究者与实践者两类主体的合作研究，因此这一研究过程其实也是两类主体间的合作过程。

一、深度介入式教育研究的阶段

如前所述，深度介入式教育研究是理论研究者“在教育之中研究教育”的过程。具体而言，大致有三个阶段。当然，在正式开展过程中，三个阶段往往相互勾连而难以明确区分。下述三个阶段我们主要聚焦于深度介入式教育研究中理论研究者的经历。其实，有了理论研究者的深度介入，部分实践者在理论学习与研究上也有了很好的基础。

（一）走进教育

开展深度介入式教育研究的第一步是理论研究者“走进教育”。这里需要区分“走进教育”和“走近教育”及“本在教育之中”。“走近教育”是旁观式教育研究的常用方式，难以真正深入教育实践生活之中；“本在教育之中”主要针对实践者而言，他们身在教育之中，许多行为一般是感性、例行的、不假思索的、即兴的，因为“灯下黑”效应而难以认识到自身的不足、问题和优势。理论研究者为了研究“在教育之中”的实践者及其实践生活，需要悬置其作为立法者、阐释者、启蒙者的角色与身份，放下理论（研究者）优先的惯习。这是理论研究者“走进教育”的准备，也是“走进教育”的开始。所谓“走进教育”，就是理论研究者全身心地浸润于合作学校的日常生活中。这是理论研究者生存空间的“移位”，生存时间的“重置”，生存方式的“转换”，通过“身临其境”来“设身处地”地体察、解读、理解实践者及其实践行为与生活，通过“感同身受”来获得“同理心”。在这个过程中，理论研究者必定面临挑战，如学会如何与实践者交流并“听懂”其言、“看懂”其行等。在这一阶段，深度介入式教育研究与人类学式的教育叙事研究具有相似性，但亦有区别。教育叙事研究要求理论研究者悬置自己的理论观点、价值取向，而深度介入式教育研究的“走进教育”则主张理论研究者带着自己的理论参照系和价值取向来“听”和“看”，在获得“同理心”的同时并不满足于此，而是更进一步，不断比较教育实践的现实状态与基于理论渗透而引发的教育实践的可能（更进一步）状态间的区别和联系，以探寻改进空间与策略。

（二）研究与变革教育

理论研究者“走进教育”并不停留于获得对实践者及其行为与生活的“理解”，其目的在于通过“观察”和“理解”发现实践者的行为与生活的逻辑、运行机制及其存在的问题，不断通过与实践者的对话、交流、共同反思（追问目前实践的前在状态、现有状态、潜在状态如何，除了这样，还能怎样？问题是什么？原因是什么？如何改进会更好？等等），促进双方明确更进一步或改进后的可能的教育实践状态的设想。然后，通过实践者个体与群体持续卷入新的重建尝试，将基于理论审视提出的可能实践状态转化成新的现实状态，在这一过程中反复体认“实践—反思—重建……”持续循环过程中前后的差异、进步和收获。这一过程是理论研究者与实践者两类主体紧密合作的过程，也是实践研究过程与实践变革过程一体化的过程。在问题取向与对教育实践的持续反思和重建方面，深度介入式教育研究与教育行动研究有一定相似性，但两者有更多的区别。例如，在对教育理论和理论研究者的态度上，教育行动研究体现出一定排斥性，深度介入式教育研究则强调理论适度先行和教育理论研究（者）对实践研究与变革的持续渗透和转化。再如，在研究的“实践问题”上，教育行动研究呈现出点状化、随机性特性，是对“一个个”实践问题的研究与解决，缺乏对这“一个个”问题之间的内在逻辑与关系的深度认识；深度介入式教育研究由于有了理论研究者的深度介入和理论参照，研究的是在整体观照之下的“一串串”问题，注重研究专题之间的内在关联，注重实践研究的整体性、系列性、层次性和类特征。

（三）走出教育

与教育叙事研究关注对教育实践的“理解”和教育行动研究关注对具体问题的解决不同，深度介入式教育研究不只是对实践的“理解”和“改造”，它还有更进一步的教育学理论创生目标。或者说，基于深度介入式教育研究对教育实践（变革）内在机制与逻辑的把握，创生当代中国教育学和教育改革理论，实现教育理论与实践的交互创生，是理论研究者的更深层目标。为此，理论研究者还要“走出教育”。唯有如此，才能摆脱“身在此山中”的局限，让实践的庐山真面目了然于胸并流淌于笔端，以理论的形式呈现。“走出教育”并不意味着理论研究者“脱离”教育，它是一种解读教育的“思想实践”。这需要理论研究者“站在高处”和“钻得深入”。“站在高处”，理论研究者才能从整体上把握细节，发现实践细节所蕴含的理论意义。例如，在对学生“发展”的认识上，人们一般关注纵向维度的学生发展“能级差异”，却忽视横向维度学生生活不断丰富、扩展而带来的“水平差异”。如果我们认识到学生发展的这两种差异，就能发现不同班主任在班级管理上的差异。有的班主任仅关注体现“能级差异”的学生考试成绩，因而十分重视学生的学习管理；有的班主任则不仅关注学生考试成绩，还能够基于学生发展中的问题与需求而开展各种班级活动。如果仅从“能级差异”来看，后者班级学生的发展可能不如前者，但如综合“能级差异”与“水平差异”来看，前者则不如后者。再如，如果有对不同年级学生发展差异的深入认识，就有可能通过学生的一些细微差异、变化发现学生的成长，进而归纳出不同年级学生成长的规律与特点。“钻得深入”，理论研究者才有机会发现教育实践（变革）的内在结构、机制与逻辑，看清其过去、现在和未来，发现其特点（与他人他事的不同、差异与共性），揭示其规律，预测其发展的路径，形成进一步变革和发展的策略与措施。

“走出教育”，理论研究者才有机会读懂教育中的人与事，发现教育的内在事理。在这个过程中，理论研究者越努力深入教育实践的本质层面，就越可能在教育实践研究中创造出一种原生概念下的新理论。当然，这取决于理论研究者自身的理论修养、思维方式、实践智慧与敏感性等。正因如此，即使在同一个深度介入式教育研究过程中，不同理论研究者的所听、所见、所思、所获也有差异。在这一意义上，“走进教育—研究与变革教育—走出教育”的持续循环也是理论研究者自身不断发展的过程。

二、深度介入式教育研究的过程

如果把上述“走进教育—研究与变革教育—走出教育”三阶段进一步具体化，深度介入式教育研究的过程大致如下。

（一）教育理论研究者与实践者的双向选择

深度介入式教育研究不是教育理论研究者坐在书房里进行的纯粹理论研究，也不是教育实践者在尝试实践变革过程中的自我探索，而是两类主体基于彼此深度了解、信任的持续合作研究。因此，自愿的双向选择是“深度介入”式教育研究开展的第一步。教育理论研究者选择实践者开展深度介入式的合作，首要考虑的并不是实践者所在学校的状况（如是否是优质学校等），而是学校校长主动变革的意愿及领导变革的能力。一些发展基础很好的学校因为已经“很好”了，校长主动变革的意愿往往相对较弱，尽管其能力可能很强；而一些发展状态暂时不太好的学校校长主动变革的意愿可能会很强烈，尽管其能力可能相对较弱。面对变革，不同学校校长表现出的精神状态并不相同，有人迎难而上，有人退避三舍，有人暂时观望。这些精神状态在变革过程中还会发生变化，迎难而上者有可能被当头一棒打回原形，退避三舍者有可能受到挫折而奋起直追，暂时观望者也有可能焕发精神或者一蹶不振。所以，教育理论研究者要与学校合作，首先要在与校长的接触磨合中和对方相互了解，达成合作的基本共识。相较而言，我们认为合作的意愿是最重要的前提，能力可以在合作过程中逐步提升、发展。

其次需要考量的是实践者开展合作的价值取向——有没有教育理想与情怀，是“真做教育”还是“假做教育”，是借理论研究者“拉大旗”“造影响”，还是真心借助理论和理论研究者的力量来改进学校、发展教师。这是外在功利价值与内在发展需求的一种抉择。在一定意义上，价值取向是一面照妖镜，可以照出人们参与、投入合作的真实目的。在相当程度上，价值取向的抉择决定了理论研究者与实践者两类主体合作研究的性质与可持续性。当然，外在功利与内在发展两种取向并不截然对立。坚持内在发展，假以时日，学校自然能获得外在功利上的满足，只是这是一个“慢”的积累过程；如果追求外在功利，会相对较“快”地扩大学校的影响力和知名度，却未必能为学校这块“净土”的内在发展形成真实有效的影响。

此外，还要考量学校参与合作研究和变革的一些基础情况，如各领域的师资情况（有没有核心骨干教师、教师对待变革和自身发展的意愿等）、学校变革的整体态度与意愿、外部环境（地方教育行政机构对于合作变革的态度、意愿等）等。

上述内容可以通过前期调研、与校长和教师面对面的座谈甚至办专门的研修班等来了解。此外还需要指出的是，并非所有教育理论研究者都愿意付出宝贵的工作、学习与研究时间来到实践一线与实践者开展长期的深度介入式合作，他们可能更愿意待在书房里看书、写作，“坐”研究而不“做”研究；也并非所有愿意到学校实践一线与实践者开展长期的深度介入式合作的理论研究者一开始就有能力深度介入，这需要长期修炼。如果理论研究者能坚持到底，其深度介入的能力就有可能持续发展。

就教育实践者来说，选择理论研究者开展合作首要考虑的是其对实践和实践者的态度。这可以通过与理论研究者的接触和与其他实践者的相互交流来获知。其次考量的是理论研究者的能力与水平，确定理论研究者可以引领学校开展相应的教育教学变革实践。当然，合作初期实践者也会考量理论研究者个体或团队的影响力，希望能借助其影响力给学校增加荣耀。不过，随着合作的持续，真正影响实践者继续合作的是理论研究者的工作与研究作风、介入的力度与效度及其为学校和教师发展带来的潜在可能性，当然还有在合作过程中双方结下的情谊。再有名的专家或团队如果作风浮夸、光说不练或对实践变革产生的真实效益有限，随着时间的推移，合作也会难以持续。而一些理论研究者与实践者基于“各取所需”的功利目的开展合作，当“所需”达成时即转换战场和更换合作者的情况也很常见。但确切地说，这并非真正意义上的“研究”，而是利益交换性的“服务”，不在我们讨论的范畴内。在此意义上可以说，并不是所有教育实践者都愿意与理论研究者开展长期的深度介入式合作研究，毕竟对实践者而言，这是一个不断打破自我和重塑自我的持续、漫长的过程。

教育理论研究者与实践者的双向自愿选择会经历一个双向试探、形成信任和深度了解的基本过程。这一过程的顺利发展需要一些基本条件。其一，双方均“诚其意”“正其心”，这并非说双方完全排除功利心，但合作专以功利为目的则不可能深入和长久。程子说得好，君子未尝不欲利，但专以利为心则有害。其二，相互尊重与敬畏之心，理论研究者要注意自己的态度与作风，需要把心放进实践中去，用心去沉浸，用真心、苦心和爱心去关注实践、分享实践。① 这种真诚投入的自觉性及踏实的作风是打动实践者并得到其认同的重要前提。其三，理论研究者要注意合作中自己的角色定位，做到介入而不替代，防止凌驾于实践者之上的霸权，充分尊重实践者研究主体地位及其创造性与个性，在充分平等的交流沟通与相互影响中保障他们的发展空间。其四，以发展为核心利益的共同价值取向，并使之成为理论与实践共同体的主流价值取向。其五，相互合作的能力，理论研究者需具备解读及引领实践与实践者的专业能力、与实践者合作的沟通与策划能力等，实践者需具备对理论和理论研究者的理解能力及将理论转化为实践的能力等。

（二）双向自愿选择后的整体策划

深度介入式教育研究是一个长期的过程，没有周密的策划不可能持续。

① 李政涛：《论教育实践的研究路径》，《教育科学研究》2008 年第 4 期。

这种策划本身也常常要根据合作研究的进展情况而不断动态调整，是在介入过程中持续生成的。具体地说，策划工作大致有以下几个方面。

其一，从时间维度看，有长期策划、中期策划和短期策划。长期策划一般以3—5年为期，理论研究者与实践者共同确定合作研究的发展目标、内容、形式、要求、需要共同克服的问题、策略等，做出大致安排。以“新基础教育”研究为例，自1994年以来，以5年为期共经历了探索性阶段（1994—1999年）、发展性阶段（1999—2004年）、成型性阶段（2004—2009年）、扎根性阶段（2009—2014年）、生态式推进阶段（2015—2019年）等，每一时期都有非常周密的策划。以成型性阶段的策划为例，2004年5月，“新基础教育”发展性研究结题报告会和现场研讨活动在上海市闵行区举行。与此同时，我们决定进行“新基础教育”第三阶段的研究。当时的项目名称定为“新基础教育”基地学校建设，也称“品牌学校建设”。2006年，对该课题进行中期评估后，改称成型性研究。名称的改变使我们最初的研究目标更加清晰：建设若干所呈现“新基础教育”追求的现代新型学校整体形态和基质的基地学校；在建设新型学校的过程中，充实、完善我们对当代中国基础教育转型的理论与路径研究；为“生命·实践”教育学派的理论建设提供实践基地和丰富源泉。三个目标密切相关但又不完全重合，表明了成型之“型”的三层内涵：实践层的新型学校阶段成型；变革理论与路线研究的整体成型；“生命·实践”教育学派建设的实践基础成型。①

目标确定之后，理论研究者团队形成了《“新基础教育”基地学校建设项目设计总策划书》，就成型性研究的性质与任务、目标与重心、学校实践的领域与任务、项目研究的组织方式与主要阶段等四方面做了原则性、框架性和对基地学校具有导向性的阐述，以形成合作双方对项目的基础性共识，同时又为各基地学校根据本校实际情况制定本校5年“新基础教育”研究策划方案提供了框架。在此基础上，各合作学校也形成了5年研究的总策划。②

所谓中期策划是指为了落实长期策划规定的目标与任务，在具体实施过程中以学年或学期为时限确定合作研究的具体内容、方式和要求。仍以“新基础教育”研究成型性阶段为例，它由四个阶段组成：准备与整体策

① 叶澜等：《“新基础教育”成型性研究报告集》，桂林，广西师范大学出版社，2009，第3页。

② 杨小微、李伟胜、徐冬青：《“新基础教育”学校领导与管理改革指导纲要》，桂林，广西师范大学出版社，2009，附录。

划阶段（2004 年 5 月—2005 年 1 月）、形态初建阶段（2005 年 1 月—2007 年 1 月）、打造精品阶段（2007 年 1 月—2008 年 12 月）和全面总结阶段（2009 年 1 月—2009 年 5 月）。①

所谓短期策划，是指以关键事件、任务、时间节点为核心来对研究活动提前进行协调安排的过程，如某次评估活动、精品课活动、专题研讨活动等。它直接决定着每次研究活动的质量与效益，一次次短期策划与实施过程的累积就是深度介入式教育研究的发展史、过程史。

其二，从策划的内容看，有整体策划、局部策划和细节策划。如上述《“新基础教育”基地学校建设项目设计总策划书》和各合作学校的“5 年研究的总策划”就属于整体策划。局部策划是为了落实整体策划方案，对教育实践不同层面和不同方面的研究与变革所做的策划。如“新基础教育”研究在整体策划之外还有学校管理变革与领导发展、课堂教学（分学科）变革与教师发展、学生工作变革与班主任发展等相关领域的策划；在合作学校则除了学校的总策划之外，还有各相关部门（如教务部门、教研部门等）的策划等。细节策划往往与短期策划相应，主要是为了完成某次具体研究活动而开展的具体细致的策划，如在“新基础教育”研究过程中围绕每次研讨活动已形成的“前移后续②”的策划思路。

从效果看，策划过程不仅为研究的持续奠定基础，而且对参与这一过程的相关人员具有极大发展价值。例如：各校方案的制定过程，普遍提高了校长对改革中提升自身策划能力重要性的深刻认识，意识到这是新型学校校长的必备条件。他们对学校的五年研究有了整体框架和阶段发展设计，同时还制定了各教研组的发展方案。10 所学校中的 1/3，在领导层研究工作的重心下移、中层干部积极性的调动、形成学校领导改革的核心力量等方面发生了明显变化……在规划的反复修订过程中，各基地校迈出了重要的、具有整体意义的、通过“成事”促进“成人”的、步子大小不同的第

① 叶澜等：《“新基础教育”成型性研究报告集》，桂林，广西师范大学出版社，2009，第 2~18 页。

② 所谓“前移后续”，是指在每次正式研究活动之前安排不同梯队教师以个体或小组的方式先对研究内容进行了解、研讨和尝试，做到有备而来、有问而来、有需而来；在正式研究活动时，大家可贡献自己的想法、做法，在碰撞中产生新启发、新做法、新方案；在正式研究活动结束后，不同梯队教师结合自己或小组或学科的实际情况再进行后续反思、研讨。这种安排强调不同梯队教师的全员参与性和要求的分层性。以课堂教学后续重建为例，第三梯队教师要求开展“移植性重建”，体验一种教学设计的内在理路和外在形式；第二梯队教师要求开展“改进性重建”，在原有基础上做出新的尝试；第一梯队教师则要求开展“提升性重建”，将教学设计与教学过程实施提升至一个新的高度和境界。

一步。成型性研究基地共同体的相互学习、切磋研讨的氛围也在此过程中形成。①

（三）基于策划的深度介入

具体地说，介入要体现和达到一定的深度，大致有以下几个方面需要努力。

首先是介入的频度。要达到深度的要求，理论研究者到实践现场就不能是听几堂课、做几次调查和访谈、开几场报告，而必须保持介入的高频度。这里我们以叶澜的一份日程表和华东师大“新基础教育”研究中心一学期的研究日程表为例来展示“新基础教育”研究团队对实践介入的频度：

2003年9月21日

下午：

14：35　飞往山东济南，在飞机上与课题组成员交换意见，批阅有关材料。

15：50　抵达济南，随即乘车赶往山东淄博市临淄区，行车约1.5小时。

17：30　抵达临淄区，该区是“新基础教育”六个区域性推广区之一。

晚上：

18：00—19：00　晚餐。

19：10—22：12　主持与6所实验学校校长的座谈会，商讨结题报告。

22：20—23：05　召集课题组开会，商量本次教学研讨活动的安排。

2003年9月22日

上午：

7：00　早餐。

7：30　赶赴第一所实验学校听课。连听三节。课间与听课或上课老师交谈。或走访教室，查看教室墙面的设计与布置，与学生交谈。

---

① 叶澜、李政涛等：《“新基础教育”研究史》，北京，教育科学出版社，2010，第100~101页。

11：00—12：15　召集任课教师、教研员、课题组成员开会，说课、评课。做总结性发言25分钟。

中午：

12：25—13：00　午餐。

下午：

13：25　赶往第二所实验学校。下午听课两节。

15：45—17：00　说课、评课，做总结性发言50分钟。

晚上：

18：00—18：40　晚餐。

19：00—22：00　组织教师座谈会。

22：00—22：30　召集课题组成员汇总情况。

2003年9月23日

所有安排与昨日基本相同。

2003年9月24日

上午：

召集临淄区教育局有关领导、部分校长座谈，协商2004年的结题工作。

下午：

13：30—16：00　赶往第五所实验学校，听课、评课。

随即乘车离开临淄，奔赴济南机场。约21：00点到家。

2003年9月25日，13：00乘车离开上海，车程约3个小时，赶往江苏常州第二实验小学，那里还有26、27日两天的教学研讨活动等待着她。

本刊记者：李政涛：《追寻“生命·实践”的教育智慧：叶澜与“新基础教育”》，《中小学管理》2004年第4期

这份日程表基本是“新基础教育”研究团队每次介入合作学校时的工作常态。由此可以看出一个理论研究者团队的工作作风，这是最打动实践者的地方。再以华东师范大学“新基础教育”研究中心的一份学期工作安排表（见表2-1）为例。

表 2-1　新基础教育研究中心工作日程安排

（2013 年 9 月—2014 年 1 月）

时间		地点	主题	参与人员
9 月	23—24 日	青岛崂山	调研及专题指导	叶、亚、庞
	26—27 日	淮安	调研及专题指导	叶、亚、庞
10 月	10 日	古美学校	中期评估	全体人员
	11 日	纪王学校	中期评估	全体人员
	24 日	曹行中学	中期评估	全体人员
	25 日	友爱中学	中期评估	全体人员
	28—29 日	武进三校	专题研究	吴亚萍、吴玉如、庞、张永
	31 日	闵行中心小学	中期评估	全体人员
11 月	1 日	龙柏小学	中期评估	全体人员
	7 日	江川小学	中期评估	全体人员
	8 日	平阳小学	中期评估	全体人员
	11—12 日	青岛崂山	专题研究	吴亚萍、吴玉如
	18—19 日	青岛崂山	专题研究	小庞、张永
	14 日	鹤北小学	中期评估	全体人员
	15 日	浦江二小	中期评估	全体人员
	22 日	梅陇小学	中期评估	全体人员
12 月	4 日	龙虎塘小学	中期评估	全体人员
	5 日	汤庄桥小学	中期评估	全体人员
	6 日	花园二小	中期评估	全体人员
	10—11 日	武进三校	专题研究	吴亚萍、吴玉如、庞、张永
	12 日	淮安人民小学	中期评估	全体人员
	13 日	淮安青河小学	中期评估	全体人员
	23—24 日	青岛崂山	专题研究	小庞、张永
	26—27 日	青岛崂山	专题研究	吴亚萍、吴玉如
1 月	3 日	地点待定	闵行中期评估反馈总结	叶、亚、庞、卜、李等
	10 日	地点待定	常州中期评估反馈总结	叶、亚、庞、卜、李等
	待定	教育学系	中心总结会	全体人员

这还只是中心安排的大活动，该中心下辖不同学科领域不同研究室的研究人员还有另外的时间安排，如到不同的合作学校进行听评课与专题研讨相结合的变革实践活动。

其次是介入的效度。光有频度而没有效度的保障并不能达成“深度”。如何确保效度？我们认为需要注意几个方面：一是研究活动内容选择上的针对性，即要针对实践中存在的问题和实践者变革与发展的需要。理论研究者不能泛泛而谈，而是需要学会读实践这本“无字书”和实践者这本“活页册”，以及对实践和实践者的问题保持敏感性，具备归类、归纳、提升、回馈的能力。二是研究活动安排上的前移后续性，尤其注重活动前的准备与活动后的反思和重建。三是理论研究者与实践者两类主体围绕每次研究活动的精心准备，包括方案策划、内容选择与解读、问题前期分析与预设、反思与重建方案的落实等，确保理论到实践和实践者的转化。没有不同主体在研究中努力实现不同意义上的理论与实践的自我转换和统一，就难有不同主体间的理论与实践的转换和统一；没有不同主体间的理论与实践的转换和统一，就无法实现研究任务和研究中理论与实践的交互作用和相互生成。① 四是研究活动具体开展上的针对性，即要针对不同层次不同类型实践者的实际状态和实际需要，针对合作学校及其相应领域发展的实际状态和实际需要。如对于刚刚参加研究和心态不太开放的实践者，要多鼓励、多发现其闪光点、进步之处，提出对其继续发展的新要求，保持其对继续研究的信心和兴趣；对一些骨干教师和心态开放的教师，在发现其闪光点的同时，更注重发现其存在的问题（“是什么”），指出原因（“为什么”），有针对性地提出改进建议（“怎么办”）等。这要求理论研究者不能固守一套预设的理论框架，而是要善于解读实践和实践者的现场与现实需要。这是理论研究者介入实践的一种“基本功”。例如，每一次开放课前，试验组都要对前一阶段的研究进展做小结，看看形成了什么、有什么发展和效果，再提出问题，明确开放课的指导思想、探索主题，并完成设计方案。课后除教师自己“说课”、自评得失外，由指导教师及参与活动的其他教师评课。评课不只局限于具体的教法与过程，通常要从现象层次深入思想层次，找出教师教学行为背后的教育思想，提出按照新的观念应如何行动，力图触动执教者内在固有的观念。②

---

① 叶澜、李政涛等：《“新基础教育”研究史》，北京，教育科学出版社，2010，第93~94页。

② 同①，第7页。

最后是介入的策略。理论研究者介入的频度再高、设计再精妙，相对于学校每天展开的生活来说还是不足的。因此，理论研究者不能盲目介入，必须有策略，以确保充分调动实践者的自主性进行日常研究并促进变革经验的充分辐射。这里我们结合“新基础教育”的研究实践，从研究推进的整体策略和每所学校的具体推进策略三方面进行阐述。

在整体意义上，主要有“总—分—总”“同步设计、差异推进，放大新质、滚动发展”“紧盯骨干、放大节点”等三大策略。

“总—分—总”策略①，第一个“总”是指研究目标、任务、分工、实施阶段等方面的总体策划。可以说在“新基础教育”研究中，无论是整体性项目还是每一个分项目，无论是大共同体还是每个小群体，在每一项研究的起始阶段都是从总体策划开始的。这在“成型性”研究中表现得最为清晰，它是思维方式整体性的具体表现之一。“分”是指在同一时段中分头、分项、分程实施研究策划，并根据实践状态调整方案或方式。第二个“总”是指在经过一阶段的“分”之后，在原定研究阶段基本完成的情况下，一方面做“汇总”式研究，包括评价这项研究的进展状态、经验与问题、目标达成状态、不同群体的差异，再次形成对研究进展的“总体”状态的阶段把握，另一方面在总结相关事实和经验的基础上，做出下阶段的“整体”策划。

“同步设计、差异推进，放大新质、滚动发展”策略的内涵如下。

“同步设计”是长期、综合整体性研究采取的策略，其关键在于研究事项设计上的同步性，以及每一步之间的连续性，即要把长远目标逐步渗透到每一步中，而不是只管眼前之事。

“差异推进”中的“差异”有多层含义：一是各校、各专题小组的差异性，各种条件和状态的差异决定了课题推进不能如设计的那样同步。二是各校、各专题组在转化过程中所创造的新质和经验（包括问题）侧重点的差异。共同体的研究在同一时间多方面提供丰富资源并呈现出的新质弥补了单一研究体研究的缺失。三是研究主体之间发展的差异性，如骨干教师和其他教师及各群体内部的差异性、课题组成员内部的差异性等。

“放大新质”是复杂理论在学校变革中的具体转化。“新质”出现之初往往是个别、少量的，还可能包含独特组合的偶然性。放大“新质”是在发现新质的前提下，给予提炼、概括，形成具有一定普遍推广意义的经验，然后通过交流、现场研讨及评析、专题讨论、报告等多种方法，逐渐形成规模和结构效应，使新的形态逐渐成为基本形态。为此，研究者要积极创

---

① 叶澜、李政涛等：《“新基础教育”研究史》，北京，教育科学出版社，2010，第140页。

设“新质放大”的条件。

“滚动发展”是研究过程效应扩大和阶段式、波浪式推进的形象表达。

所谓“紧盯骨干”是指在合作研究过程中一定要及早确定并逐步培养变革和研究骨干。首先是“定”，最早确定时一般在相关领域找有活力、有闯劲、爱学习与思考、能创造、敢变革的教师，当然还要符合自愿原则。其次是“盯”，在介入初期，理论研究者把主要精力放在这些早期骨干的培育和打造上，每学期“盯”牢不放；学校领导平时要多给这些教师机会、平台、资源。“盯”的过程一般需要2—4年。每个领域的核心骨干大致成“型”之后，积极发挥他们在教师群体中的示范、引领和辐射作用。在“盯”的过程中，逐步建立起研究和变革的梯队与团队，使其他教师逐渐卷入。之所以“定”与“盯”，是因为无论是合作学校还是理论研究者，其研究精力、研究资源都相对有限，不可能覆盖全体教师，如果采取平均用力的“撒胡椒面”的方式，其结果是稀释研究资源、降低研究效果。因此，在时间较短和研究资源、精力有限的情形下，先让少数人发展起来进而带动全体教师的发展是必然的也是有效的选择。

所谓“放大节点”，是指在几年的合作研究过程中，理论研究者在不同时期善于根据合作学校及其实践者的情况策划实施专门的研究活动，并以这样的活动带动合作学校的实践研究及实践者自身进一步发展。例如，在“新基础教育”研究中，在合作学校开展研究一年半左右就组织中期评估，到学校去听各领域不同梯队最好的教师在不同年级开设的研讨课，以此了解和推动合作学校各领域、各年级核心骨干教师的发展和专题研究。中期评估之后一年左右再开展“普查”活动，要求学校所有教师、所有领域、所有年级、所有班级都要开至少一节研讨课，以此了解和推动合作学校全体人员的日常研究，进而了解学校开展研究真实的基本状况。普查是为了把握各校的总体水平，发现新进展和问题，尤其是各校突出的、富有创造性的经验与成果，以及优秀教师、班主任和教研组等；提升学校持续开展学校改革的自觉性与办学水平。普查是对每所基地学校所做的全程、全员式的普查，也是对学校是否将理论转化为实践的一次最普遍、深入、“贴地”式的了解与调查。普查之后一年左右，开展精品课研讨活动，让合作学校派出各领域最好的教师上自己认为最好的课。从目的看，精品课活动是为了呈现“新基础教育”学科教学改革与学生工作改革的基本思路和结构的实践状态，促进课题组成员和各校之间的相互交流，实现资源共享和相互学习。该活动以研究专题为单位，而非以学校为单位，共分语文、数学、外语、班队活动四个专场，由各校推荐教师和课型，再按照低、中、高年级，择优选出来自不同学校属同一专题的四节课，集中在一所小学举行。从效果看，精品课活动还促进了相关小学自主开展研究。学校一开学就进行校内精品课的多层推举活动，把精品课打造与日常研究结合起来。精品课人选确定后，教研组及相关领导又参与共同研课过程，希望该课能较集中、典型地体现“新基础教育”的特征，能达到内在有机、自然流畅的状态。精品课结束后，有心的学校领导又以这些课及其研讨的录像为载体，组织“研读”，将精品课研究的推广导向持续、导向日常。①

在实施过程中，合作学校都能自觉借助中期评估、普查和精品课这样的活动平台和关键时间节点，在相当长的时间内将其与学校的日常研究、专题研究、教师发展、学生发展、学校管理变革等工作紧密结合，从而达到促进学校和教师发展的目的。在开展这些活动时，所有合作学校都面向其他共同体学校和教师开放，从而达到校际学习与交流的目的。

（四）理论生产

理论生产既针对理论研究者，也针对实践者。事实上，在深度介入式教育研究中，通过与理论研究者的紧密合作，部分实践者也能较好地开展理论思考和探索，特别是有志于理论学习与研究的实践者。当然，理论生产的主体还是理论研究者。有了对实践的深度介入，理论研究者对中国教育实践中的原发性问题、原始性素材、原创性经验、教育实践智慧等才有了更切实、深刻的认知与体验。这些“入地”的收获为其理论的创造（“上天”）奠定了基础。理论研究者的各种理论（包括其他学科的理论）到了实践场域会产生各种碰撞、交融，从而促进新知识的生成。尤其是理论研究者基于教育学的立场，在实践中实现对这些理论的消化与融通。在一定意义上，深度介入式教育研究为教育学与其他学科关系的处理（尤其是吸收和转化其他学科理论成果）提供了新路径。

大致来说，深度介入式教育研究生产的理论有三种类型：一是教育学原理层面的理论，如教育学学科元研究、教育研究方法论等；二是有关教育的中层理论，如课程论、教学论等；三是应用性教育理论，如有关中小学教师备课、上课、专题研究等方面的理论等。以“新基础教育”研究为例，既有“生命·实践”教育学的系统理论构建，也有教学论等方面的创新，还有系列学科教学变革的“指导纲要”等。

① 叶澜、李政涛等：《“新基础教育”研究史》，北京，教育科学出版社，2010，第115页。

第三章　教育共同体

当教育理论研究者深度介入教育实践之中，便与实践场域中的各层各类之组织、人员发生关系，这必将促进实践场域中各层各类之组织、人员间原有的关系发生变化。基于理论研究者深度介入而形成的各层各类之新关系及旧关系的变化对于教育实践之变革和教育理论之创生、两类主体的发展均有重要影响。因此，对这些关系的研究就至关重要。在本书中，对其中的几种典型关系以“共同体”命名。当然，即使没有理论研究者的深度介入，这些“共同体”关系在实践场域中也已然存在。我们所探究的是理论研究者深度介入后，这些“共同体”关系发生的新变化、发展的新过程及其因新质的变化而引发的教育理论与实践的创新。

第一节　何为共同体

什么是共同体？贝尔（C. Bell）和纽比（H. Newby）对此抱怨：什么是共同体？……我们将看到，这可以解析出超过90个共同体的定义，而它们之中的唯一共同要素就是人![①] 同样，霍布斯鲍姆（E. Hobsbawm）也指出：“共同体”这个词从来没有像过去几十年这样被含糊而空洞地使用，在这段时间里，社会学意义上的共同体已经很难在现实生活中找到了。[②] 共同体看上去没有具体存在形式，却对人们的生活产生重大影响。共同体概念被提出后，引起了人们广泛的关注和研究。

一、共同体概念的复杂性

在古希腊时期，亚里士多德就非常重视共同体的思考与探索。他认为，

---

① 转引自李义天：《共同体与政治团结》，北京，社会科学文献出版社，2011，前言第3页。

② 同①。

个人的善与共同体的善不能分开。人们同在一个共同体中，通过对共同善的共同追求，获得共同的利益或善。在学术研究中，德国社会学家滕尼斯（F. Tönnies）最早把共同体（community）概念与社会（society）概念分离，使其成为一个专门的社会学概念。在其1887年发表的《共同体与社会》专著中，他指出：人的意志在很多方面都处于相互关系之中；任何这种关系都是一种相互的作用，只要这种作用是由一方面所为或者所给的，而另一方面是遭受到或感觉到的……通过这种积极的关系而形成族群，只要被理解为统一地对内或对外发挥作用的人或物，它就被叫作一种结合。关系本身即结合，或者被理解为现实的和有机的生命——这就是共同体的本质，或者被理解为思想的和机械的形态——这就是社会的概念。在这里，他将“共同体”（gemeinschaft）视为与“社会”（gesellschaft）相对的一种生活，特指那种凭传统的自然感情而紧密联系的交往有机体；一切亲密的、秘密的、单纯的共同生活，（我们这样认为）被理解为在共同体里的生活。[①] 共同体和社会虽然都属于人类的共同体生活形式，但只有共同体才是真正的和持久的共同生活，社会不过是暂时和表面的共同生活。滕尼斯认为，血缘、情感和伦理使共同体成为共同体，发展出家庭（血缘共同体）、邻居（地缘共同体）和朋友（精神共同体）。这三者与宗教共同体构成了共同体的基本形态，并有机地成为一个整体。

最初，共同体只是一个社会学概念，随着工业社会的到来，生活日益分化为公共领域、私人领域和日常生活领域，在现代学术体制下，共同体日益成为关注不同领域和拥有不同传统与语言的知识分子们各自批评反省的重要主题，逐渐成为除应用于社会学外还广泛应用于哲学、政治学、人类学、历史学等学科的重要概念。对此，加拿大学者布赖登（D. Brydon）说：人文社会科学领域的许多学科均把共同体作为研究的中心命题，虽然他们所做的研究迥然不同。文学研究感兴趣的是共同体如何表达自己以及如何通过推理或间接方式来描写共同体，人类学研究的是共同体与文化之间的密切关系，社会学研究的是共同体与其他社会结构（如组织、阶级和家庭）之间的动态联系，政治学研究的是与共同体、民族、公民和国家相联系的权力结构，地理学研究的是场所、空间与共同体之间的联系，历史学研究的是随着时间推移而呈现的变化。[②]

---

① 〔德〕斐迪南·滕尼斯：《共同体与社会——纯粹社会学的基本概念》，林荣远译，北京，商务印书馆，1999，第52~53页。

② 〔加〕黛安娜·布赖登、〔加〕威廉·科尔曼：《反思共同体：多学科视角与全球语境》，严海波等译，北京，社会科学文献出版社，2011，第196页。

显而易见，共同体概念在各个学科的话语体系中的使用广泛而频繁，这也意味着误用的可能性大大增加，不同学科间开展着几乎无法通约的学术讨论，很难在概念上取得一致。因此，共同体概念变得非常模糊。威廉斯（R. Williams）在语源学中发现，在共同体的概念解释上存在分歧。一种解释来自拉丁语中的 communis，意思是“伙伴关系，社会的关系或感情”，这种解释导致一种比较模糊的结果，即“保持一些共同性的特质”，“一种共同的身份和特点”，作为一个“利益共同体”①。另一种比较模糊的解释是：“一种当下或当地感觉”“组成一个政治的、市政的或社会统一体的人群”②。对此德兰蒂（G. Delanty）评论：共同体一直建立在种族、宗教、阶级或政治的基础上。它们也许是大型的，也许是小型的；维系它们的附属关系也许是“淡薄的”（thin），也许是“深厚的”（thick）；它们也许以地方为基础，也许是在全球层面上被组织起来；它们与现存秩序之间的关系也许是积极的，也许是颠覆性的；它们也许是传统的、现代的，甚至是后现代的；它们也许趋于反动，也许趋于进步。③ 其他五花八门的理解还有很多，然而这并不意味着这个概念不值得探究。事实上，许多广泛使用的术语都不容易定义。就像定义一张桌子，什么是桌子？桌子是用来用餐的东西吗？是一件有四条腿的家具吗？桌子不仅仅用来用餐，不只是只有四条腿，诸如此类。然而我们在使用“桌子”这个词时却没有遇到什么麻烦。同样，共同体虽然有诸多定义，但我们可以换一种思路，并不给出一个明确统一的具体定义，而是梳理不同用法中的共同特征，在众多“××共同体”中，通过对定语“××”的解读，还是可以抽象出共同体的内涵。

二、共同体的内涵

这里，不妨先列举部分“××共同体”。

科学共同体（Scientific Community）：由英国科学家波拉尼（M. Polanyi）最早使用。他认为，科学家不是孤军奋战，而是与其专业同行一起工作，各个不同专业团体合成一个大的群体，称作“科学共同体”，即科学共同体是由不同专业的科学家共同组成的群体。科学史和科学哲学家库恩则赋予了

① 〔加〕黛安娜·布赖登、〔加〕威廉·科尔曼：《反思共同体：多学科视角与全球语境》，严海波等译，北京，社会科学文献出版社，2011，第 182 页。

② 同①。

③ 转引自李义天：《共同体与政治团结》，北京，社会科学文献出版社，2011，前言第 2 页。

“科学共同体”更为引人注目的意义和地位。他认为，范式和科学共同体这两个概念是密切相关的，范式是科学共同体成员们的共同信念，科学家们由于具有共同的范式而构成一个科学共同体。①

法律职业共同体：一个由法官、检察官、律师、公证人员以及法学学者等组成的法律职业群体，是一群精通法律专门知识并实际操作和运用法律的人，是现代社会中法律秩序和社会正义的守护人。他们有共同的知识、共同的语言、共同的思维、共同的认同、共同的理想、共同的目标、共同的风格和气质。②

知识共同体：由拉吉（J. G. Ruggie）在1972年引入国际关系研究，拉吉借用了福柯（M. Foucault）“知识”（episteme）的概念并结合了霍尔泽（B. Holzner）的“知识共同体”的概念，认为知识共同体是由某一知识领域相互联系的行为体组成的。根据霍尔泽的解释，拉吉认为，知识共同体界定了它的成员，并建构了特定的现实③。哈斯等将知识共同体视为解释国际政策和协调国际合作的一个独立变量。

学术共同体：一群志同道合的学者，遵守共同的道德规范，相互尊重、相互联系、相互影响，推动学术的发展，从而形成一个群体。按韦伯的说法，学术共同体的成员，必须“以学术为专业”，在这里，科学成为一种存在方式、一种人生态度，甚至一种精神境界。学术的评价、学术的标准、学术上的分歧，所有学术上的问题只有依靠学术共同体才有可能得到解决。尽管学术共同体也有可能做出错误的判断和决定，但没有别的更好的选择。④

我们可以归纳出“共同体”的一些特征。

其一，“共同体”描述的是人类社会的“团体”而非具体的“个人”。波普兰（D. E. Poplin）将“共同体”定义为社区、社群以及在行动上、思想上遵照普遍接受的道德标准而聚合在一起的团体。“共同体”被社会学家赋予了“为了特定目的而聚合在一起生活的群体、组织或团队”⑤的含义。

其二，这一团体的人共同生活在一起。“共同体”指的是人类社会的

① 文学锋：《试论科学共同体的非社会性》，《自然辩证法通讯》2003年第3期。

② 张一鸣：《法律职业共同体的反思与建构》，《理论观察》2010年第1期。

③ 曹云华、周玉渊：《知识共同体方法及其局限性》，《河南社会科学》2009年第2期。

④ 韩启德：《学术共同体当承担学术评价重任》，《光明日报》，2009-10-12（第10版）。

⑤ 转引自冯锐、金婧：《学习共同体的思想形成与发展》，《电化教育研究》2007年第3期。

"团体"，但并非所有团体都是"共同体"。学术研究的共识是在较严格的意义上使用"共同体"，将之理解为"某一人群的共同生活"。共同体的精神就表现在有家的感觉。共同体精神的场所就寓于个人精神——在自身内部寻找资源、运气和希望——之内："让自己有个家"。①

这种共同生活可以是在共同地域的生活，但并非所有在共同地域的生活都可以形成共同体；当然，即使不在共同地域也可以在现代信息技术的辅助下形成跨地域的共同生活。

其三，共同生活的这一团体有对"共同性"的追求。正如杜威所言："人们住地相近并不成为一个社会，一个人也并不因为和别人相距很远而不在社会方面受其影响。""为了形成一个共同体或社会，他们必须共同具备的是目的、信仰、期望、知识——共同的了解——和社会学家所谓志趣相投。"②

具体来说，这种"共同性"主要表现在以下几个方面。

首先，成员形成了休戚与共的亲密情感关系。这些社会关系以高度的个人亲密性、情感深度、道德承诺、社会凝聚力以及时间上的连续性为特征。共同体对于生活于其中的人来说，意味着强烈的归属感、认同感和特殊情感。可以说，共同体的存在取决于共同归属的意识以及对相互依赖状况的确认，而相互依赖的状况正是通过这种确认而呈现出来。

其次，共同的利益基础。共同的情感与精神固然重要，但还必须要有物质因素作为支撑和基础。共同体的存在意味着必定存在共同的利益诉求，否则，我们无法设想人们能够彼此忠诚、相互认同，也无法设想他们会产生共同的伦理取向，进而能把他们的共同生活铸成一个共同体③。

最后，共同的价值取向与信仰。正是在这一意义上，共同体对其成员而言是一个精神家园。鲍曼指出，共同体是一个温暖而舒适的场所、一个温馨的"家"，在这个"家"中，成员彼此信任、互相依赖。社区社会学的早期奠基者之一、苏格兰裔美国社会学家麦基弗（R. M. MacIver）指出，共同体是一个"精神的联合体"，这种共同体精神是诸多个体精神的结合，麦基弗借用了心理学家麦独孤的提法，称这种共同体精神是一种超越个人

---

① 〔加〕黛安娜·布赖登、〔加〕威廉·科尔曼：《反思共同体：多学科视角与全球语境》，严海波等译，北京，社会科学文献出版社，2011，第52页。

② 〔美〕约翰·杜威：《民主主义与教育》，2版，王承绪译，北京，人民教育出版社，2001，第9页。

③ 李义天：《共同体与政治团结》，北京，社会科学文献出版社，2011，前言第11页。

的“集体精神”。[①]

三、共同体的当代困境与重建

（一）共同体的当代困境

之所以说当代社会共同体面临困境，是因为个人主义在这个时代越来越盛行，人们的行为变得越来越自我中心，公共生活越来越退化。关于共同体，我们时常可以听到官方大量言不由衷的言辞，诸如关心共同体、共同体计划等。而事实上，经济的发展正在摧毁着共同体的固有根基。行动的相互协作才是一个共同体赖以存在的基础。[②] 信息和通信技术的发展为当代社会经济转型提供了强大动力，并进一步推动了个人主义行为方式的发展，尤其是个人电脑、网络使越来越多的人可以居家或个性化工作，人与人在工作中难以有日常、规律性的接触和合作，因而产生一种疏离感和孤独感。而且，现代企业生产方式已经由传统的“垂直生产”（一个产品的各个部分或零件由一个企业不同层次、不同类型的部门分工完成）向“水平生产”（一个产品由不同企业合作生产完成）转变，更为灵活化、专业化、分散化，这与原有那种以阶层和职业为基础的团结协作与集体主义的形式已不可同日而语了。如今的协作行为常常不稳定且脆弱不堪，行业的团结、共同体的支持等由于灵活性和专业性而不断受到削弱。交通与通信技术的快速发展已完全打破了过去局限于一定区域的生存和生活方式，人们相互间的交往已不再受时空的限制，这一方面使人的生活节奏加快、更加自由，但另一方面也使人与人的关系变得疏远。

此外，不仅社会生产方式侵袭着共同体生活，当代社会中传统的衰落也进一步加剧了共同体生活的式微。吉登斯（A. Giddens）等人指出，传统性受到所谓“内省的现代化”的进一步削弱。“内省的现代化”基于这样一种思想：这个世界越来越摆脱了传统所带来的约束，个体拥有了极大的自由，但他必须选择自己的生活方式和做出自己的生活抉择。于是，自我内省的要素被导入其中，每个人应该明了自己选择生活道路的能力，更应该明了自己……于是，自我认同与自我政令变成了内省现

① 高鉴国：《社区意识分析的理论建构》，《文史哲》2005年第5期。

② 〔英〕保罗·霍普：《个人主义时代之共同体重建》，沈毅译，杭州，浙江大学出版社，2010，第8页。

代化的核心。①

这种反传统性意味着一个人不必再固守于被规定的位置上，导致了更进一步的个人主义。从根本上说，反传统性引发的更消极的后果是共同道德与行为规范更为孱弱，进一步引发以自我为中心甚至自恋的行为方式，人人都专注于自我，追逐个人权利和利益，产生具有排他性的个人主义行为方式，在对人与人间信任关系产生冲击的同时极大增加了个体对别人的防范意识，“别和陌生人说话”似乎已成为当代人们生活的一种基本常识。于是，人越来越不愿意参与共同体活动，退缩到相对比较安全的家庭和亲友关系之中。

（二）共同体的当代重建

如前所述，当代社会个体有了越来越多的自由选择和自由权力，与此同时，传统道德、文化、习俗的约束力越来越小，还要面临不断增强的复杂性和不确定性。这些变化对传统共同体形成了巨大挑战。但这并不意味着共同体在当代社会将会走向破灭。恰恰相反，因为面临巨大挑战，更需要重视共同体的建设，并借此来防止上述个人主义的消极影响。共同体是人类归属感的需要。共同体之所以重要，在于它通常被视为知识的核心，控制与管理的场所，身份的来源和“传统”的贮存地，抗议、权力、权威、治理、问责的体现，政府操控的对象，抵抗与斗争的场所。②

此外，共同体是促进社会团结的根本力量。虽然可能难以建立真正的共同体，但可以凭借“共同体”建设的主张或者口号促进社会凝聚。之所以如此，就是由于共同体所刻画的社会模式代表着类似家庭或家园的亲密关系。这种关系向人们允诺了一个无须算计的放松处所和没有敌人的安全境地，它让人觉得在这里可以卸下防备而全心依靠。与现代人实际所处的“社会”生活相比，共同体意味着与自己人安全地生活在一起。正如鲍曼直白地揭示的那样：我们怀念共同体是因为我们怀念安全感。安全感是幸福生活的至关重要的品质，但是我们栖息的这个世界几乎不可能提供这种安全感，甚至更不愿意做出许诺。……不安全感影响到我们每个人，因为我们都陷入了一个取消控制、灵活多变、充满竞争和普遍存在着不确定性

① 〔英〕保罗·霍普：《个人主义时代之共同体重建》，沈毅译，杭州，浙江大学出版社，2010，第23页。

② 〔加〕黛安娜·布赖登、〔加〕威廉·科尔曼：《反思共同体：多学科视角与全球语境》，严海波等译，北京，社会科学文献出版社，2011，第61页。

的流动的、不可预料的世界。① 可见，共同体有助于满足人类对于归属感以及合群特性的深层次需求。赫勒（A. Heller）也指出，人际强烈的情感依赖与相互认同会让人充分感受到自己是人类中的一个成员，“作为一个人，我从属于人类”②。共同体作为满足人类对于归属感及其合群特性需求的一种途径，就是能够让个体感受到他们的生活以及相互关系是真实而实在的。因此，共同体不仅是一个抽象的准则，还是一种生动而重要的人类体验。③ 具体到社会的不同领域、不同层面，都面临着共同体重建的挑战与责任。

第二节 教育共同体及其研究

共同体的类型有很多种，人们可以是不同类型和层次的共同体的成员。各种协会、学会、俱乐部等都是与家庭、宗教、邻里不一样的共同体。教育是人类永恒的事业，学校教育已成主流并成为当代社会人才再生产的主力。教育场域中的共同体应成为我们关注的焦点。

一、教育为什么需要共同体

教育作为以人的身心发展为直接目标的特殊社会实践活动，直到人类社会发展到一定阶段才成为一项专门的社会事业。从本质上说，它是一种特殊的人际交往活动，人类生产生活经验因其而得以延续。当下虽然存在各种教育活动，但无疑学校教育是主流。与其他教育活动和形式相比，学校教育最大的特征是其集体性——经过严密组织和安排的教育者集体与受教育者集体开展有计划的特殊人际交往活动。无论是年级、班级还是学校整体，学校教育的整体形态在本质上就是一个特殊的人类共同体，其目的是促进个体的社会化和个性化，使人成为“和大家一样的人及独特的个体”。如果年级、班级和学校整体不具有共同体般的温暖、认同和达成个体社会化和个性化的目标，学校教育的意义就会大打折扣。

---

① 〔英〕齐格蒙特·鲍曼：《共同体》，欧阳景根译，南京，江苏人民出版社，2003，第170页。

② 转引自〔英〕保罗·霍普：《个人主义时代之共同体重建》，沈毅译，杭州，浙江大学出版社，2010，第139页。

③ 〔英〕保罗·霍普：《个人主义时代之共同体重建》，沈毅译，杭州，浙江大学出版社，2010，第139页。

在这一意义上，苏联教育家马卡连柯特别重视学校共同体的集体教育意义。他说：我们认为集体就是我们教育的对象，我们应当使有组织的教育影响针对着集体，同时我们相信，对个人的最实际的工作方式，是把个人保留在集体内，并且这种保留要使个人认为他留在集体里是按着自己的愿望的，是自愿的。其次，要使集体也是自愿地容纳这些个人。集体是个人的教师。① 只有创造一种方法，它既是总的和统一的方法，又是使每一个单独的个人能发挥自己的特点并保持自己个性的方法，……每当我们给个人一种影响的时候，这种影响必定同时应当是给集体的一种影响。相反地，每当我们涉及集体的时候，同时也应当成为对于组成集体的每一个个人的教育。② 杜威也有类似的阐述：一个人的活动和别人的活动联系起来，他就有一个社会环境。他所做的和所能做的事情有赖于别人的期望、要求、赞许和谴责。一个和别人有联系的人，如果不考虑别人的活动，就不能完成他自己的活动。③ 因而，社会环境具有教育性，学校则是一个特殊的环境，在杜威看来：我们称作学校的社会机构的首要职责就在于提供一个简化的环境……学校认识到它的责任不在于把社会的全部成就传递下去，保存起来，而只是把有助于未来更美好的社会的部分传递和保存起来。学校就是社会完成这个目的的主要机构。④

因为有了在学校共同体中生活的经历，对母校的忠诚、对同学的情谊、对老师的热爱才成为人类社会最值得珍视的宝贵情感。把班级、年级、学校建设得如家庭一般成为每一个教育者最重视的教育手段和最有效的教育形式。具体而言，随着人类知识日益丰富和学科的分化，受教育者的成长已不可能由单个或少数几位教育者来完成，而已成为教育者的集体事业，教育目标也必须经由教育者集体的协同才能达成。在这个意义上，教育者的教育活动是相互关联和相互催化的。所谓关联原理是说，当个体之间增加相互交流、相互施加更大的影响时，会创造出新的趋向一致的模式；自动催化是说，当一个体系中的行为对另外一个体系中的一些行为产生刺激作用，而后者又对其他系统中的行为产生刺激作用时，最终会对原来的系

---

① 〔苏联〕马卡连柯：《马卡连柯教育文集（上卷）》，吴式颖等编，北京，人民教育出版社，2005，第 31 页。

② 同①，第 80~81 页。

③ 〔美〕约翰·杜威：《民主主义与教育》，2 版，王承绪译，北京，人民教育出版社，2001，第 18 页。

④ 同③，第 26~27 页。

统产生刺激，从而强化发展与学习的循环过程。①

在这个意义上，学校教育是教师的共同行动。更主要的是，随着当代社会的转型，学校教育变革的频度、层次、范围、深度等持续增强，有人将之比喻为：好比一次有计划的旅程，和一伙叛变的水手在一只漏水的船上，驶进了没有海图的水域②。这种复杂性远远超出教师个体所能承受的程度。教师在经历变革时需要在团队中相互激励、相互学习、相互支持并完成个体不能完成的变革任务。从反面来说，当下，教师的专业自主性和自我意识越来越强，受社会功利价值观影响，教师绩效意识和“计算”意识也越来越强，甚至一些教师会倾向于“孤独”地开展教育教学工作。在此背景下，更需要加强教师共同体建设。当然，随着教育变革规模的扩展，学校日益成为教育变革的“细胞”，在不同层次、区域范围内的教育变革中，学校之间的各种类型、层次的交流活动日益普遍，且在相应区域教育变革中发挥的作用也日益凸显。因此，学校教育共同体的范围早已突破个体学校，校际共同体或区域教育共同体，正逐步成为教育变革的核心“细胞群”，这一“细胞群”的发展、壮大、成熟将在决定宏观和中观层面教育变革的成效方面发挥越来越重要的作用。

二、教育场域中的共同体

（一）教育共同体的类型

认识教育、研究教育可以有多种方式、方法、立场与角度。当我们以共同体这一概念来探讨教育及其变革时，需要确定教育中的共同体的层面、领域和类型。

根据纵向维度和规模大小，可以从宏观、中观和微观几个层次对教育中的共同体做出区分。无疑，宏观上的教育共同体是一个国家的教育整体或系统，它常常在与其他国家教育相比较时彰显自己的特征，或者在实施和推进国家层面的教育发展与改革战略时得以呈现。中观层面的教育共同体往往指区域教育或其中的某一部分，以区域教研共同体、校际共同体、家校共同体等形式出现。微观层面则主要指学校及其内部不同层次的共同体，即将学校本身当作一个共同体（学校本身也分为不同层次），或将学

① 〔加〕迈克尔·富兰：《变革的力量——深度变革》，中央教育科学研究所、加拿大多伦多国际学院组织翻译，北京，教育科学出版社，2004，第54页。

② 〔加〕迈克尔·富兰：《变革的力量——透视教育改革》，中央教育科学研究所、加拿大多伦多国际学院组织翻译，北京，教育科学出版社，2004，第33页。

校内部某一层次的组织（如教研组、备课组、年级、班级等）作为共同体。

从领域来看，可以根据横向维度区分教育共同体，如教育管理领域的共同体（校长专业发展共同体、领导共同体等）、教学领域的共同体（教师共同体、学生共同体、小组共同体等）、研究领域的共同体（教研共同体、院校协作共同体、学术共同体等）。

总的来看，纵向不同层面与横向不同领域的教育共同体共同构成了不同类型的教育共同体。

（二）教育共同体与教育变革

从根本上说，教育系统具有稳定和保守的趋向，内部的工作及其人员的生活方式保持相对稳定的节奏和节律。这既是人才培养的现实需要，也是造成教育系统僵化和需要变革的根本原因。然而，在一个正处于重要转型时期的社会里，教育不可避免地也要转型。作为社会系统一部分的教育不可能在社会发生深刻变化的时代还安然无恙地生活在过去的年代，教育的滞后也只是在一定的时段内，它不可能一直滞后……。当今的时代对于教育来说也是一个发展的大好时代，这里的“发展”不只是指数量的扩大、经费的增加、教育技术设施的更新和教师学术水平的进一步提高。无疑，这些都在教育的“发展”之列，但更为重要的是要创建新型学校、追求新的高质量、培养一代新人。一句话，21 世纪的中国教育要转型，要实现“转型性”变化。①

这种变革和发展的内在需求与教育系统自身的惰性形成了尖锐矛盾，尤其是与身处其中已适应其稳定节奏的教育者与受教育者的生活方式之间的矛盾。如果以共同体这一概念来分析这种矛盾，我们会有新的发现和理解。共同体意味着共同生活及其对共同性（共同的利益基础、共同的价值、共同的信仰等）的追求，但同时也意味着同质性、封闭性和排外性。这些是不同层面、不同领域、不同类型的教育共同体的基本特征，学校及其教师都是教育共同体的成员，他们日复一日、年复一年地适应并尽力维持着自己习以为常的教育生活。这种特征往往意味着共同体内教师的理念、行为、生活方式、工作方式等很少受到冲击和挑战，这不利于教师的改变和进步。

教育共同体追求友情、和谐、稳定的内在倾向往往成为教育变革的实

① 转引自叶澜：《“新基础教育”论——关于当代中国学校变革的探究与认识》，北京，教育科学出版社，2006，第 127 页。

际阻力，因为教师同处一个共同体内，“抬头不见低头见”，“你好我好大家好”，问题即便被发现，也往往会在集体、和谐之背景下被有意无意忽略。这使共同体难以形成反思、改变和变革的文化、机制，而成为一汪没有“活水”的“死水潭”。另外，共同体的发展对团队成员具有一定的压制作用。那些有着丰富的社团活动经历的人，也许注意到他们自己的所作所为，他们也许会同意世界上最困难的事就是站出来反对他的社团，反对一批他的同人。许多人承认他们感到最惭愧的回忆是：仅仅因为别人这样说，他们就跟着把黑的说成白的。①

因此，为了促进变革，必须对教育共同体习以为常的生活进行革新甚至完全改变。稳定与变革构成了教育共同体发展的一对主要矛盾。当稳定占上风，教育共同体将日益走向保守；当变革占上风，教育共同体在激发成员活力的同时也存在解体的风险。如何在稳定与变革之间取得平衡，对教育共同体的成员是一种挑战。这种平衡与教育变革的性质有关，或者说教育变革的性质常常决定着教育共同体内是稳定占上风还是变革占上风。

叶澜对变革性质进行分析，特别区分了改进完善性变革和整体转型性变革。她指出：改进完善性变革的主要任务是在不改变原有的价值取向和基本框架的前提下，对系统的功能、质量等方面做趋向完善和提高的变革。它沿着已有轨道继续前进，追求的目标是比以前走得更快、更好，即改革期望的目标在质量上要较改革前提升一个甚至几个能量级。但只要其评价的基本框架和指标构成没有太大变化，那么，这依然属于改进完善性变革，或称改良性变革。改良性变革可能是局部的，也可能是全面的。它犹如对一所设施已旧但功能尚全的老宅的维修和对其功能进行升级。② 整体转型性变革是指涉及价值取向、构成系统要素之基质、相互关系、结构整体框架、管理体制和运作机制等系统整体性变革的方面都发生变化，并导致形态性转换的变革。它不仅要对原有的形态做深入的分析与批判，发现具有全面性和根本性的问题，而且要按新的价值取向和观念系统，做出新的系统策划和在实践中进行重建。它犹如在原有基础上，改变设计理念和功能指标，以新的元素组合进行房屋重建。新屋可能利用原有老屋中设计合理的部分和建材，但它不是对老屋做“加减法”，而是重建。它依然是房屋，而不是别的什么。由此可见，整体转型性变革是一种系统更新式的变革。

---

① 〔加〕迈克尔·富兰：《变革的力量——透视教育改革》，中央教育科学研究所、加拿大多伦多国际学院组织翻译，北京，教育科学出版社，2004，第46页。

② 叶澜：《“新基础教育”论——关于当代中国学校变革的探究与认识》，北京，教育科学出版社，2006，第123页。

它不满足于对系统的修补，也不是只需消除和改变原来系统中不合适的或需要改变的方面，而是必须包含重建的任务。重建形成的新形态在整体上不同于原先的形态，并且是一种整体发展性的变化，它是以发展为价值取向、以整体转型为目标的变革。① 这一分析与判断对我们认识教育场域中的共同体具有重要意义。当教育变革属于改进完善性变革时，对稳定的追求占据主流，教育中的共同体不会发生大的变化，通过内部的调整和更新可以适应这种变革的要求。通观改革开放以来我国教育变革的路径和实际情况，可以判断长期以来我国教育变革属于改进完善性变革。

因此，教育行政机构、学校、教师群体或教师团体、学生集体等共同体并没有发生根本变化。如今，教育变革日益涉入“深水区”，要啃各种“硬骨头”，这场变革已逐步由改进完善性变革转变为整体转型性变革。这意味着对变革的追求开始占据主流，需要冲破原有的生活方式、价值取向、精神状态，打破各种教育共同体原有的同质性、封闭性和排外性，对共同体进行根本改造。这一过程肯定非常艰难，却是当代中国教育变革的必然选择和必经之路。当然可以由共同体自内而外开展变革，这种变革可被称为“内源性变革”，它一般是缓慢和不完全的，因为让教育系统中的教育者与管理者打破自我并重构新的自我太过艰难。一个更合理和有效的选择是不断引入共同体外部的异质力量，转化、利用外部资源，促进和加速共同体内部的变革。这种选择对学校尤为重要。事实上，我国教育变革走过了自上而下、自外而内、行政驱动的路径，这对改进完善性变革非常有效，但对以质量提升和内涵发展为目标的整体转型性变革则可能无能为力，因为教育有自身的运行逻辑，依靠政治或经济的逻辑无法解决所有问题。如今，教育变革中学校的主体地位日益突出，学校中教师的主体地位也日益突出，学校要实现整体转型，必须激发自身活力及教师的活力。为此，不同层面、不同领域、不同类型的教育共同体的相互合作、相互转化日益重要。

教育系统在不同层面、不同领域存在许许多多不同类型的教育共同体。与其他人探究教育中的共同体不同的是，我们将其置于深度介入式教育研究背景下、置于教育理论研究者深度介入教育实践变革的过程之中进行思考。教育理论研究者的深度介入使得教育中的共同体建设有了新的意蕴与可能性。对教育实践场域来说，教育理论研究者及其深度介入带来的冲击，

---

① 叶澜：《“新基础教育”论——关于当代中国学校变革的探究与认识》，北京，教育科学出版社，2006，第123~124页。

构成教育实践场域中诸多共同体变革和发展的异质因素，使其有了突破自己从而“进化”并进行教育实践转型性变革的可能。与此同时，由于教育理论研究者深度介入教育实践，也有了更新的发展可能，因为只有接“地气”才能解决教育理论的原创性问题和“上天”问题；也因为深度介入过程不只是教育理论研究者的个体行为，更是团队行为，才有了形成理论研究者共同体的可能。

三、教育共同体的研究

在教育研究中，“共同体”并不是新名词，杜威在其专著《民主主义与教育》中曾反复提及。他说：在共同、共同体和沟通这几个词之间，不仅字面上有联系，人们因为有共同的东西而生活在一个共同体内；而沟通乃是他们占有共同的东西的方法。① 杜威由此进一步阐述了共同体成员的沟通对成员的成长具有教育意义：社会生活不仅和沟通完全相同，而且一切沟通（因而也就是一切真正的社会生活）都具有教育性。成为一个沟通的接受者，就获得扩大的和改变的经验。一个人分享别人所想到的和所感受到的东西，他自己的态度也就或多或少有所改变。传递的人也不是不受影响。② 他还提出了学校作为探究者共同体的观点。不过共同体真正在教育研究中作为一个热门概念是在 20 世纪 90 年代以后。

实践共同体：最早由莱夫（J. Lave）和温格（E. Wenger）提出，关注了实践共同体和正式组织的差异，突出共同体中的学习与正式组织内的学习之间的差异，强调实践共同体对于成员专业发展和组织效能改进的意义与价值，在世界范围内产生了巨大影响。

学习共同体：也被称为学习者共同体、合作学习共同体等。相关研究者提出，今天，“有关学习共同体的观念已经是许多教育情境中的突出特征”，学习共同体的研究与实践已成为一种国际化的运动。这一概念突出了共同体中的学习与小组学习、合作学习、团队学习等的差异，强调了学习的共同体特征。

发展共同体：主要针对学校这一教育组织中的教育者的发展而言，如教师专业发展共同体、校长专业发展共同体，突出学校中教育者相互间的专业合作与支持并在这种合作与支持中获得专业发展。

---

① 〔美〕约翰·杜威：《民主主义与教育》，王承绪译，北京，人民教育出版社，2001，第 9 页。

② 同①，第 10 页。

学校共同体：这一概念有两个不同的意涵。①把单个学校作为一个专门的教育组织，努力建设成为一个学习共同体。如美国著名教育家博伊尔（E. L. Boyer）在《基础学校：为了学习的共同体》的报告中提出，学校为了成为共同体，需要变成一个目的明确的（purposeful）地方、交往的（communicative）地方、公平的（just）地方、遵守纪律的（disciplined）地方、关心人的（caring）地方以及用于庆祝的（celebrative）地方。[①] 再如，日本著名教育学家佐藤学提出把学校打造成为学习共同体，他说，创建学习共同体也是学校改革的哲学。这种哲学是由三个原理——公共性、民主主义与卓越性——组成的……公共性原理要求倾听他人的声音，向他人敞开心胸。这是对他人的宽容精神和尊重多样性的精神。民主主义原理要求学生、教师、家长结成平等关系，每一个人都是学校的主角，实现各自的权利，承担各自的责任。卓越性原理要求追求至高的境界……把学校建设成为由三个原理——公共性、民主主义和卓越性——所支撑的学习共同体，决不是空想。实现每一个学生的学习权，创建培养所有教师成为专家的学校，不是不可能的。[②] 很明显，这种意义上的学校共同体展现的是指向未来的学校改革的愿景。②把多个同类学校之间合作构成的松散组织称为学校共同体。它展现的不仅仅是一种愿景，更是一种校际合作的现实，突出校际合作、实现教育资源的共享并通过校际互动实现教师的专业发展。

就我国来说，在教育研究中较早引入共同体概念的是严亚梅、梁保国，他们提出：教育共同体是指在同一种教育范式中的教育工作者群体，包括从事理论研究、模式建构、应用推广和教育教学实践的工作人员。[③] 具体地看，该文着重从共同体视角看教育并由此构建新的教育范式。2001 年，有人提出了教学共同体，探讨邻近高校间如何通过合作实现教学资源的共享与互补。[④] 客观地说，这还属于具体做法的经验总结，然后用共同体这个名词予以概括，研究意味较少。同年，还有学者在研究中用到了学习者共同体（community of learners），这一概念来自国外，探讨的是在建构主义

① 转引自赵健：《学习共同体——关于学习的社会文化分析》，上海，华东师范大学出版社，2006，第 3 页。

② 〔日〕佐藤学：《学校的挑战：创建学习共同体》，钟启泉译，上海，华东师范大学出版社，2010，第 3 页。

③ 严亚梅、梁保国：《教育范式与教育共同体》，《洛阳工学院学报（社会科学版）》2000 年第 4 期。

④ 沈颂华：《建立教学共同体　实现校际资源共享》，《中国高等教育》2001 年第 Z3 期。

教学观指导下的课程教学设计及学生学习的基本过程与特征。① 大致在2003—2004年，共同体在教育研究成果文本中出现的频率大为增加，并逐渐成为探讨的热点，人们主要将其作为研究学生学习、教师学习、教师专业发展、学校发展等的基本概念和切入点，涉及领域大致与上文提到的国外相关研究相当，引用的文献主要来自国外和其他学科有关共同体的理论。

综观上述国内外的研究，在教育研究中使用的共同体概念与其他学科研究中使用的共同体概念具有明显差异，重点关注在共同体中通过成员间的交往、互动、沟通、合作等促进成员个体与群体、学校及其内部不同层次组织的发展和变革，努力探求如何开展具有促进发展和变革价值的共同体内部的交往、互动、沟通和合作。这种指向在很大程度上受建构主义的影响。因为建构主义主张从内因和外因的相互作用来研究人的发展，而人是在与周围环境相互作用的过程中逐步建构起关于外部世界的知识，从而使自身得到发展的。这种相互作用的过程总是社会性、实践性和以差异资源为中介的参与过程和互动过程，人的学习与发展也总是在一定情境中发生的。无疑，共同体这一概念说明上述过程是非常贴切的。由此可见，不管人们如何在教育研究中使用共同体概念，基本都指向学校及其中的人的（专业）成长和发展，体现了鲜明的教育学学科立场。这恰好因应了“教育是一种以人的发展为直接目标的特殊人际交往活动”的基本界定。

教育研究中人们使用共同体时所涉及的内容范围，基本都与教师与学生的学习、教师或校长的专业发展有关，或者将其作为学校变革的一种理想。这些探讨给相应研究带来了新的想象力和发展空间，给人们带来了很多有益的启发，也对教育实践变革产生了深远的影响力。然而，我们也必须看到这些研究还存在一些局限性。

首先，局限于对教育场域内单个共同体的研究，即重点关注了教育中某一层面、某个领域的某种特殊共同体的状况，没有认识到教育场域的共同体实际上是一种“复数”状态，对教育场域中不同层面、不同领域、不同类型共同体的相互作用并进而带来的发展效应和变革效应缺乏深入分析。

其次，普遍关注了共同体对教育场域中人或组织的发展价值，而对其可能存在的负面影响缺乏深入探究。事实上，共同体在给人归属感、认同感的家园感受的同时，也因其同质性、排外性、封闭性等特征对人的发展产生阻碍，对组织的变革产生消极影响。

---

① 裴新宁：《“学习者共同体”的教学设计与研究——建构主义教学观在综合理科教学中的实践之一》，《全球教育展望》2001年第3期。

再次，虽然关注到了共同体的变革效应，但更多是将建立共同体作为教育变革的目标和理想，对教育实践中不同层面、不同领域、不同类型的共同体的建设与不同层面、不同领域、不同类型的教育变革之间的关系普遍缺乏深入探究。

最后，普遍关注教育场域中共同体的可能作用甚至具体模型样态，但对这些作用或模型样态到底是如何运作的探讨较少，即人们的注意力较多停留于概念和理论意义上静态共同体的探讨，而对共同体的动态运作的探究较少。这可能与理论研究者书斋式的研究方式有关。

在很大程度上，上述不足构成了本研究的基本切入点。

四、深度介入式教育研究与教育共同体建设

如前所述，即使没有教育理论研究者的深度介入，教育场域中亦存在各类共同体。在本书中，我们不会涉及所有教育共同体，而主要关注几种典型，如理论研究者·实践者共同体、教师实践共同体、校际共同体、理论研究者共同体（见图3-1）。

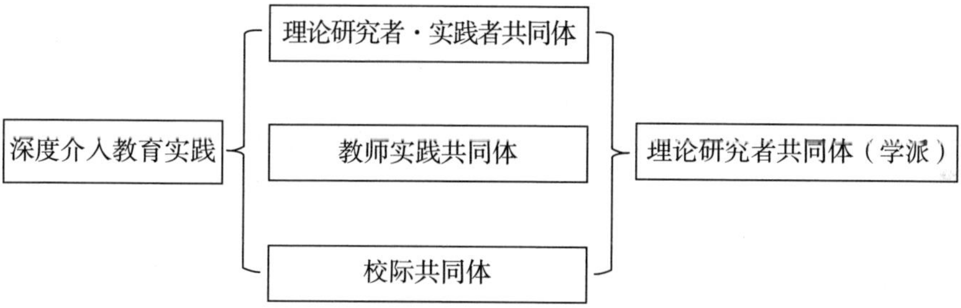

图3-1

具体地说，深度介入式教育研究和教育共同体建设得以开展对教育理论研究（者）和教育实践（者）都具有特殊意义。

首先，这意味着教育理论研究者与实践者这两类主体在研究意义上的关系的新突破。教育理论研究者不再是“走近”和“旁观”，而是真正“走进”并“在教育之中研究教育”，其研究目标既针对实践，推动实践变革，又指向理论创新，探索教育过程的内在逻辑与结构，努力重建基于教育实践研究的教育学理论体系。教育实践者不只是纯粹的实践者，同时也是基于理论学习、渗透和转化的实践研究者、思考者，其实践也有了理论的味道和意蕴。这两类主体的相互锁定使理论研究与实践研究从成为教育研究的“一体两面”到共同构成教育研究的整体。同时，理论研究者与实

践者也相互转化，理论研究者成为有实践智慧的理论研究者，实践者成为有良好理论素养的实践者。

其次，这意味着教育理论与实践关系的新突破。可以说深度介入式教育研究及其过程中的共同体建设，为解决长期以来教育理论与实践的割裂开辟了新路径。从根本上说，深度介入式教育研究过程中的共同体建设是教育理论研究与实践研究的“两面一体”，即于共同体建设中理论研究与实践研究相互融通、转化。教育共同体是深度介入式教育研究得以开展的载体，深度介入式教育研究又为教育共同体建设注入新的活力和资源。在这一过程中，理论研究与实践研究相互吸收并进行智慧和资源的转化，推动自身的持续创生。

第四章　深度介入式教育研究中的“理论研究者·实践者”共同体

从根本上讲，理论研究者对学校教育实践变革的深度介入是一种特殊的大学与中小学的协作形态。因此，探讨这一过程中理论研究者与实践者因合作交往而形成的特殊共同体关系，需要分析大学与中小学的协作中两类主体间关系“普遍”形态的基本框架，以之为参照，才能凸显深度介入式教育研究中“理论研究者·实践者”共同体关系的特征和特殊性。

第一节　院校协作中理论研究者与实践者的关系框架

院校协作自20世纪80年代以来取得了巨大进展，形成了不同的类型。在不同形式的合作中，理论研究者与实践者的关系形态也有较大差异。

一、双方的意愿

院校协作中两类主体间关系的状况，首先取决于他们对于合作的意愿，这也将影响合作的持续性。

（一）主动－被动

其一，理论研究者主动，实践者被动。如在戴（C. Day）所阐述的教育知识生产型院校协作中①，理论研究者维持其在教育知识生产过程中的主导地位，而参与合作的实践者则是研究的对象或客体，两类人员之间的关系是分离的而非整合的。又如在瓦格纳所阐述的资料榨取型院校协作

① Day，C.，1998：“Re-thinking School-University Partnerships：A Swedish Case Study”，*Teaching and Teacher Education*，14（8）.

中①，研究的问题通常集中于教育和教育过程的本质等理论方面，这些问题、研究及其产生的任何答案都被认为是大学理论研究者的专利，研究可以以定量或定性方式开展，有时候这些活动和问题对于实践者来说是费解的、神秘的、令人厌烦的甚至荒谬的。上述合作研究的关键特征是两类主体对研究目的和研究本身理解的不对称性，理论研究者与实践者在研究中的角色有明确区分：理论研究者是探究、撰写研究报告、建构知识的主体，实践者的工作意义则是被研究、描述、操作及提供素材。这样的角色区分与双方社会地位相一致。理论研究者作为学校生活的“局外人”进行研究和反思，实践者则作为学校生活的“局内人”在行动。双方都不希望分享自己的看法和价值观。这种合作所产生的知识（结果）一般在理论研究者之间交流，或提供给教育行政部门，可能对教育政策的制定产生影响，从而间接地影响实践者的工作。

其二，实践者主动，理论研究者被动。如巴尼特（B. G. Barnett）提到的“买卖”式院校协作（vendor model）②，即理论研究者将自己的专业知识及研究活动作为一种“服务性商品”，中小学实践者根据自己的需要向理论研究者“购买”这种服务，当双方订立契约后，理论研究者依据契约履行责任与义务。卡拉汉（J. L. Callahan）和马丁（D. Martin）阐述的“成功首创学校”项目（Successful Schools Initiative, SSI）即属于这种情形。③身处此情境中的理论研究者是否能满足需要，决定了下一个“服务项目”的走向。

（二）被动－被动

开展院校协作的理论研究者与实践者都是被动的。协作主要由第三方（行政或其他力量）安排，理论研究者与实践者“不得不”或“无奈”地开展合作，当任务完成时合作也就结束。

（三）主动－主动

其一，双方各有利益考量。常见的是理论研究者期望实践者成为研究对象或资料提供者，实践者则期望通过与理论研究者的合作获得某些回报

① Wagner, J., 1997: “The Unavoidable Intervention of Educational Research: A Framework for Reconsidering Researcher-practitioner Cooperation”, *Educational Researcher*, 26 (7).

② Barnett, B. G., Hall, G. E., Berg, J. H. et al, 2010: “A Typology of Partnerships for Promoting Innovation”, *Journal of School Leadership*, 20 (1).

③ Callahan, J. L., Martin, D., 2007: “The Spectrum of School-university Partnerships: A Typology of Organizational Learning Systems”, *Teaching and Teacher Education*, 23 (2).

（如发表论文、研究项目署名、专业培训等）。在合作研究中，双方都将自己利益的满足建立在对方奉献的基础上，然而双方都有自己的根本利益（如理论研究者的根本利益在于其学术研究，实践者的根本利益在于其教育工作），因而在实际情形中，往往双方都不太可能搁置自己的根本利益而满足对方的利益，故而合作常常陷入困境。以在美国常见的教师专业发展学校为例，中小学既是大学新教师培养的实习基地，也是教育理论研究者的“田野”，实践者提供研究资料，其实践活动也是理论研究者的研究对象；而中小学愿意发展成为教师专业发展学校是因为能为学校教师带来难得的专业发展机会，并得到改进课堂教学的“额外的眼睛和帮手”，还能得到政府的相关资助；对于实践者来说，参与新教师指导工作可以免费得到大学提供的课程学习（培训）、研究指导以及来自自己学校的激励。但从实际开展过程来看，双方的合作并未如设想的那般美好，理论研究者的主要兴趣在理论建设方面：有学术特点的观点或许成为必要……我们暂时地忽略那些实验数据……儿童、班级和50分钟的课堂。事实上，我们努力要做的事情就是建立理论。[1] 将理论建构当作中小学课堂之外的事，也是与课堂无关的事，他们来到教师专业发展学校只是为了参与教师培养，贡献自己的“专业知识”，提供“专业服务”，而不指望在这里收获理论上的回报。而教师参与项目的主要兴趣则恰恰在于被理论研究者忽视的“儿童、班级和50分钟的课堂”，他们不乐意听到“暂时地忽略”这样的话。在合作中，两类主体时常进行着“平等与控制”的斗争，“大学教师通常都被定位为指导者，而中小学教师则被定位为学生。实际上，我们（中学教师）只被当作任务的被分配者”[2]。教师专业发展学校在美国一直面临生存问题。

其二，双方都是某一研究项目的成员，在研究计划中处于不同的环节、完成不同的研究任务。虽然双方都主动投入到研究项目中去，但只是项目意义上的规定组合式的“合作”。研究过程中，双方按照既定分工和进程安排完成各自的任务。任务结束，合作走向终结。从严格意义上说，双方其实是“合做”教育研究，而非真正进行了“合作”。

其三，双方基于共同的理想和价值追求及对院校协作本身的了解与理解，主动合作，并在合作中持续沟通，获得发展动力，合作得以持续。我

① ［美］达琳-哈蒙：《美国教师专业发展学校》，王晓华等译，北京，中国轻工业出版社，2006，第106页。

② Ginsberg，R.，Rhodes，L. K.，2003：“University Faculty in Partner Schools”，*Journal of Teacher Education*，54（2）.

国目前的一些合作研究已呈现出这种品质，如“新基础教育”研究等。

二、双方的地位

双方在院校协作中的地位是反映主体间关系的重要维度，主要有三种情况。

（一）理论研究者占据主导地位

理论研究者在合作中主控研究全程，其角色是“立法者”；实践者则处于被支配甚至被控制的地位，其角色是“执行者”和“原始材料提供者”。许多常见的院校协作奉行专家模式。教育理论研究者被认为在某个或某些领域具有精深的专业知识，可以为教师习得新的知识或技巧提供帮助。如他们可以为教师将某种技术整合进教学提供咨询，可以指引教师以新的方式来解决问题，还可以开设形形色色的工作坊（workshop）就某些问题进行研讨。教育理论研究者被当成专家，而教育实践者则是向专家学习并改进自身实践的人；知识的流向是自上（理论研究者）而下（实践者）的单向流动。本质上，这只是一种协作（cooperation）关系，而不是合作关系（collaborative partnerships），因为其权力等级十分明显。协作中，两类组织的管理者有可能涉入协作的计划与实施环节，大学管理者的涉入一般限于在协作刚刚开始时指定相关人员参加，而中小学管理者则会全程参与。这种协作一般是对一定的资金资助或上级命令的回应，会受到较严格的监督（如需要形成正式计划、定期的发展报告、协作过程的详细资料等）。

（二）实践者占据主导地位

在研究中，实践者根据需要邀请理论研究者参与，理论研究者的角色是咨询者、促进者、阐释者，实践者则是“雇主”和理论建议的采纳者。上文中述及的“实践者主动，理论研究者被动”院校协作即属此类。

（三）理论研究者与实践者相互平等

随着院校协作的发展，越来越多的人直接或间接地强调合作中两类主体间的平等。古德莱德论及的“共生”关系，其实质是强调大学与中小学两类组织间的差异性对于对方发展的补充作用。舒勒蒂（P. C. Schlechty）和惠特福德（B. L. Whitford）针对“共生”关系提出的“有机”关系①，

---

① Sirotnik, K. A., Goodlad, J. I., 1988: *School-university Partnerships in Action: Concepts, Cases, and Concerns*, New York, Teachers College Press, 191~204.

强调双方在研究问题上的“共有性”和“共享性”，避免一方对另一方的僭越。古德森和弗利舍（C. Fliesser）主张的“公平交易”关系①，是为了在双方的“合作”中保证每一方都“不吃亏”，确实有交易的味道。这几种观点都蕴含着“平等”的意思，但均未直接对“平等”的真实意蕴做出清晰的阐述，尚处于“提倡”层次。瓦格纳对此问题倒有较为直接的分析，他在论及“共同学习型”院校协作时②，指出理论研究者与实践者间工作的区分变得很模糊，两者都被认为是研究的主体和研究的对象。尽管理论研究者与实践者分别作为“局外人”和“局内人”身份的事实没有改变，但是在合作中，理论研究者在实践之内，双方身份出现部分交叉。结果，理论研究者及其所属研究机构被作为研究对象，成为变革和批判分析的目标，更提出涉及教育研究自身和理论与实践之关系的有关问题。这使研究的视野更为广阔，收集的资料更为多样。总体上说，在这一合作中，理论研究者与实践者都参与学校教育教学的实践过程，双方都付诸行动与反思。通过合作，一方可以从另一方身上学到更多，同样地，也可以从自身学到更多，并体会到这种学习与学校教育教学实践的关系。这是我所见到的英文文献中对“平等”阐述得较为详细的具有代表性的论述。不过，从其阐述来看，重心还是落在“合作”而非“平等”上，对双方平等的性质、实质、实现过程等关注较少。从上述阐述中，可以看出“平等”问题的重要性，但其语焉不详可反映出实现平等及将平等“说清楚”的难度，这也说明在西方真正做到平等的院校协作并不多（对此，古德莱德、瓦格纳等并不讳言）。而且，这些阐述中的“平等”更多停留于“权利”平等的层次，政治或伦理意味较浓（因而与隐私保护、法律等联系在一起），而并未在院校协作的研究、发展方面分析平等的真实意义。对于这些问题，我国的合作研究当加以注意。

三、关系的指向性

教育理论与实践的关系具有不同的指向性，主要反映的是院校协作究竟是为了哪一方的发展。

（一）单一指向

其一，为了满足理论研究者研究及理论发展的需要，实践和实践者是

---

① Goodson, I., Fliesser, C., 1995: “Negotiating Fair Trade: Towards Collaborative Relationships between Researchers and Teachers in College Settings”, *Peabody Journal of Education*, 70 (3).

② Wagner, J., 1997: “The Unavoidable Intervention of Educational Research: a Framework for Reconsidering Researcher-Practitioner Cooperation”, *Educational Researcher*, 26 (7).

研究的对象或资源发掘地。大量院校协作体现了这种情形，尤其是在院校协作发展的早期阶段。其二，为了满足实践者发展或改进实践的需要，理论研究者是实践的辅助者。这与20世纪五六十年代以后人们对传统院校协作及其过程中理论研究者的主导和控制的反思、实践者的觉醒等有关。

（二）双向指向

其一，对双方需要的满足的叠加，即“你帮助我解决我的问题，我也帮助你解决你的问题”或“我给你帮助，你给我回报（如金钱、机会等）”，体现了互惠性。如古德森和弗利舍主张的“公平交易”式院校协作等，其共同点是双方需求缺乏一致性，相互利用特征明显，这样的貌似“双向”，但实质上仍是两种“单向”的叠加。其二，深度介入式的双向，即注重双方需求的内在关联性，研究中双方关系处于内在沟通与转化之中。这是当前合作研究发展的新方向。

四、关系的程度

（一）合作的广度

合作的广度是指在整个院校协作的过程（方案设计、方案实施、结果评价）中，理论研究者与实践者在什么阶段开展什么意义上的合作。

其一，研究项目意义上的分工式合作，即围绕研究项目明确理论研究者与实践者各自的任务并各自完成，在需要时根据研究目标对两者的研究成果进行整合。这是研究成果“整合”意义上的合作：“整合”前，各自完成研究成果，主体间的“间性”不够。

其二，在实施阶段开展合作，形成“理论研究者设计—理论研究者与实践者共同实施—理论研究者评价”或“实践者设计—实践者与理论研究者共同实施—实践者评价”的研究形态。其中前者最为常见。在实施阶段的合作中，双方关系还会表现出上述三种状态。

其三，分段组合式合作，即在研究过程的三个阶段中，方案设计、结果评价由一方单独完成（一般是理论研究者），方案实施由另一方单独完成（一般是实践者），在整个院校协作过程中两类主体在不同阶段承担不同的工作和任务，形成“理论研究者设计—实践者实施—理论研究者评价”的研究形态。其中，实践者往往是被规定、被测试的对象，理论研究者占据主导地位。①

其四，全程式合作，即两类主体在“方案设计—方案实施—结果评价”的整个过程中开展合作。这一合作可能有三种发展路径：第一种是根据实践问题或实践者的需要双方进行方案设计，方案实施与结果评价都以实践问题是否解决、实践需要是否满足、实践经验是否提升为核心开展，一个合作项目结束后，就寻求另一个合作项目，缺乏持续性和关联性。在现实中，许多教育行动研究采用这种方式。第二种是根据理论发展需要双方进行方案设计，方案实施与结果评价都以理论是否得到证明为核心开展，到一定程度后，合作结束。第三种是根据理论研究（者）与实践（者）的共同发展需要，由两类主体共同设计方案，在方案实施过程中根据两者的发展情况不断调整、深化，使理论形态与实践形态在交互作用中实现螺旋式发展。

（二）合作的深度

合作的深度是指两类主体合作开展的教育研究探究的深度，是决定双方关系发展程度的重要指标。它与合作中双方的意愿、双方的态度、关系的指向及合作的广度密切相关。

一种是浅层合作，院校协作围绕（理论研究者或实践者）一定时期、一定研究任务的完成和研究目标的实现展开，并不持续深究进一步发展的可能，时间较短，效果也不持久。在这一合作中，研究结束即意味着两类主体研究意义上关系的结束。

另一种是深层次合作，院校协作在双方不断了解及调整中持续开展，研究本身呈现出发展的阶段性、持续递进性，研究的深度不断增加，研究所涉（研究问题）由点到面日益广泛且逐渐深入，对理论发展与实践变革的影响大且深，逐渐深入“人”的改变。当然，深度合作有可能受一些研究之外的因素影响（如人事变动等）而退化为浅层合作并走向终结。

（三）交往接触程度

在院校协作中，理论研究者与实践者两类主体有多种交往方式，在不同的交往中他们的接触程度存在差异。这种差异在一定程度上影响着他们相互间的关系。

其一，直接接触与间接接触。直接接触是指在院校协作中，两类主体

---

① 目前，随着学校自主性的增强，出现了“实践者设计—理论研究者实施—实践者评价”的合作。这种合作具有强烈的雇佣性，如一些学校出于宣传或包装需要，聘请教育理论研究者按其所需提供“服务”。这虽是合作，但在严格意义上并不具有“研究”性，且彼此的关系已经异化成商业交易，故在这里并不专门纳入。特此说明。

面对面直接交流，间接接触则是主要通过“中间人”而非两类主体面对面的方式来交流。实际上，许多院校协作（尤其是美国式院校协作）都采用了间接接触的方式，理论研究者通过所谓“broker”（往往是研究生或雇用的有经验的实践者）来与中小学实践者沟通，其任务是向双方传达研究的信息、要求、措施等。而理论研究者本身则主要将时间花在自己的学术研究上。这是一种“遥控式”的院校协作。这种情形在中国香港地区也有呈现，即理论研究者聘请“学校发展主任”（即服务香港中小学教育各环节、能针对教师具体需要予以专业支持的人员）。“学校发展主任”的工作是从学校教师中找到合适的伙伴，再在庞大的“结构”问题中耐心地辨认出每所学校的核心问题所在，寻找问题的源头，然后与伙伴们一起设计适当的办法，并通过协商和实践去解决问题。为了让“学校发展主任”能有较均衡的专业视野和较完整的研究取向，我们（指大学理论研究者——笔者注）会安排定期的分享会及各种活动，如最新研究发展和阅读文献报告、各校工作进展报告、有关分析问题和解决问题方法的讨论、有关价值分享的讨论等。这些活动的目的是帮助“学校发展主任”重组其专业经验。① 经由理论研究者培训的“学校发展主任”相当于理论者与实践者之间的中间人，由这些领会理论研究者意图的“主任”频繁进入中小学指导实践者的实践，并与实践者交流，促进其专业发展，当然也向理论研究者反映实践者的状态。无疑，这些“中间人”在理论研究者人数有限而又大规模推广以院校协作为基础的学校变革的情况下是一种较好的选择，但其不足在于隔断了理论研究者与实践者的面对面交流，不利于理论研究者及时有效地感知实践者的需要和中小学变革中的问题，也不利于发展理论研究者自身理解、解读中小学教育实践生活的能力。此外，随着网络技术的发展，还有理论研究者与实践者通过网络接触，大家在网络上直抒己见、交流心得、探讨问题。这亦不失为一种合作手段，有利于双方在开放的情形下表达意见。但其问题在于，这种交流可能具有虚假性，有时“说得比做得好”或“光说不做”，其“成果”可能较为丰富，但究竟在多大程度上转化成了真实的教育实践则不可考。以“新基础教育”为代表的合作研究注重直接接触，形成了理论研究者深度介入教育实践的新型合作方式。

其二，接触的频度与效度。频度反映了合作中两类主体是否经常接触，效度反映了两类主体接触后的效果。这两者是决定院校协作实效的重要因

① 卢乃桂：《能动者的思索：香港学校改进协作模式的再造与更新》，《教育发展研究》2007 年第 24 期。

素，因而对两类主体间的关系发展有重要影响。在一些院校协作中，理论研究者进入实践现场的次数往往有限（如一月一次或数周一次或不定期进入），且进入前对研究缺乏系统周密的策划，随机性的“抽查”或“指导”成分多，进入后又没有制订完善的研究推进机制，因而难以保证研究的有效性。这种状态常对实践者参与合作的信心、动力及合作关系等造成消极影响。

五、关系的性质

（一）对立式关系

在合作中，两类主体在价值、观念、情感、行为等方面存在明显或隐含的对抗，使合作难以为继。对抗的产生主要有以下几种原因：第一种是理论相对于实践（者）来说“无用”。在院校协作的实践中，经常遇到实践者抱怨理论过于抽象，他们要求理论研究者把这种抽象的理论转化成更为具体的操作步骤。而一旦转化为具体的操作步骤，实践者又发现这样的理论离自己的课堂实践非常遥远，从而抱怨理论无用，对理论研究者产生反感或抗拒情绪。第二种是理论研究者对教育实践现场的介入打破了实践者习以为常的生活状态及教育教学常规，从而产生对立。第三种是双方交往中的态度、方式失当（如理论研究者由于不了解实践者及其实践需要，表达不到位、语言失当甚至表现出优越感等；实践者也有可能对理论研究者表现出失当的态度、语言等）导致彼此对立。

（二）控制式关系

在合作中，一方对另一方提出“命令”式的要求或“处方”式的执行方案，要求对方严格执行，体现出一定尊卑特征和等级性差异。在实际的院校协作中，理论研究者常常占据控制或主导地位，这主要是理论优先于实践的传统所致。当然，在雇佣式院校协作中，实践者对研究进程具有控制性。

（三）合成式关系

合作双方按照研究方案的分工各自独立行动，在一定时期（如评估或结题时）将各自的成果进行整合，如上面提到的“合做”式教育研究。

（四）交换式关系

合作中和合作后，双方各取所需，寻求自己利益和要求的满足，进行“公平交易”，其本质是互惠。

（五）创生式关系

这种关系有两种可能的状态：单向式创生，即对理论发展或实践变革产生影响，持续生发出新的形态或有持续性的新发展；交互式创生，即理论与实践呈现同时态、纠缠式发展。

特别需要指出的是，上述每一维度的不同方面或情形在一定条件下是可以相互转化的，即院校协作中两类主体间的关系始终处于流变之中，并没有一种院校协作主体间的关系从一开始就注定会是某种固定状态。这充分表明了院校协作的复杂性，以及两类主体间关系发展的多种可能性，最终呈现出什么样的状态在根本上取决于主体自身。在本研究中，我们关注的是在深度介入式研究中形成的不同层次的共同体关系。

第二节　院校协作中理论研究者与实践者的关系类型

理论研究者深度介入教育实践，与实践者开展以学校为基本单位的整体实践变革研究，努力实现教育理论与实践的双向建构。这一合作过程使理论研究者与实践者的关系发展出新质态。与常见院校协作中理论研究者与实践者间的关系相比，深度介入式院校协作中两类主体间的关系呈现出了新的特征，我们称之为“理论研究者·实践者”共同体。

一、院校协作的模式分类

（一）戴的分类[①]

戴是英国诺丁汉大学的教育学者，他对由瑞典教育部资助的七个院校协作项目进行研究后，以合作目标为标准归纳了三种不同类型的院校协作：寻求相似思想的理念型（ideological）合作、教育知识生产型（generative）合作、在持续互动中实现能力建构（capacity building）的合作。

（二）图舍特（N. C. Tushnet）的分类[②]

图舍特是美国联邦教育部教育研究与改进办公室（Office of Educational Research and Improvement，OERI）的专业研究人员，他在对三十几个不同的院校协作项目进行比较后，根据合作中两类组织间的关系水平将院校协作分为三类：第一类是初级伙伴或有限协作（primary partner/limited part-

---

① Day，C.，1998：“Re-thinking School-University Partnerships：A Swedish Case Study”，*Teaching and Teacher Education*，14（8）.

② Tushnet，N. C.，1993：*A Guide to Developing Educational Partnerships*，Washington，DC，Office of Educational Research and Improvement（OERI），1~58.

nerships)。合作双方中的一方作为合作的主持者（大学方及其理论研究者）向另一方的组织或个人（中小学及其实践者）提供服务，如培训、资料等，类似于“顾问”角色。第二类是协作伙伴（coalition partnerships）。它强调不同组织间的劳动分工，协作中双方平等，在达成的协作模式内自主决定自己所需采取的行动。第三类是合作伙伴（collaborative partnerships）。合作双方平等参与，存在劳动分工，但他们共享一个持续的决策过程，都有权参与所有的决策。

（三）巴内特的分类①

巴内特根据合作中组织间关系的复杂性提出与图舍特类似的分类模式：第一种是“买卖”模式（vendor model），即一方根据契约向另一方提供服务。第二种是合作模式（collaborative model），即根据利益的互相交流而建立的互动关系，与图舍特讲的“合作伙伴”关系不一样。第三种是共生伙伴模式（symbiotic partnership model），建立在双方认同的目标、对象和政策的基础上。第四种是“副产品”模式（spin-off model），这里的“副产品”指的是当合作关系达到高水平时，双方对合作关系产生高度认同并进而形成新的组织结构。

（四）拉维德（R. D. Ravid）和汉德勒（M. G. Handler）的分类②

拉维德和汉德勒是美国国家路易斯大学教育学院的学者，曾主持和参与多项院校协作项目。他们认为以合作形成的关系结构划分，可以有以下四种合作模式：①教师专业发展学校的模式（PDS model），合作主要致力于职前教师培养和在职教师专业发展。②咨询模式（consultation model），主要由一个或几个大学教育理论研究者与一个或数个中小学教师开展合作。研究人员的角色定位是顾问，为中小学教师提供知识资源和其他专业支持，主要目的在于改进教师的教学和促进教师专业发展。③一对一模式（one-to-one collaboration model），即一个大学教育理论研究者与一个中小学教师作为平等的合作伙伴开展合作，双方共同策划和实施研究项目。④伞形模式（umbrella model），在这种模式中有许多个合作项目组（彼此可以不同），各自由大学人员与中小学教师组成，但在他们之上有一个总的组织机构进行管理（促进各项目组的合作和研究）。研究在各项目组内进行，

---

① Barnett, B. C., Hall, G. E., Berg, J. H., et al., 2010: “A Typology of Partnerships for Promoting Innovation”, *Journal of School Leadership*, 20 (1).

② Ravid, R. D., Handler, M. G., 2001: *The Many Faces of School-University Collaboration: Characteristics of Successful Partnerships*, Englewood, Teacher Ideas Press, 6~18.

也可以进行跨组合作。

（五）卡拉汉和马丁的分类①

卡拉汉和马丁是美国得克萨斯州立大学的教育学者，他们从组织变革的角度比较了得克萨斯州两个截然不同但都很成功的大学与中小学合作研究项目——“成功首创学校”项目（SSI）和“有效学习伙伴关系中心”项目（Centre for Effective Learning Partership，CELP），提出了一个院校协作的分类设想。SSI 是自我维持运营的组织，大学是给付费的“顾客”学校提供教育服务的“服务商”。任何学校只要愿意向 SSI 交纳几千美元的年费，就可以派遣几个人参加每年定期举行的由大学专家主持的培训活动。而在 CELP 中，大学专家参与中小学的变革过程，双方人员组成领导委员会，共同致力于合作活动的开展。如果进行对比，会发现这两个合作项目在以下四个方面正好分别处于两极：第一，SSI 体现了离散型文化，CELP 体现了向心型文化；第二，SSI 是非连续的定期学习，而 CELP 是连续的持续学习；第三，SSI 是集权式决策，而 CELP 是民主的参与式决策；第四，SSI 通过合作促进的变革是单向的，CELP 促进的变革则是惠及双方或多方的变革。这样来看，参与 SSI 的中小学是分散的（dispersed，D），而参与 CELP 的中小学则是固定的（localized，L）；SSI 的学习研讨活动是定期的（periodic，P），而 CELP 的学习研讨活动则是连续性的（continuous，C）；SSI 的决策是集权的独立决策（independent，I），而 CELP 的决策是民主的共同决策（joint，J）；SSI 合作产生的变革是单向的（unilateral，U），而 CELP 合作产生的变革是双方的（reciprocal，R）。如果把这四个对立的维度进行组合，就会得到 16 种大学与中小学合作的模式（见图 4-1）。

LPJU	LPIU	DPJU	DPIU（SSI）
LPJR	LPIR	DPJR	DPIR
LCJU	LCIU	DCJU	DCIU
LCJR（CELP）	LCIR	DCJR	DCIR

图 4-1　大学与中小学合作的模式

① Callahan, J. L., Martin, D., 2007: “The Spectrum of School-University Partnerships: A Typology of Organizational Learning Systems”, *Teaching and Teacher Education*, 23 (2).

（六）比奥特（C. Biott）的分类

比奥特认为院校协作通常有两种模式：一是执行模式（implementation partnership），即专家模式，采用施与、示范和实施策略；二是发展模式（development partnership），即互相合作模式，采用提问、咨询、讨论和发展策略。前一种模式是一种理论研究者自为权威、事事先入为主的主导方式。在后一种模式中，大学的研究人员则不以既定的方案手把手要求实践者如何做，而是通过提问、咨询、讨论的策略，与学校教师紧密合作，共同发展切实可行的方案。

（七）中国研究者的分类

殷芬提出了教师作为辅助研究者的院校协作和指向教师成为研究者的院校协作两种模式。前者又分大学教师立项、中小学教师提供数据和中小学教师立项、大学教师提供“指导”两种；后者则主要指行动研究。① 宋敏将院校协作分为咨询合作方式、一对一合作方式和中介合作方式，并用案例分别进行了分析。② 罗丹提出了校本研究式和课题研究式（行动研究）、教师发展学校式三种院校协作模式。③

二、院校协作中的关系理论

（一）组织层面的共生关系论（symbiotic partnership）

古德莱德在深入分析中小学之间的合作与大学和中小学之间的合作的差异性之后，认为前者只能称为 network，后者才是 partnership。一般来说，network 是同类性质组织合作关系的称呼，而 partnership 是不同性质组织为达成各自利益而精心设计的、以合作解决共同问题的组织安排。中小学之间通过 network 可以互通信息、共享资源，并在某种程度上改善各自的发展状况，但指望通过这样的沟通达成学校的根本性变革是不可能的。因为不管这些学校在规模、生源、资源上存在多大差异，其目标、功能、结构是一致的，这决定了它们不可能打破共有的惰性。只有文化存在根本差异的组织在互相碰撞、侵袭的过程中才会引起根本性变革。为此，他引入了生

① 殷芬：《大学-中小学合作研究与教师成为研究者》，华东师范大学，2007 年硕士论文，第 9~13 页。

② 宋敏：《大学与中小学合作研究现状、问题及思考》，首都师范大学，2005 年硕士论文，第 5~14 页。

③ 罗丹：《课程改革背景下大学和中小学合作的动因与模式》，东北师范大学，2006 年硕士论文，第 14~27 页。

物学中的“共生”（symbiosis）概念（意味着两种不同的生物共同生活），认为院校协作中的大学与中小学两类组织的关系应是共生关系。因为这两类组织在目标、功能、结构、制度、规则、习俗等方面存在“类”的根本差异，此差异会成为促进二者合作发展的重要资源。他提出，这种共生关系必须满足三个条件：其一，两类组织之间必须存在差异性，相似性越高，供双方分享的东西就越少；其二，通过合作必须满足各自的利益，即双方差异要体现互补性（一方所有的正是对方所需的）；其三，合作的每一方都应有充分的奉献精神以保证满足对方利益。院校协作达成共生关系所需的第一条件本来就存在，但后面两个条件需要双方共同努力去创造。这需要责任、计划、创造性、领导、牺牲与坚韧。① 不过古德莱德自己也承认，在实际中能形成“共生”关系的合作少之又少。

（二）有机关系论（organic partnership）

针对古德莱德提出的共生关系，舍勒蒂和惠特福德提出了大学与中小学两类组织间的有机（organic）关系论。他们承认院校协作必须以各自利益的明晰化为前提，但是“共生关系在根本上是脆弱、暂时甚至是易变无常的……这一关系要让一方花大量时间、精力满足另一方的需求，就如同引诱一条小鱼从一个水域到另一个水域一样需要机会、时间和耐心……可以说，难以形成持久和稳定的关系是共生关系难以解决的难题”②。为此，与共生关系强调各自利益不同，有机关系将合作双方及各个组成部分的整体、共同利益置于一切之上，并将其作为合作的基础。所有部分功能的发挥都是为了合作共同体的共同利益，每个组成部分都是为整体而存在，一旦整体出现问题，部分也就难以为继。在表达方式上，共生关系是“我帮助你解决你的问题，你也要帮助我解决我的问题”；而有机关系则是“我们共同解决共同的问题，是我们的问题”。为此，有机关系强调跨越双方边界，寻找双方共有的、不合作不能解决的问题，并认为只有“教学专业化”才是这样的问题，因为它既是当前大学教师教育的核心问题，也是中小学在激烈竞争中的核心问题。要解决此问题，关键是要形成可以共享的愿景，而这一愿景应由双方领导经过协商共同形成。③

（三）公平交易关系论（fair trade）

古德森和弗利舍提出，有效的院校协作应是相互平等的，具体表现在：

---

① Sirotnik, K. A., Goodlad, J. I., 1988: *School-University Partnerships in Action: Concepts, Cases, and Concerns*, New York, Teachers College Press, 14.

② 同①，第 191～204 页。

③ 同①，第 191～204 页。

共同界定研究问题，共同进行资料收集、分析和报告撰写，共同分享一致的目标，确保相互尊重、平等享受有关待遇（如资薪分配）等。这种平等的实现必须基于双方充分的相互尊重与信任，但现实中理论研究者经常将实践者看作工作对象而非工作伙伴，极大伤害了彼此的平等合作。为此，在开始阶段相互不了解的情况下，双方必须共同商谈达成“公平交易”以确保合作的正常进行。总体来说，这一关系有以下几个方面的要义。其一，商谈“公平交易”时，双方都必须认真思考并回答两个问题：我愿意付出什么（时间、技能、资源等）？从合作中我能得到什么（专业发展、发展文章、职业升迁等）？对此，双方都可以在谈判桌上诚实地予以揭示。其二，充分考虑合作中导致双方不平等的障碍。其三，合作中随着双方利益、兴趣的转移，还可以重新商谈达成新的“公平交易”。其四，形成一种评估策略以评价双方的关系状态。其五，一旦形成充分信任与理解的关系，就要自觉向平等合作关系发展。①

（四）瓦格纳的观点

瓦格纳认为，所有在学校开展的教育研究都涉及理论研究者与实践者间这样或那样的合作。实践者要么主动成为研究对象，并帮助理论研究者设计、实施和支持研究活动，要么正式或非正式地许可了这样的研究。与实践者合作是在学校开展研究的必要条件。为此，他结合自己及别人从事院校协作的经验，区分了院校协作中三种不同性质的关系：资料榨取型（data-extraction agreements）、临床伙伴型（clinical partnerships）、共同学习型（co-learning agreements）。②

（五）其他观点

除上述四种代表性的观点外，夏夫（R. J. Shive）认为院校协作中理论研究者与实践者关系的突出特征是相互对对方目标与实现目标资源的一种妥协和接受③。斯罗尼克（K. A. Sirotnik）高度称赞了理论研究者与实践者院校协作的“学习性质”，认为这是“人们在真实教育情境下聚集在一起

① Goodson, I., Fliesser, C., 1995: “Negotiating Fair Trade: Towards Collaborative Relationships between Researchers and Teachers in College Settings”, *Peabody Journal of Education*, 70 (3).

② Wagner, J., 1997: “The Unavoidable Intervention of Educational Research: a Framework for Reconsidering Researcher-Practitioner Cooperation”. *Educational Researcher*, 26 (7).

③ Shive, R. J., 1984: “School and University Partnerships: Meeting Common Needs”, *Improving College and University teaching*, 32 (3).

研究正在发生的事情……并提出改进教育实践的策略的学习过程"①。利伯曼（A. Lieberman）强调，院校协作在规模、资金来源、参与者、行动类型、组织者及其组织方式等方面存在较大差异，但合作的关键点是相同的，即把人们聚集在一起工作，不是一方利用另一方。双方合作可以产生新的理念，促成相互理解，还能形成相互理解对方文化世界的特殊"场"。② 卢乃桂和操太圣指出，院校协作中大学专家角色要从"立法者"向"阐释者"转变，要在与教师真诚的对话和交流中创建具有真正意义的"校院合作"关系，以"恢复教师作为教育知识创造者的主体地位"；并认为大学与中小学伙伴协作模式有利于打破学校及教师固有的平衡状态，并在以平等、民主为价值诉求的协作环境中，化解教师面对改革创新的保守态度及可能出现的负面情绪，使教师在"高挑战、高支持"的理想情境中获得积极的心理和情绪体验，进而提升其专业知识、能力和自主意识。③ 还有学者从研究方法论的角度阐述了两者的关系。如成虹飞以研究者进入田野所扮演的角色为依据，提出了主客对立关系、传译关系、启蒙关系及分享关系④；潘慧玲则从研究决策权等角度切入，提出了上下不对等关系、平等对待关系、合作关系与互惠关系等⑤。殷芬指出，要处理好两者的关系，大学学者要遵从民主、尊重、对话三大合作要素，实践者则要坚持自愿、自主、坚持三大参与院校协作的原则；双方关系发展经历了"约束—协作—合作"的演变过程。⑥

三、深度介入式教育研究中的"理论研究者·实践者"共同体

如前所述，西方教育研究受理论优先旁观传统的影响，难以真正形成理论研究者与实践者间的合作共同体。一方面，这与西方原子式的个人主义传统有关。接受个人主义教育的人表面化地理解自主，将自主归结为

---

① Sirotnik, K. A., Goodlad, J. I., 1988: *School-University Partnerships in Action: Concepts, Cases, and Concerns*, New York, Teachers College Press, 169-190.

② Lieberman, A., 1986: "Collaborative Research: Working with, not Working on ...". *Educational Leadership: Journal of the Department of Supervision and Curriculum Development*, 43 (5).

③ 操太圣、卢乃桂：《伙伴协作与教师赋权——教师专业发展新视角》，北京，教育科学出版社，2007；操太圣、卢乃桂：《挑战、支持与发展：伙伴协作模式下的教师成长》，《教育研究》2006年第10期。

④ 转引自刘云杉：《教育研究的立场探讨》，《教育研究与实验》2006年第3期。

⑤ 潘慧玲：《教育研究的取径：概念与应用》，上海，华东师范大学出版社，2005，第18页。

⑥ 殷芬：《大学-中小学合作研究与教师成为研究者》，华东师范大学，2007年硕士论文，第25-29页。

“自我”和“他人”的矛盾。对这种“来自地下的人”来说，世界分裂为两个营垒，一个是“自我”，另一个是“他们”，即所有人无一例外地是“别人”，不管他们是谁。[①] 以美国为例，在美国，个人主义具有深厚的文化基础，这在关于“自己”的词汇中得到了反映：以 self-为前缀的词汇不下 100 个（远超英国），包括 self-conscious（自觉的），self-esteem（自尊），self-denial（克己）等，不一而足。美国人将“自我”上升到理念与价值观层面，使其成为重要的“文化因子”，在个人生活中占据中心位置。在他们看来，个体选择并进行种种活动是为了满足和实现自我。个人主义是西方文化的核心。西方人相信个人的尊严乃至个人的神圣的不可侵犯性。他们为自己而思考，为自己而判断，为自己而决策，按自己认为适当的方式而生活，认为违背这些权利的任何事情都是道德上的错误，都是亵渎神明的。对于西方人来说，整个社会和整个世界都与个人主义息息相关 。另一方面，这与西方社会根深蒂固的主体主义文化有关。主体主义像一棵苍老而又根深蒂固的橡树，深深地扎根于现代思想这块土壤中，许多批评家对其细枝末节的攻击虽然很正确，却没有抓住它的主干和根源。[②] 而且，生活在西欧和中欧、加拿大和美国的人，都是这种文化的嫡系传人，与它水乳交融。主体主义在方法论上的表现就是坚持主客体二元对立的基本原则。主体主义的二元对立所产生的理智的力量排山倒海，无孔不入，对理论家和公众的思考产生的影响不可估量，惜乎常常为人视而不见。它的默默无闻是它的衡量权力的尺度，其程度已经到了我们习惯于把它当作自然而然、不可逆转的地步了。[③] 主体主义看待世界的立场就是这个世界为每个主体个体而存在，带有浓厚的“唯我”倾向，当其与个人主义结合时，就成为理论研究者与实践者间发展亲密合作关系的障碍。因此，在从西方发源的几种研究方式中，理论研究者与实践者基本上是“我—他”式关系，虽然有人提出要构建“共生”关系或“共同学习”关系，但他们自己（如古德莱德、瓦格纳）也承认这种关系可望而不可即。不过“我—他”式关系发展至高级水平时，会从主—客体关系转化成主体间的关系，即“我—你”式关系。这种“我—你”关系主要强调理论研究者与实践者各自作为主体在交往时人格上的平等，尚未在研究和发展上达到相互转化的层次，在研

---

① 〔苏〕伊·谢·科恩：《自我论：个人与个人自我意识》，佟景韩、范国恩、许宏治译，北京，生活·读书·新知三联书店，1986，第 407 页。

② 〔美〕劳伦斯·E. 卡洪：《现代性的困境——哲学、文化和反文化》，王志宏译，北京，商务印书馆，2008，第 42 页。

③ 同②，第 44~45 页。

究中不可避免地会产生“主体客体化”现象，更没有达到布伯（M. Buber）所说的宗教意义上的“我—你”关系①。研究者依然将实践者当作自己的研究对象，只是将其地位由“他”提升到了“你”，表面看是尊重，其根本目的并没有发生改变，即将“我”的资料榨取建立在“你”的利益满足的基础之上，其实质是“互惠”，走的仍是自然科学式的认识路线。“给”是为了获取，“给”了以后怎么样则不是“我”所想和所能的，“给”了以后学校发生什么与“我”研究的内容、研究品质的提升也缺乏内在、有机、持续性的联系。在这种关系中，理论研究者为了体现对“你”的平等性的尊重，虽然进入中小学教育教学现场，但一般坚持“进入”而不“干预”、坚持提供咨询建议而不共同实施改进的基本原则，是积极的人类学方法②。理论研究者的角色只能是临床诊断者、建议者、促进者，而不是

① 这里的“我—你”式关系非德国宗教哲学家布伯思想中的“我—你”式关系。布伯在其著作《我与你》（北京：生活·读书·新知三联书店，2002 年版）及其续编《人与人》（北京：作家出版社，1992 年版）中系统阐述了他的关系哲学。在《我与你》中，第一卷旨在挑明世界的二重性和人生的二重性，“你”之世界与“它”之世界的对立，“我—你”式人生与“我—它”式人生的对立。第二卷讨论“我—你”与“我—它”在人类历史及文化中的呈现。第三卷展示了“永恒之你”，即上帝与人的关系。他批判了“我—它”式的人生，宣扬“我—你”式人生。这样，布伯从犹太思想传统出发，对近代西方哲学进行了批判，他认为真正决定一个人存在的东西，绝不是“我思”，也不是与自我对立的种种客体，关键在于他自己同世界上各种存在物和事件发生关系的方式。这种方式由两个原初词“我—它”与“我—你”来表达。布伯把近代西方主客体二分的世界观归结为“我—它”关系，他认为“我—它”不是真正的关系，因为“它”（客体）只是“我”（主体）认识、利用的对象。“人无‘它’不可生存，但仅靠‘它’则生存者不复为人”。在这种关系中，“我”不能发现自身的意义，不能面对神圣。布伯要世人注意一种真正基本的关系，即“我—你”，这与西方传统的“我—它”关系是对立的。“我—你”式关系是一种根本的关系，布伯说：“泰初即有关系。它为存在之范畴，欣然之作为，领悟之形式，灵魂之原本；它乃关系之先验的根，它乃先天之‘你’。”“人若生存于精神中，则他必响应‘你’；人若响应‘你’，则他必把其全部存在都投入关系，因为人只能凭借关系伟力而筑居于精神。”“人与‘你’共居于欲言不语中，其间精神无需中介，其间就是精神。”这就是说关系处于本体的地位。只有在这种关系中，一切才是活生生的、现实的。这种关系有两层意思：（1）当我与“你”相遇时，我不再是一经验物、利用物的主体，我不是为了满足我的任何需要，哪怕是最高尚的需要，而与其建立关系。因为，“你”便是世界，便是生命，便是神明。我当以我的整个存在、我的全部生命、我的真本自性来接近“你”、称述“你”。（2）当在者以“你”的面目呈现于我，他不复为时空世界中之一物，有限有待之一物。此时，在者的“唯一性之伟力已整个地统摄了我”。“你”即是世界，其外无物存在，“你”无须仰仗他物，无须有待于他物，“你”即是绝对在者，我不可拿“你”与其他在者相比较。由此可以看出，布伯心中的“我—你”式关系具有本体论意义，是关系本体。他的观点与海德格尔一样，对于西方“见物不见人”的主客二元传统进行了反思与批判，但更多是作为一种理想或“心灵鸡汤”，并不占据主流。在现实意义上，这种“我—你”关系与其说是人与人的关系，不如说是“人—神”、天人、人—自然间无法割裂的有机关系。

② 之所以说是“积极的人类学方法”，是因为研究者进入现场后毕竟提出了咨询建议，这与人类学只是描述现场的立场有所差异。

真实介入者，而且这种关系往往是由“中间人”（broker）和研究生担任沟通的桥梁。只有在建立了友谊的前提下，研究者才有可能进入实践者的生活，大多数情况下研究者与实践者始终保持人际距离，这种距离常被理解为相互尊重与平等，是进一步合作的基础。此外，西方教育研究特别强调隐私保护。如美国联邦政府在20世纪60年代即制定了相关条例，在90年代进行进一步规范，即《保护研究对象联邦法案》和《注意事项与规则》，美国教育研究协会（AERA）专门制定《AERA道德准则》，大学里还设有专门的审核委员会①。保护研究对象的权益本身毋庸置疑，但这些规定从一开始就将教育实践中的“人”定位为理论研究者的研究对象，将理论研究者与实践者在法律、权益意义上区分开来，使得两者相互防备。这在客观上成为“我”走进“你”的障碍。因此，不经过教师、家长、地方法院允许，研究者进入教师的课堂是难以容忍的。而且，在美国，教师在教学过程中寻求建议被人们当成耻辱，强调“自己的事情自己处理”，这造成了教师在工作中的孤立。教师孤立的加强极大地削减了教师学习和共享知识的机会。类似地，教学动机创造了“自己享有”（keep it to yourself）这样的共事格言。由于受“非公开”原则的影响，在许多学校，给其他同事提建议是不合常理的事情。旨在促进学校发展而采取的竞争激励机制，也正在努力把“商业法则”运用到教育中，这更进一步阻碍了教师之间的合作和共享。②

多年来，上述情况对中国教育研究产生了强烈影响，如丹麦学者曹诗弟在谈到“中国教育研究重要吗？”时说：可以毫不夸张地说，整个国际社会都对中国教育的进展怀有浓厚的兴趣。但是，关于中国教育的各种论文能否让阅读者产生一种兴奋感，或者说，这类论文又能向大家揭示什么关于中国社会未来状况的真知灼见呢？坦率地讲，很少有论文能够做到这一点。为什么会这样？……在我看来，就方法而言，绝大多数中国教育研究采取的都是一种“由上到下”的理论视野，而且常常是在研究者与管理者之间的内部交流中进行。换句话说，多数论文所表达的内容都是作者根据一些相关的理论资料和政策文献得出的主观意见，最后的结论往往也在意料之中，不过是告诉你中国教育应该怎么样，而不是描述中国教育的真实状况……。就我个人而言，能够激发阅读兴趣的毋宁说是那些按照“从

---

① 〔美〕梅雷迪斯·D. 高尔、沃尔特·R. 博格、乔伊斯·P. 高尔：《教育研究方法导论（第6版）》，许庆豫等译，南京，江苏教育出版社，2002，第74~76页。

② 〔美〕达琳-哈蒙：《美国教师专业发展学校》，王晓华等译，北京，中国轻工业出版社，2006，第8页。

下到上”的视角写出来的中国教育论文，这样一种视角也许可以大大改变人们对于既定问题的常规看法……。对中国教育研究来说，这一点恰恰意味着去和那些“沉默的大多数”交谈，包括学生、家长和普通教师。①

近些年来，随着中国教育学的自觉性逐步加强、教育研究方式的创新及中国文化特征的彰显，越来越多的中国教育研究引起西方同人关注。就深度介入式教育研究而言，形成了与西方割裂式关系不同的新型“理论研究者·实践者”共同体，呈现出以下特征。

（一）共同的价值追求

从意愿来看，深度介入式教育研究是理论研究者与实践者双方主动选择、发展起来的。实践者的主动一般从校长开始，因为校长往往是决定一所学校未来发展及院校协作能否顺利开展的关键人物。校长与理论研究者会带动一批骨干教师或有变革愿望的教师，进而逐步带动学校其他教师。双方的主动选择不是基于利益“互惠”，而是基于当代中国教育理论发展与中小学教育实践变革同时态纠缠的内在、双向需要，是基于发展的共同渴望。这种选择也基于双方对当代中国社会转型期中小学教育发展的共同价值追求：为培育理想新人而促进学校整体转型。

（二）平等的合作过程

从合作中双方的地位来看，理论研究者未将自己定位为“立法者”“阐释者”，实践者也不将自己定位为“执行者”或“资料提供者”，他们都是指向未来发展的研究者、学习者和创造者。大家在共同合作中，用自己的行动共同改变旧的教育教学实践及创生新的教育理论，又在这一过程中相互滋养、相互影响、相互成就。理论研究者对实践、实践者及实践研究的态度发生了根本变化。有学者指出，在这一过程中理论研究者从“打捞者心态”“纳凉者心态”转变为“视人为目的”和“有耐心地守望”，其核心在于理论研究者对实践者置身式的理解，这种理解不是偶尔灵光一闪，而是在长期持续性的置身中不断加深加强。② 实践者在与理论研究者的合作中逐渐觉醒，越来越自信、自主、自觉，平等地站在理论研究者面前。

（三）理论与实践的双向转化

深度介入式教育研究突出理论研究（者）与实践（者）的相互沟通和

---

① 丁钢：《中国教育：研究与评论（第2辑）》，北京，教育科学出版社，2002，扉页寄语。

② 杨小微：《教育理论工作者的实践立场及其表现》，《教育研究与实验》2006年第4期。

转化。这种沟通和转化表现在两个层面。一是在理论研究者或实践者个体身上，实现教育理论与实践的沟通和转化，即在深度介入式研究过程中，个体对理论有新体悟、对实践有新解读，将这些体悟与解读内化成自己的教育观念与理论，并在进一步实践变革中转化为实际的变革行为，从而实现理论与实践在个体身上的更新。二是在不断发展的理论研究者与实践者之间的沟通和转化，即双方的交流和研究使新理论与新实践在不同个体间传播、扩散，并不断转化为新的教育实践形态；理论研究者与实践者的日常生存方式也相互转化，成为作为实践者的理论研究者和作为理论研究者的实践者。在这里，深度介入式教育研究的作用方式不再是从理论到实践或从实践到理论的单向转化逻辑，而是双向转化逻辑。这一双向转化不是程序或蓝图式的执行，而是表现为不断生成、变化的复杂过程逻辑，突破了西方理论优先传统的消极影响。

（四）在广度与深度上的融合

从研究的范围看，深度介入式教育研究以学校为基本单位，涉及中小学教育实践领域的整体，具有全方位的整体性，并在整体视野下关注教育实践的相关领域，促进每个领域研究逐步深化，注意在纵向（每个领域内部）与横向（不同领域之间）形成不断深化的纵横交错的复杂联系。从合作研究的广度看，在“研究设计—方案实施—结果评价”这一院校协作的全过程中，双方都展开了紧密沟通。这样的关系既有广度，又有深度，体现了双方的相互融合、不可分割性。这一切又以双方直接接触的高频度与高效度为基础。

第三节　院校协作中理论研究者与实践者关系的影响因素

深度介入式教育研究中，“理论研究者·实践者”共同体的形成受多种因素影响，与常见院校协作中两类主体间关系的影响因素有所不同。

一、影响因素的类别

一般而言，参与协作的理论研究者与实践者需要充分地彼此信任和相互理解，并在此基础上开展合作探究，在探究过程中，双方的交流以“对话”为基础，而不是“命令发布”①；合作过程中体现民主，避免等级性的关系，承认并满足不同组织和个体的兴趣与需要②；承认合作者之间有差异并且这些差异将会促进对方的发展③。萨拉森（S. B. Sarason）还指出，成功合作需要有核心人物，他/她应具有号召力、坚韧的品质和良好的教育理念，其中坚韧的品质最为重要。④

古德莱德基于几十年院校协作经验提出了应注意的一些要点。①处理好彼此的文化差异。②合作中一般是大学（或大学里的教育学院、教育系）一方容易出问题，主要是因为合作的激励机制超越了大学传统的做法。③加强双方高层的领导力、交流沟通能力及其责任心对合作非常重要。大学校长、院系主任、中小学校长等要经常在正式场合出现以增强人们对合作的信心与努力。④保证充足的资源。⑤建立真诚的合作关系，讲究伦理是合作最重要的因素，这要体现在每一环节之中。⑥学会面对不确定性，在持续不断的“计划—行动—评估……”中前进。⑦避免“多快好省综合征”，合作不是为了向公众展示风头。⑧避免合作结构的僵化或无结构化，要在两者之间取得平衡。⑨领导要进行赋权与责任共享。⑤ 富兰认为维系成功院校协作的重要条件包括：①背景，良好的合作时机及时空条件；②理性，确保大学与中小学的目标是适宜的，而且有成功合作的基础；③投入，合作双方都投入时间、金钱和人力；④结构，确立交流、决策、解决异议等的机制和程序焦点，发展双方共享的远景，并使计划足够具体以团结参与各方，但又保持独立性和创造性；⑤过程，发展积极的人际和专业关系。⑥ 翁朱华认为，成功的院校协作需要满足以下几项条件：①坚持自愿原则；②运用实践的语言；③平等与互惠；④合作课题的实践适切性；⑤让教师体验成功；⑥适时调整目标；⑦充分的沟通和分享；⑧职责

---

① Shapiro, J. P., Parssinen, C., Brown, S., 1992: “Teacher Scholars: An Action Research Study of a Collaborative Feminist Scholarship Colloquium between Schools and Universities”, *Teaching and Teacher Education*, 8 (1).

② Knight, S. L., Wiseman, D., Smith, C. W., 1992: “The Reflectivity-Activity Dilemma in School-University Partnerships”, *Journal of Teacher Education*, 43 (4).

③ 同②。

④ Sarason, S. B., et al., 1977: *Human Services and Resource Networks: Rationale, Possibilities and Public Policy*, San Francisco, Jossey-Bass, 131.

⑤ Goodlad, J. I., 1994: *Educational Renewal: Better Teachers, Better Schools*, San Francisco, Jossey-Bass, 109~113.

⑥ Fullan M., Erskine-Cullen, E., Watson, N., 1995: “The Learning Consortium: A School-University Partnership Program. An Introduction”, *School Effectiveness and School Improvement*, 6 (3).

明晰；⑨融洽和谐的人际关系。[①] 牛瑞雪提出，开展院校协作需要建立共同的合作目标，这是合作研究的基础；参与者角色入位是合作研究的关键，教师作为研究的主体要有自主发展的意识，学校需要为教师进行研究提供组织、物质及文化的支持，理论研究者作为促进者应该根据学校的发展目标为教师和学校的发展提供切实有效的帮助；此外，建立必要的机制和文化，这是合作研究的保障。[②]

有人专门研究院校协作的妨碍因素。古德莱德提到："历史上没有什么合作能解决学校中真正艰难的、一贯性的难题。"[③] 那么有哪些因素影响了院校协作的开展呢？事实上，大学与中小学两类组织在文化、运行方式上存在巨大差异，这必然会对院校协作产生影响。哈伯曼（M. Haberman）提到两种机构本质上的不相容性及两类主体间的不可沟通性。[④] 赖斯（E. H. Rice）通过对20多个院校协作个案的研究，从四个维度总结了影响合作的因素：①情境因素（situational factors）：不愿意合作、相关的关系和态度、不能获得持续的资金支持；②结构维度（structural dimension）：制度和规则不完善、公开与控制问题、校长的态度；③过程维度（process dimension）：主要指大学与中小学机构和人员之间的沟通交流不够；④关系维度（relational dimension）：组织内的关系紧张、组织之间目标的冲突、最初的不信任和怀疑关键个体的重要性、非正式会议的重要性等。[⑤] 有人指出双方激励机制的欠缺是妨碍合作的重要因素。理论研究者将与实践者的合作看成不必要的"服务"而非促进教育研究与教育理论发展的机会；他们始终相信可以通过阅读同行著作来了解学校和教育的本质，而不是真正深入学校教育实践。实践者不从事学术研究、不发表学术成果，但得听从上级指示，这是其获取办学资源的重要渠道。这意味着，如果没有直接好处，他们不会做无把握之事。在中国学者中，杨小微谈到理论研究者关注实践时应避免的几种常见心态（审判者心态、打捞者心态、纳凉者心

① 翁朱华：《影响大-中小学合作的因素分析》，华东师范大学，2003年硕士论文，第27~34页。

② 牛瑞雪：《行动研究为什么搁浅了——大学与中小学合作研究的困境与出路》，《课程·教材·教法》2006年第2期。

③ Goodlad，J. I.，1993："School-University Partnerships and Partner Schools"，*Educational Policy*，7（1）.

④ Haberman，M.，1971："Twenty-Three Reasons Why Universities Can't Educate Teachers"，*Journal of Teacher Education*，22（2）.

⑤ Rice，E. H.，2002："The Collaboration Process in Professional Development Schools：Results of a Meta-Ethnography，1990-1998"，*Journal of Teacher Education*，53（1）.

态)，认为这几种心态反映的是理论研究者将实践者当作工具、手段而非目的，是一种占有、索取或利用；还提出了几种可选择的关注方式（遥远的惦念与冀望、贴近的守望、置身式的介入与互动)，理论研究者在关注实践时须把握好分寸感，保持反省的自觉性。① 金忠明分析了阻碍大学和中小学合作的潜在冲突，主要有价值冲突（关注焦点不同、专注程度不同)、话语冲突（话语权冲突、日常话语冲突)、功能冲突（体现在双方职业特性的差异及所从属文化属性的冲突)、标准冲突（学理标准与现行考试评价标准之间的冲突）等。② 翁朱华认为大学和中小学两类主体开展院校协作存在以下障碍和困难：双方关注点不同，专业背景有冲突性，合作的目标与学校建设目标冲突，时间难以保证，固有思维模式和新理念的冲突等。③ 牛瑞雪认为教师缺乏自我发展动力、对研究的误解、时间与精力的有限性、学校支持的消退、空虚的校本科研组织、理论研究者“局外人”的尴尬身份及其与教师不成功的沟通等是院校协作难以开展下去的消极因素。④

二、深度介入式教育研究中“理论研究者·实践者”共同体关系的影响因素

上述院校协作中两类主体间关系影响因素的研究给了我们许多启发。

（一）主体力量

已有的对影响院校协作中两类主体间关系发展的因素的分析主要关注的是外部因素的作用，如关注外部激励评价机制的完善、地方行政部门及校长的支持、组织结构的调整、充足的经费保障等。即使关注到“人”的因素，也往往突出其中阻碍合作的负面因素，如强调实践者的“保守性”，关注个人利益的得失和对稳定生活的追求等；认为变革的压力会引发教师的负面情绪，从而导致实践者对合作变革的抗拒。⑤ 当教师面对变革而产生的负面情绪不断积聚，其参与变革活动的自信心将受到打击，进而可能

---

① 杨小微：《教育理论工作者的实践立场及其表现》，《教育研究与实验》2006 年第 4 期。

② 金忠明、林炊利：《大学—中小学合作变革的潜在冲突》，《上海教育科研》2006 年第 6 期。

③ 翁朱华：《影响大-中小学合作的因素分析》，华东师范大学，2003 年硕士论文，第 21~26 页。

④ 牛瑞雪：《行动研究为什么搁浅了——大学与中小学合作研究的困境与出路》，《课程·教材·教法》2006 年第 2 期。

⑤ 操太圣、卢乃桂：《挑战、支持与发展：伙伴协作模式下的教师成长》，《教育研究》2006 年第 10 期。

转化为抗拒变革的行为。因此，在学校变革中，有教师直截了当地拒绝参与某项改革计划，其不合作的态度异常鲜明；也有教师千方百计地寻找借口，如缺乏时间或精力有限等，从而达到委婉地拒绝参与变革项目的目的；还有的教师虽然碍于行政压力不得不在口头上表示愿意参加变革计划，但他并不真正将之落实到行动中去。[①] 在这些阐述中，透露出强烈的“条件论”倾向，其表达口吻是“要怎样怎样，才能怎样怎样”，往往忽视合作中两类主体（尤其是实践者）被激发出来的积极力量。世界上本没有完美的事，理论研究者与实践者的院校协作的困难之处、复杂之处，是协作始终“在路上”，这条路随时可能终结，也可能山重水复之后柳暗花明。最终决定能否走下去的往往不是外在条件，而是走路的“人”。“人”的因素在深度介入式教育研究中对两类主体共同体关系的影响主要有两个方面。

1. 主体性的激发

在人的发展中，每个人的生命阶段不是按照心理生理周期和社会性转变来划分的，而是根据发生在生命“外层”和“内层”交叉点上实际的骤变情况来划分的，这些交叉点往往会打破生命发展的“和谐”，形成压力、挫折、冲突和危机。人就是在与这些压力、挫折、冲突和危机的搏斗中成长的，这种搏斗使自我的力量日益强大。人是由自己的生命实践铸成的。一个人怎样活，就会成为怎样的人。[②] 人的自我的本质不仅是由制约它和进入它的东西（心理生理素质、社会条件和教育等）规定，而且由“出自”它的东西、它的创造积极性所创造的东西规定。[③] 毕竟，人不是外部力量的奴隶，人拥有不可剥夺的内部力量，尽管我们可能把这种力量闲置了。此所谓，所变者我，能变者亦我，变而成者依然为我。

以“新基础教育”研究为例，它始终关注人在生命成长中不断激发主体的自我力量，使人勇于面对现实、直面自己的问题及改进中可能存在的困难，不惧种种外部条件的限制。实际上，当今变革的时代是一个机遇与挑战并存的时代，一个新旧冲突、拉锯的时代，一个矛盾集结纠缠的时代，一个多种可能性、复杂性并存的时代。在这样的时代里，人处于各种冲突、选择之间，是被动等待、主动适应还是主动创造？这的确是个人的选择。

---

① 转引自操太圣、卢乃桂：《挑战、支持与发展：伙伴协作模式下的教师成长》，《教育研究》2006年第10期。

② 丁钢：《中国教育：研究与评论（第7辑）》，北京，教育科学出版社，2004，第28页。

③ ［苏联］伊·谢·科恩：《自我论：个人与个人自我意识》，佟景韩、范国恩、许宏治译，北京，生活·读书·新知三联书店，1986，第8页。

个人的行为不仅取决于他如何理解自己面临的问题，而且取决于他对这样或那样行动的心理准备。① 我们相信，一个寻求自主、尊严的人，不会甘于等待和适应，会在不停的拼搏与创造中确立自我。深度介入式教育研究之所以能持续下去，原因在于研究主体始终相信人性中积极的力量，并始终努力去唤醒、激发这一力量，让人在创造中感受生命成长的幸福和职业的尊严与快乐。我在参与“新基础教育”研究时，听过很多教师讲他们在变革中“脱胎换骨”的成长故事。他们的故事里交织着苦恼与豁然开朗、迷惘与清思后的顿悟、痛苦与欢乐，是个人的成长史、更新史。②

因此，当我们从主体的视角来看变革时代中的人与事时，就会发现主体自身作为一种内在力量是发展的基础。它不再是思想家的哲学探讨中的抽象语汇，而是当今时代的现实要求，主体的选择、倾向、行为将直接决定研究与变革的成效。“戈多”永远等不到，不可能等到所有条件都齐备了才开始进行发展与变革，我们要主动从自己做起，努力改变自我和我们生活的小环境，壮大自我、改善小环境之后再寻求与大生态建立良性互动。知难而上、执着追求、滴水穿石、持之以恒可谓这一力量的真实写照。

2. 主体间的情感

对于坚持价值中立或价值抽离的人来说，在院校协作中渗入情感是研究的“大忌”。因此，在已有的对院校协作影响因素的分析中，很少有人注意到理论研究者与实践者在合作中发展起来的情感的重要性。一些人虽然注意到了，但却认为需要“剔除”它们以保证研究的科学性或客观性。实际上，不仅不能剔除院校协作中两类主体间的情感，还应当将其转化成合作的“黏合剂”，使其成为合作持续开展的重要力量。当然，这并不意味着在合作中不需要保持应有的理性（如因情感而自我陶醉或情感成为双方直面问题的障碍等）。个人的正常生命活动不仅要求与环境交流信息，而且要求同环境建立某种有情感意义的关系。③ 任何研究活动都不只是智力和理性的投入，情感的渗透不可避免。在院校协作中，人与人的互动中这种现象更为普遍，不能也没有必要刻意剥离。在人际交往上，深度介入式院校协作表现为理论研究者与实践者两类主体面对面持续交流，他们相

① 〔苏联〕伊·谢·科恩：《自我论：个人与个人自我意识》，佟景韩、范国恩、许宏治译，北京，生活·读书·新知三联书店，1986，第454页。

② 丁钢：《中国教育：研究与评论（第7辑）》，北京，教育科学出版社，2004，第1~58页；叶澜：《回望：“生命·实践”教育学论丛（第一辑）》，桂林，广西师范大学出版社，2007，第212~246页。

③ 同①，第367页。

互间的了解、理解、信任、尊重是合作的基础。就像帕尔默所说的那样，对心灵沟通的内在渴求成为对外部联系的需求：我们自己的心灵舒适自在，跟人交往自然就会更加亲密无间。①

在参与“新基础教育”研究的过程中，我亲身体验到合作中两类主体间的情感沟通：每次到学校，一进校门迎面而来的一张张笑脸，进入每间教室时师生的平静；研究中直面问题时的真诚、直白；生活中双方的亲密；称呼中的“我们”；在校际交流中有大家庭般的温暖。在这里，没有谁主导谁、谁控制谁，每个人都是自主、有尊严的个体，大家都在共同探究问题。对此，我们还可以用以下几个关键词来表达。

“研究”，让双方都站在同一水平线上。因为双方面对的都是指向未来的创造，谁也不是“先知”，不会自感优越，只能在交流、研究中成长。

“真诚”，以心换心、以诚换诚，让双方得到情感与付出的回报。其中，理论研究者的情感付出尤为重要。因为长期的“压迫”和“受骗”，实践者对理论研究者似乎有天生的“戒心”和防备。只有真实地体会到理论研究者不是来“转转”，而是要“扎根”时，实践者才会真正投入。

“尊严”，化解双方交流的障碍。每个人都有自己的内心世界。如果我们对这些内心的声音给予注意和尊重，它就会以更迫切的方式回应，共同参与到富有生命活力的对话中。反之，如果不对内心的声音做出反应，它可能会变得沉默，甚至变得抗拒。在合作中，尤其要尊重实践者，懂得“倾听”，理论研究者在话语表达、活动设计、交往方式与态度等方面都要体现这一点。通过平等的交流，双方确立一种平等的关系，形成“我们都是研究者”“我们都对研究做出了自己独特的贡献”的共同认识。这种研究文化、研究态度并非一朝一夕就能形成，但却对深度介入式合作研究走向成熟至关重要。

“开放”，让双方走进彼此，在问题研究上双方无须隐瞒。发现问题就是发现发展的空间。也许，这正是教育学立场的院校协作的独特性所在，在理性与感性的交互渗透中实现了研究方式与生存方式的紧密结合。

“投入”，双方都必须花时间用心去解读，耐心去倾听，用真心去感受，做到互知互懂。这样共同经历的坎坷、痛苦、迷惘、兴奋、顿悟、快乐……都会在生命深处留下印迹，每当回首这一切时，内心泛起的波澜就

① 〔美〕帕克·帕尔默：《教学勇气——漫步教师心灵》，吴国珍、余巍等译，上海，华东师范大学出版社，2005，第5页。

会激起对彼此的感谢。

（二）研究实效

大量对院校协作的探讨（特别是以有关个案为基础的探讨）较少涉及院校协作的实效问题（尤其是对于实践者及其实践变革的实效）。其实，研究的实效是决定两类主体（尤其是实践者）是否继续或全心投入院校协作的关键因素之一。深度介入式合作研究不是一开始就成形或按照研究计划开展就一定会达到理论研究者与实践者的“交互生成”，它需要经历不同的发展阶段，而且研究的广度与深度呈递进式，理论研究（者）与实践（者）的交互生成更是在“过程”之中体现的。这一切是否得以持续，既取决于研究的实效，也取决于两类主体对研究实效的反思及在此基础上对合作研究的重建。据我的体会，研究实效主要体现在以下几个方面。

（1）研究主体的发展。研究主体体会到明显的成长感或发展感（与过去的自己比较、与其他人比较，尤其是与未做这一研究的人比较）。理论研究者明显感到自己研究的视域、思维方式、实践感、解读实践及实践者的能力与水平等方面的持续变化，体会到自己研究的实践意义。实践者亦明显感到实践和理论素养、研究意识与能力等方面的发展。

（2）实践的变化。由于在研究过程中始终坚持理论的持续渗透及在学校管理、教学与班级建设等整体层面展开，经过一段时间以后，学校的整体生态——自然生态、文化生态、日常生活方式等方面——表现出新的特质。这些变化的实质是学校文化的更新，会成为一种新的同化力量，不断对新加入的实践者（包括校长）产生潜移默化的影响。这也许是避免一项合作研究不因为学校的人事变更（尤其是校长变更）而中断的最好方式。

（3）学生的发展。研究的实效最后要归结到学生的发展上。我接触到的许多教师之所以对“新基础教育”感兴趣，愿意持续不断地投入，不仅是因为自己在这一过程中得到了成长，更主要的是发现学生在研究中发生了与传统教育教学方式影响下非常不同的变化。

总之，研究中的两类主体都感受到“创造”的力量并看到自己的“创造成果”，这是对研究过程中所有努力最好的回报。就像一位小学校长写的那样：这次研讨活动让我突然醒悟，为什么二实小的教师这么期盼叶老师，这么执着地追随“新基础教育”。过去，专家组对教师的指导只能产生“平行”效应——教师在实践层面提问（一条直线）、专家在理论层面指导（另一条直线），这看似相互依存的“直线”却永远无法相交。而

“新基础教育”研究对教师的指导却产生了“相交”效应——教师在实践层面提问（一条直线）、专家们的指导介入（另一条直线）与教师提出的问题“相交”而形成“交点”。这些交点使人“顿悟”，使人“提升”，成为二实小教师成长节点上“累并快乐着”的真实体悟。①

那么，如何保障院校协作的实效呢？至少需要做到以下几点。

其一，两类主体要对研究进行周密、系统的策划，而且策划要基于对实践者及其实践的现有状态、未来发展可能的清晰了解，且具有弹性。这种策划是两类主体长期磨合、交流、了解的结果，而非抽象的方案。

其二，发挥团队的力量。团队是合作研究的一大特征，但并非所有合作研究都能发挥团队的整体力量。团队的作用一方面需要周密策划，另一方面要注意理论研究者与实践者良好的分工协作。以“新基础教育”研究为例，理论研究者内部根据不同研究阶段及需要，形成不同小组（如学校管理组、学科组及学生发展组），分别负责不同学校不同方面的研究与实地深度介入。这些小组内部及小组之间定期总结、交流、反思及策划下一阶段的研究工作。实践者方面，每一所中小学根据不同领域和不同实践者的状态也确定不同小组，加强校内实践研究（尤其是亮点研究与问题研究）及对其他实践者的辐射；不同学校的实践者代表在学校之间又组成研究共同体（每个学校都有自己的亮点，实践者经常交流自己的亮点，也不隐瞒自己的问题），大家相互学习，共同进步，做到资源有效利用，加速发展。此外，理论研究者与实践者间按照策划，及时交流、沟通，不断改进实践，促进变革。这样，理论研究者内部、实践者内部、理论研究者与实践者之间就形成了共同的研究团体和发展合力。在这样的团队中，每一次活动都是全体成员自我反思、自我认知及自我重建的机会，团队成员在合作中相互滋养。

其三，注意研究的频度和深度。频度是指理论研究者要坚持定期深入实践现场，与实践者进行面对面的直接交流。如在“新基础教育”中，每星期至少有一天双方在学校开展不同方面的研究。深度是指双方开展的研究要不断深入，体现人与事的发展性。频度与深度相互关联，深度保证频度的不可重复性（体现每次交流后的发展性），频度促进深度的不断深化。

（三）地方力量

当人们探讨影响院校协作发展的组织因素时，一般集中于大学与中小

---

① 王冬娟：《追梦：那一段华美的旅程》，《基础教育》2009 年第 4 期。

学。而在中国，还有第三种关键性组织因素——地方教育行政部门。这一组织可以区分出两种力量——地方行政力量和地方专业力量（以教研员为代表），它们对中小学及实践者具有重要影响。

我国一般自上而下推行教育改革，不管是中央部门还是地方部门主导的学校变革，变革目标、方案、路径具有统一性（主要表现为多所学校在同一时间进行同一主题的同一种变革），较少考虑学校的“个性”与差异。其结果是学校变革方案、目标等难以契合每所学校实际情况。这为深度介入式教育研究的发展提供了内在需求。

相较于政府主导型的学校变革，深度介入式合作研究推动的学校变革基于自愿的基本原则，实质是学术权力的介入，追求教育变革的“合理性”。当一所中小学选择与理论研究者开展合作研究并在理论和理论研究者的介入下实施相关教育变革，又不得不推行地方教育行政部门的教育改革项目时，实践者不可避免地处于选择的尴尬处境。当然，两者并没有绝对的矛盾冲突，亦有一致之处，至少都追求改变学校现状，关键是在“变什么”和“怎么变”上存在较大差异。自上而下的教育改革一般以教育的某一“点”（如课程或教育信息化或生命教育等）为抓手推进“以点带面”或“点+点+……”式的学校变革，有统一的评价标准和实施模式。其优势是可以迅速、大规模地推广某种教育理念和模式，但更多注重政治逻辑、经济逻辑，容易忽视学校间的差异与个性，也忽视实践者真实的发展需求，更不注重发展学校内生的改革力量和促进日常变革，其功利性的引导机制（如各种评价）对实践者的价值取向容易产生误导。与之相比，深度介入式合作研究教育改革则基于理论研究者与实践者对于教育事业和学生与教师发展的良知、责任和使命，追求在学校教育整体变革观照下的“事”与“人”日常式的真实变化，在“事”与“人”的相互转化中以“人”的变化为终极追求，注重培育学校内部的变革力量，以自下而上、自内而外的方式推进变革，寻找并遵循符合学校变革的教育逻辑。

我国深度介入式合作研究面临着生存和发展空间的根本问题，在这种背景下，深度介入式教育研究要做大、做强，以自身真实的发展力量吸引实践者并引起上级部门的关注与认可。就教育变革而言，在与社会共变的过程中，期望社会提供充足条件后再来深入开展教育的内涵变革是不现实的。作为系统的内部变革，有外部不可能代替的可作为的方面。在一定意义上，需要通过系统内部的变革和有所作为、有所变革，来争取更多和更丰富、更有力度的外部支持，改变生态环境。① 教育变革与社会变革之间的关系是这样，合作研究推进的“合理性”教育变革与行政力量推进的“合法性”教育变革之间的关系何尝不是如此？在合作研究中，每一个人如果能不一味地埋怨或等待外部环境、条件的彻底改变，而是立足于自己的实践领域，积极地朝着进步的方向改变自己的观念和行为，就能发现实现事业和自身发展的空间，就能把自己的工作做好做强，并以做好做强的实力去争取更大的社会发展空间，带来环境与主体的良性交互。每个人都可能有自己的用武之地，每个人只有用足自己的用武之地，才能获得更多的用武之地。改变世界要从改变自己的努力开始。改变世界与改变自己统一于积极的变革实践中，是马克思主义哲学关于“革命实践”价值的经典性判断，它对于我们决心开展包括学校管理在内的学校转型性重建的每个人来说，依然具有重要的指导意义。②

因此，深度介入式教育研究推进的“合理性”教育变革要得到承认和推广，归根结底在于合作主体——理论研究者与实践者自身的努力、发展及其带来的实践变革效果。

当然，深度介入式教育研究在做强自身的同时，也要寻求地方教育行政力量和地方专业力量的支持。这不是说将合作学校独立于其他学校之外，采取不一样的评价标准或管理标准，而是允许这些学校有尝试的空间。客观地讲，当代中国教育行政管理确实需要调整，以留出更多保障“合理”的合作研究发展的空间。事实也表明，凡是地方教育行政部门（尤其是主要负责人）对教育有正确理解、有战略眼光和改革宏图的，该地区的变革氛围就比较浓厚，院校协作也能获得加速发展。反之，则有可能陷入困境或至少变得缓慢或难以推进。一旦深度介入式教育研究推动的合理性变革得到地方行政力量的支持和认可，转化为合法性变革，学术力量就将与行政力量合作，成为推动学校整体转型变革的强大合力。

第四节　深度介入式教育研究中“理论研究者·实践者”共同体关系的发展过程

理论研究者深度介入教育实践变革中两类主体共同体关系的发展过程，

---

① 叶澜：《“新基础教育”论——关于当代中国学校变革的探究与认识》，北京，教育科学出版社，2006，第161页。

② 同①，第335页。

也是理论研究者逐渐深入教育实践之中与实践者共同开展教育实践研究的过程，更是合作逐渐由浅层向深层发展的过程。这一过程是“策划设计（理论、新认识转化为新方案）—实施（新方案转化为新行为和新行动，发现新问题）—调节（评估、反思、重建，形成新经验、产生新资源、促成新思考）”的螺旋上升，呈现“进化”特征，其中并非风平浪静，需要克服许多障碍。

一、研究策划中两类主体间关系的发展

（一）合作启动的策划

理论研究者与实践者在自愿基础上，形成教育研究的合作关系。这主要由于双方都有合作的内在需要：理论研究者感到深入中小学教育实践对于丰富、发展与验证自己理论的重要意义，其心态应是平和的，主动摒弃传统的“霸权”倾向，以一种真诚投入之心展现自己的实践立场；实践者（往往是中小学校长）则期望改变学校发展现状（如打算由弱变强或促进教师发展或改变学校文化等），引入外部专业力量，实现突破。在此动机和需要的支配下，两类主体通过调研、座谈，在了解中小学现有状态（问题、优势、发展趋势）的基础上，确定研究课题、制订学校发展规划等，进行初步合作。需要注意的是，初期合作具有较强烈的“我向”性（“我”想怎样或“我”希望怎样），更多将对方当成达成“我”的需要的方式或手段，这造成两种需要（理论发展需要、实践变革需要）的叠加，缺乏有机结合。因此，这种状态有可能向终结或持续发展。这在一定意义上取决于接下来的合作中两类主体是否进行持续有效的沟通。因此，合作启动的关键不仅是形成研究主题，更需要形成双方沟通的基本机制与意识。

其一，沟通内容，主要涉及研究目标（总目标及不同时期、不同阶段的分目标）、观念（主要是理论、研究精神等方面）和情感等方面。以目标为例，清晰的表达是“我们想要研究什么”和“我们想要创造什么”。如果个体只是在心中有相似的目标，却不真诚表达、分享这些目标，就难以形成合作的共同目标。共同目标和共同的愿景会将人们紧密地结合起来。个人研究的动力源自对目标的深度关切，共同目标的力量源自共同的关切。事实上，人们寻求建立共同目标的理由之一就是内心渴望自己能够归属于一项重要的任务、事业或使命。这种目标不能通过强加的方式“赋予”人，否则只能获得服从，而非真心追求。共同目标是在研究共同体中经过

充分交流沟通后为大家所共同认可、追求的愿景，它反映了个人的目标，对共同目标的追求是个体发自内心的意愿。

其二，沟通目的，主要是形成两类主体研究上的认识合力和合作动力。沟通可以加强主体间的相互理解和了解及对研究的理解与了解，统一思想，群策群力，共同把研究工作不断推向深化。

其三，沟通过程，保证不同学校、不同个体有机会表达自己的理解、见解，与其他个体共享，在共享中增进彼此的联系。这需要顺畅的沟通渠道。如在学校内部，应设立专门的部门，安排专门人员负责合作研究事宜，对有关信息做好上通下达；在学校之间也应有相应组织和人员负责信息的传递（如在“新基础教育”研究中，在上海市闵行区有专门的“新基础教育”研究所及负责人员）。这些部门及人员之间的交叉联系构成了合作研究的沟通网络，他们在沟通上的重要职责（当然还有其他职责）是确保研究活动正常开展，及与研究有关信息的汇总、分析与传播的重要条件。此外，还要有多元化的沟通方式。仍以“新基础教育”研究为例，在正式沟通中，有根据制定好的研究方案每周一次的专题研讨活动，还有专门研修班、日常调研、各种类型的座谈、学期初的交流会及学期末的小结会；为确保这些活动的正常开展，还有多种形式的非正式的沟通，如专题研讨前的备课、听课及研讨结束后的重建等。在这些活动中，因为参与主体不同，沟通表现出不同的特征，如有专门小组内部的沟通（如不同学科组理论研究者与实践者的沟通，确保研究的深度、频度和效度），有专门安排的交叉沟通（不同学科组相互“牵手”，使不同领域的理论研究者与实践者相互借鉴、吸收），还有校际沟通（如组织跨校性的活动，让不同学校相互学习、借鉴），等等。一般来说，这些沟通都有专门的主题，每次沟通的主题在横向、纵向维度上具有相关性，形成一个整体。在多元化的沟通方式中，理论研究者与实践者面对面表达自己对实践变革的主张、理解和经验（尤其是确保实践者充分表达自己、反思自己），形成了充满活力的学习团体，从而确保研究活动的有效性。最后，在沟通程序上还有专门的沟通制度和纪律，以确保每次活动的顺利进行。

（二）研究过程中的策划

合作研究是一个持续推进的过程，而非事先设计好的操作程序。因此，需要两类主体在沟通的基础上不断形成新的研究计划。这种策划的系统性、周密性是深度介入式教育研究顺利进行、两类主体关系良性发展的重要前提。以“新基础教育”研究为例，研究策划首先奠基于理论研究者与实践者对自我的了解。这种了解一般通过两种途径：自我认知与他人评价。就理论研究者而言，自我认知是为了不断反思自己研究的定位、发展方向、对实践及实践者可能造成的影响、与实践者交往的效果、自己在研究中存在的问题、自己研究中的发展与变化等。所谓正人先正己，只有弄清自我、不断反思，才有可能在合作中与实践者更好地沟通，将研究推向新的高度。这种自我认知一方面通过理论研究者在内部定期的专门会议上进行的反思来达成，另一方面通过活动后的自我反思与他人反馈达成。就实践者而言，自我认知是为了盘清“家底”，明晰学校、不同学科组、教研组及个体的前在状态、现在状态、潜在状态、亮点、优势、问题，以寻求进一步发展的空间。为此，实践者内部有各种形式的专门交流，理论研究者与实践者间也会有各种沟通。同时，上述两类主体的自我认识又不仅仅限于“自我”，而是通过开放的多元沟通达到相互了解与认知。两类主体充分交流后，共同策划不同时期、不同阶段的合作研究方案。在表现形态上，策划方案有不同层次、不同类型，如整个研究项目的研究计划及不同子项目（如不同学科组等）的研究计划、在此研究计划之下不同学校的分计划（在共同研究精神及观念之下，突出学校及实践者的自主性、独特性、创造性，如不同学校、不同层次、不同领域都制订发展规划）等。在策划过程中，始终注意将事与人紧密联系，如学科教学变革与教师队伍建设、学生发展研究与班主任发展等、学校管理变革与学校领导发展等的联系。如此一来，理论研究者与实践者紧密结合，在整个研究工作之中成为不可分离的有机整体。

二、研究实施中关系的发展

具体地说，这是理论研究者在深度介入过程中和实践者一起持续逐步落实各层各类发展规划，开展综合研究、专题研究和日常研究的过程。

综合研究是合作学校基于对本校情况的细致分析而形成的事关学校整体发展的研究，具有综合性、整体性及分散研究所不能替代的意义，它是对一所学校教育整体状态的把握与推进。专题研究主要是学校各相关领域（如不同学科的课堂教学、不同年级的学生工作、学校管理的具体领域、教师发展、学校文化建设等）在综合研究及学校现有基础上开展的具有针对性、提升性或开拓性的专门研究，一般由理论研究者与实践骨干合作开展，不断深化实践研究水平并对其他实践者发挥示范和引领作用。它的每一项子研究都由第一责任人负责，积极促进其他实践个体的参与与创造，注重积累，强调各个环节的前后连贯性，强调不同领域研究、不同个体之间相互沟通和借鉴。日常研究则要求具体实践者在日常工作中注重研究性，做好“家常饭”而非“运动式”地推进改革，是综合研究和专门研究的日常表达，注重养成实践者研究、反思、创新、总结的习惯。

总的来看，专题研究与日常研究既有联系又有区别：日常研究所有人都要做，专题研究则是骨干教师与理论研究者共同承担；日常研究是分散的，专题研究是集中的；日常研究是实践者自主开展的，专题研究是任务性的；日常研究是基层的，专题研究是多层的（各学科、各年级、各教研组及学校管理各层次）；日常研究是综合的，专题研究是专项的；日常研究是常态的（理论与变革因素的持续渗透），专题研究是典型的（以点带面，最终转化为常态）；日常研究是持续的，专题研究是间断的（一般由不同学校承担不同任务并进行沟通与共享）。当专题研究做到一定程度，就可以形成“类”的结构与系列，又可以转化为日常研究，提升日常研究水平。这一切都是在理论全息性渗透之下开展的。在推进研究的过程中始终需注意以下几点：其一，基于具体学校、具体实践、具体个人的发展现状、具体问题的分析提出建议；其二，每种研究的推进都要强调理论渗透及其在实践和实践研究中的转化，注意提炼实践者的实践智慧，为形成新的理论奠定实践基础；其三，注重不同层次、不同学科、不同学校实践者的创新及其相互沟通和借鉴，注意优秀实践变革资源的最大化利用。

对上述各种研究活动要强调前移后续。对此，我们不妨以“新基础教育”研究中学校教研组或学科组的日常研究活动为例予以说明：一般在以教研组或学科组为单位的每一次教学研讨活动之前，抓住所要研究的资源（如研讨课），让所有教师先行参与研讨活动前的分组或合作设计研讨方案，让所有学科组教师提前介入整个研讨活动。这就是前移。前移的优势有两点。一是改变了学校教研管理的理念。各学科第一责任人真正担起教研策划、实施、调控全过程的责任，不再点状安排一个个教研活动，整体设计长时段或者以主题（专题）为单位的系列教研活动，使研讨课真正具有研究性，使习以为常的教研活动具备促进教师发展的价值，实现“成事”与“成人”融通。二是使全体教师卷入教研活动。以长时段或者以主题（专题）为单位设计系列教研活动，打破了每次教研安排“一人上课一人忙”的状况，使全体教师得以参与，在同样频度的教研活动安排中拓展研究的广度，也使研讨活动凝聚教师集体创造的智慧。

所谓后续，则是通过研究活动的真实案例，以学科组、教研组为单位，结合每位教师的学习和日常工作，再次进行延续性的研究、研讨与反思，充分用好整个研讨资源，让每一位教师都有收获。后续大致有四个层次。

一是研讨结束后，组织全体教师开展反思性评课与议课活动。不同层次的教师依据自己的理解发表看法，就课“好在哪里和为什么好”“不好在哪里和为什么不好”“如果重建还可以怎样”或者其他主题（如师生表现、资源生成与捕捉、多元互动、评价反馈等）进行深度讨论。其中，组长和骨干教师发挥示范作用，营造良好的研讨氛围。二是在评课议课的基础上，组织不同类型的重建。可以是同一教师再次重建，以改进先前的不足；也可以是其他教师重建，体会原来教学设计的精妙之处或进一步提升。这种后续对上前移课的教师有好处，能够使其直接了解自己的问题及改进之后的状态；对其他参与的教师也有好处，他们可以直接吸收他人经验，实现实践知识和实践智慧的自我转化。三是在前移和后续重建的基础上，将对某些环节或体验或创新等实践行为的反思写成教学日记、学术论文等，实现想、做向写的转换。四是把教师写的反思、日记、论文在一定范围内以某种形式进行再次公开研讨，实现想、做、写的共享。

在实施过程中，需要注意两类主体关系的几种状态。

（一）实践者对理论研究者的依赖

理论研究者经常进入中小学教育实践现场进行指导。在初期，理论研究者一般与参与合作的少数实践者（一般中小学不会一下子全面铺开合作，而会进行小范围试点看看效果）进行尝试性的接触。这时，参与合作的实践者希望理论研究者是“百宝箱”，有包治百病的“处方”。实践者认为自己的实践是肤浅且漏洞百出的，要向理论研究者吸取有用的理论知识（具体、程序化的、可操作的策略、方法、工具等），故而会有意无意地压制自己的想法，仰望理论研究者。这种需要往往超出理论研究者的预期。理论研究者希望自己是与实践者一道从事实践研究并提升实践品质、使实践向更高水平发展的合作者。这时面对实践者功利性的、立竿见影式的需求理论会显得“不够用”。这种状态如果不能及时解决，可能会引发实践者的“反叛”。

（二）实践者对理论研究者的“反叛”

除上述原因外，“反叛”还可能是以下几个因素的综合作用。其一，合作是由以校长为首的领导层发起的，除少数锐意变革的精英教师外，其他安于现状的教师可能觉得这打破了自己的“宁静”状态，对“舒适区”形成了威胁，因而对合作产生抵触情绪。其二，合作中实践者按照理论研究者的要求做出一些变革行为，形成一些新状态，这些新状态往往超出教师经验所能驾驭的范畴，教师难以确定这些新状态的未来发展情况，还可能遭遇挫折（如学生的过度兴奋、考试成绩下降、来自他人的非议等）。这些使实践者产生畏难情绪，以致前进一步后退两步。其三，合作可能需要打破实践者现有工作方式及多年形成的惯习，理论研究者就可能会经常对实践者指出各种问题，这可能令实践者难以适应或接受。基于这些因素的综合影响，一些实践者会产生对合作、理论研究者的“反叛”，如积极性下降、对理论研究者的要求消极应对甚至明确反对等。

（三）两类主体的“磨合”

突破部分实践者的依赖或“反叛”，需要理论研究者真诚投入和少数具有悟性的实践者（尤其是以教研组长为代表的精英教师）的示范与引领。此外，研究的实效、理论的力量（对实践者及学生发展和实践变革的价值）以及研究过程中实践者的发展感、成长感、自信心等对克服上述两种不良状态亦具有重要作用。而且，随着研究逐步深入，两类主体交往的深度、频度、强度与效度有了很大改善，能逐步形成“成事”与“成人”的转化关系，显示出合作的价值与转化的力量，而双方对对方知识、能力、品性和人格有了较为全面客观的认识也有利于形成较为坚定的信任感。慢慢地，“交互生成”成为两类主体的共识，逐步形成教育理论与教育实践的交互创生。

以我在“新基础教育”研究中所接触的一位普通教师为例，他从观望、顾虑到尝试开展基于“新基础教育”理论的实践研究和教学实践大约经历了两三年的时间。他说：“开始有点担心教学质量，有顾虑；后来逐步通过研讨课的实践，发现还是有很多的变化，如学生的变化、自己思维的变化，有了一定成果，然后就一直坚持下去。”① 从“尝试”到完全“下水”经历了将近两年时间，教师本人、班级学生等体验了很多，也成长了很多。另一位在“新基础教育”中成长的教师也说：开始华东师范大学的老师给我评课，给我反馈，我不接受，我已经习惯了原来那一套，为什么要给我推翻？当时我是很痛苦的，因为要把已经形成的一套东西推翻，要去再摸索一套新的东西，对任何人来讲都是非常痛苦的事情。当时我是不大愿意接受的……后来我怎么改变对这个实验的态度呢？主要有两个方面的原因：一个是这些教师的敬业精神，像这些教师已经有了稳定的、成功的事业，还深入到学校里来，做这样一个实验，而且是从零开始；第二个是学生的潜力、成长，从学生的点滴进步当中，我感受到这个实验的发

① 据上海马桥强恕学校 2008 年 3 月 13 日学科教师座谈会记录（记录：黄文琴，参与人：叶澜、卜玉华、徐冬青等）。

展……然后就一点点感受到这个实验有它的价值，有它的可行性，所以我就开始接受它。① 而一旦接受以后，实践者在理论及理论研究者的影响下逐步发生成长性的变化，尤其是合作的心态、研究的意识发生根本变化。有教师说：我以前上课，怕别人听课，参加了“新基础教育”之后，我欢迎别人来听课，虽然有压力，一个人坐在那儿总归会有压力的，但是我欢迎他来听我的课。每一次听了我的课之后，……我总是有一些自己的想法，听了别人的课以后，也有一些自己的想法。我觉得他找到的毛病越多越好，这个毛病他今天找到了，以后我就不会再犯了。我非常欢迎他来听课，这一点我是改变了。②

三、研究调节中关系的发展

调节是通过两类主体的及时交流与沟通，对策划、实施过程进行调整的过程，主要包括评估（评价）—反思—重建三个方面。在评估（评价）上，一方面通过评估（评价）来推进学校教育实践变革，另一方面将实践变革中形成的新经验和呈现的新质进行抽象，形成新的学校教育实践评价指标体系和具体形态，使实践者对新的学校教育实践形态之“形”的认识具体化。在此过程中，理论研究者与实践者双方既是评价者，又是传统教育实践的变革者和新型教育实践的创造者，从根本上改变了传统的评价者脱离学校教育变革实践、评价过程脱离学校教育变革实践过程的双重脱离现象。一般而言，评估（评价）有两种：学校各层面、各领域、各实践者的自评，理论研究者深度介入的他评。前者仍以在变革实践中形成的理论及评估（评价）指标体系为依据，强化实践者将变革理论内化和外化的日常研究性变革实践；后者是理论研究者与实践者面对面，直面教育问题，不仅指出问题，更注重指出问题背后隐藏的观念，提出进一步改进的建议，指出前进的方向。反思则一般由行为主体在评估（评价）中或之后持续进行，以进一步认清自我、内在观念与行为的差距、发展的空间等。在此基础上，展开新一轮重建。总体上看，在评估（评价）—反思—重建的过程中，理论研究者有深度介入，理论有深度渗透，在此基础上两类主体形成了发展上的“诤友”关系。

这一过程对形成实践者的自主性与自觉性至为关键。事实上，一场成

---

① 叶澜：《“新基础教育”发展性研究报告集》，北京，中国轻工业出版社，2004，第250页。

② 同①，第251页。

功的变革并不是组织内几位领导或“能人”设计并推进的用“新模式”替代“旧模式”的过程，而是组织内的全体成员参与的过程。通过这种集体参与，许多资源得以发掘和利用，许多人员的潜力与能力得以发现和发挥，组织的活力和创造性也得以激发。深度介入式教育研究不仅是理论研究者与学校少数实践者的合作过程，而且要朝着“全”（所有实践者都参与、研究涉及学校教育实践的整体）、“实”（扎实而不走过场）、“深”（持续深入而不停留于表层）的方向发展，条件许可的话还需要迈向“精”“特”“美”。要达成这一目标，即使有了理论研究者的深度介入也还不够，关键是实践者要通过合作形成研究、发展的自主性与自觉性。这不仅需要良好的策划和实施，持续的评估（评价）—反思—重建更为关键。这有利于实践者认清自我、规划自我，有利于学校在整体上形成浓厚的研究氛围与文化及结构良好的研究队伍。达至这种状态，即使有人事等方面的变化（如更换校长、教师的调出与调入等），也能对持续加入的新人产生同化效应。当实践者能自主策划设计、组织实施、评价反馈、重建创生，且这一循环成为实践者学校日常工作与生活的一种常态，理论内化至学校日常层面和实践者的内心，引导实践者不断创生新型实践，改革就真的不会后退了。

第五章　深度介入式教育研究中的教师实践共同体

20 世纪 90 年代以来，教师实践共同体的理论与实践研究引起人们越来越多的关注，深化和开拓了学校变革、教师专业发展方面的认识与视野。不过这些研究大多是关于是什么、为什么、有什么作用等的静态描述，对其形成和发展过程缺乏长期跟踪和深入分析；较少追问教师实践共同体的运作过程和实际效用。而且就研究主体而言，一部分是中小学教师，其阐述的内容多是具体做法和内心体验，缺乏理论深度；另一部分是理论研究者，他们则往往没有亲身介入共同体的创生与发展过程，更多站在共同体之外言说或是引介国外文献资料。此外，这些探究基本都是关于实践者（教师）这一类主体的共同体。我们着力探究在教育理论研究者深度介入之下，理论研究者与实践者开展合作研究，将实践研究与实践变革融为一体，共同合作建设的教师实践共同体的发展过程。

第一节　教师实践共同体的兴起与内涵

一、实践共同体的界定

实践共同体并非一个新概念，它来源于传统的学徒学习的环境。人们一般认为学徒的定义源于师傅和学生之间的关系，实际上学习通常发生在学徒与高级学徒的互相影响中。这种情形无处不在，每个人都属于类似而不相同的实践共同体，有些容易识别，有些则是无形的。莱夫（J. Lave）和温格（E. Wenger）首先将“实践共同体”提升到研究层次，将其作为一个学术概念。1998 年，温格在剑桥大学出版社出版了关于实践共同体的著作《实践共同体：学习、意义和身份》（*Communities of Practice: Learning, Meaning and Identity*）。他认为，一个实践共同体包括了一系列个体共享的、相互明确的实践和信念以及对长时间追求共同利益的理解。①他在著作《情景学习：合法的边缘性参与》中指出，共同体这一术语既不意味着一定要是共同在场、定义明确、相互认同的团体，也不意味着一定具有看得见的社会性界线。它实际意味着在一个活动系统中的参与，参与者共享他们对于该活动系统的理解，这种理解与他们所进行的行动、该行动在他们生活中的意义以及对所在共同体的意义有关。②这实际上意味着一个实践共同体不是简单地把很多人组合起来为同一个任务而工作，增加任务和扩大小组的规模都不是形成共同体最主要的因素，关键是要与社会联系——通过共同体的参与在社会中给学习者一个合法的角色或真实的任务。实践共同体是为那些发生在社会情境中实践者之间的学习提供可供分析和检验的模板（template），关注的焦点是新手和熟手之间的互动，以及新手建构专业身份的过程。温格在另一本著作《实践社团：学习型组织知识管理指南》（*Cultivating Communities of Practice：A Guide to Managing Knowledge*）中强调，实践社团是这样一群人，他们有着共同的关注点、同样的问题或者对同一个话题的热情，在不断发展的基础上相互影响，发展在这一领域的知识和专业技术……这些人不一定每天在一起工作，但是因为发现了相互作用的价值，所以他们聚集到一起。他们分享信息、交流思想、互提建议；互相帮助解决问题，讨论各自的情境、追求和需要；思考共同的事项，探求各种想法，互相回应和反馈……它还能产生个人的满足感——认识一些能够理解彼此看法的同事和归属于一组有趣群体所带来的满足感。久而久之，他们对各自的主题分别形成独特的观点，成为具有共同知识、实践和方法的社团。此外，他们还发展个人关系，建立相互作用的方式，甚至形成共同的身份感。这样，他们就形成了一个实践社团。③

琼纳森（D. H. Jonassen）和兰德（S. M. Land）概括了实践共同体的三大特点。①共同的文化历史遗产：实践共同体不是在特定时间为了某种特殊需要而进行的简单聚集。成功的实践共同体部分掌握了具有社会协商意义的共同文化历史遗产，包括共同目标、意义和实践。但是，与不太起作用的实习场的社会协商不同，在实践共同体中，新成员从老成员的经验中继承了大多数的目标、意义和实践，这些在老的经验中已经被假设、验证

① 〔美〕J. 莱夫、E. 温格：《情景学习：合法的边缘性参与》，王文静译，上海，华东师范大学出版社，2004，译者序第4页。

② 同①，第45页。

③ 〔美〕埃蒂纳·温格、理查德·麦克德马、威廉姆·M. 施奈德：《实践社团：学习型组织知识管理指南》，边婧译，北京，机械工业出版社，2003，第4~5页。

并得到社会认可。②相互依存的系统：个体在背景中工作时是更大的集体的一部分，与实践共同体有内在的联系，实践共同体也是更大集体（产生意义或价值的社会）的一部分。这有助于为个体和更大的实践共同体提供一个共享目标的感觉和一个身份。③再生产的循环：当新成员与同伴和实践专家一起进入成熟的实践中时，实践共同体具有再生产的能力十分重要。随着时间推移，这些新成员充实到了实践共同体的共同实践中，甚至可能替代老成员。①

实践共同体概念提出后，在理论与实践中出现了多种类型，如以项目和任务为载体的专题性实践共同体、基于网络技术的在线实践共同体以及某些职业、行业实践共同体等。

二、教师实践共同体的兴起

实践共同体这一概念及其尝试最初是企业组织更有意识、更系统地“管理”知识的需要。因为随着信息社会及知识经济的到来，知识作为一种关键资源成为企业成功的关键。由于传统的企业内部管理条块分割，使创新面临矛盾：日益复杂的知识要求更高程度的分工与协作，而与此同时，知识更新周期却变得越来越短。如果没有集中于关键领域或产品的共同体，企业很难跟上变化的步伐。因此，许多企业为了应对这种挑战，进行组织内部与外部的重组，将来自不同实体的人们和各种独立的业务单元联系起来，使整个组织体系围绕核心知识的要求编织在一起，成为实践共同体。

后来这一概念随着学习型组织的广泛流行被引入教育领域，与教师专业发展联系在一起。教师工作的情境、专业发展的现实需求等许多方面可以从实践共同体中得到启示。舒尔曼（Shulman）等人在谈及教师学习时，就强调要培育教师作为学习者的共同体（fostering communities of teachers as learners）。② 自霍德（S. M. Hord）以来③，教师的“专业学习共同体”概念发展迅速，与其相伴随的就是“教师实践共同体”。具体而言，教师实践共同体的兴起主要与以下因素有关。

（一）教师专业发展的现实困境

教育改革不断推进，但总未能完全达成预期效果。富兰和哈格里夫斯

---

① 〔美〕J. 莱夫、E. 温格：《情景学习：合法的边缘性参与》，王文静译，上海，华东师范大学出版社，2004，译者序第5页。

② 转引自宋萑：《教师专业共同体研究》，北京，北京师范大学出版社，2015，第45页。

③ 同②。

(A. Hargreaves) 认为原因在于教育改革未能深入学校内部，教师依然故我，最终的结果终究是——改得越多，越停步不前。学校里的教师才是教育改革成败的关键所在。为此，关于教师的种种非议与责难纷至沓来，教师成为迟钝、因循守旧的代表，成为教育改革的抵制力量。[①] 为了改变教师的这种状态，人们在理论和实践上进行了很多尝试，但仍无法解决许多现实问题，主要表现如下。①教师专业发展的“天花板效应”。每个教师的专业发展或迟或早会遭遇停滞：一方面，教师自身产生职业倦怠，缺乏发展内动力，另一方面，外部刺激（如职称和各种证书）或激励（如金钱）对教师缺乏吸引力。这往往是中小学职称评审存在不足[②]，而体现金钱收益的绩效考核差异不大造成的。因此，学校里常常出现许多“年轻的老教师”(35—40 岁)，该得到的、能得到的都得到了，没有进一步提升的空间和动力。传统的教师专业发展支持系统（包括学历提升、培训、研修、研讨等）不能解决这一“老大难”问题。在一定意义上，实践共同体的成员彼此互动及分享的思想对解决这种现象具有很好的启发意义。②教师梯队及团队建设的现实问题。每个学校的教师不可能平均发展，在年龄、能力、学历、专业等方面均存在差异。只有教师队伍结构保持合理状态，学校教育教学质量才有保障。这需要学校不断加强梯队和团队建设。然而，教师群体中存在的孤立主义和山头主义（或称巴尔干半岛化）是推进梯队建设和团队建设的巨大障碍。前者将教学变成了“一种孤独的职业”，教师几乎成了“个体户”。这种孤独对教师造成限制，将教育教学的实践研究、学习以及问题解决局限在个人经验层面。当面对充满不确定性的复杂变革情境时，单兵作战的负面效应就显露无遗。[③] 而后者则将学校割裂开来，教师自发形成的不同小团体彼此缺少联系、各行其是，学生发展缺乏整体观照，即使有一些创新的变革尝试，其经验也很难得到共享和交流。因此，必须解决这种问题，使教师个体身份与集体身份建立内在关联，架构桥梁以方便不同领域教师团体的沟通与交流。③教师行为与观念的脱节现象。在学校中我们经常看到这种情形：有的教师对教育新理念说得头头是道，但其教育教学行为仍沿袭旧的传统和做法；有的教师可能在某一节

---

① 转引自宋萑：《教师专业共同体研究》，北京，北京师范大学出版社，2015，第 21 页。

② 对于中小学教师来说，中学高级职称是最高职称，顺利的话少数人能在 35—40 岁获得，大部分人则难有机会。由于前些年中学高级评聘管理不严格以及近年来高级职称教师岗位设置愈益严格，有些教师即使满足评审条件，因指标有限也难有机会评定，因而被迫放弃。而评上中学高级职称的教师又难有机会冲击特级教师，因而也不再有动力继续发展。

③ 宋萑：《教师专业共同体研究》，北京，北京师范大学出版社，2015，第 22 页。

课或某种情形下采取符合新理念的行为，但其日常教育教学行为依然如故；有的教师行为上能够体现教育新理念，但并不理解这样做的道理，更多是模仿他人；有的教师尽管参加了大量培训研修，但面对具体实践问题时，仍无法将所学的理论应用到日常教育教学行为中。这种观念与行为的脱节直接影响了教师专业发展，成为迫切需要解决的关键难题。

实践共同体的理论为上述教师专业发展难题开辟了新思路，秉承了“共同的愿景”“合作的文化”“共享的机制”“对话的氛围”，十分适用于解决上述问题。

（二）教师参与实践变革的现实需要

长期以来，教师在教育变革中一直是被动角色。首先，作为个体，教师亦有安全需要，因而不愿意主动打破自己已经形成的工作惯习，不愿尝试变革带来的新奇。稳定的工作状态和舒适的工作习惯使教师希望从事日复一日的延续性工作。其次，教育变革设计的逻辑更多是让教师成为变革方案的执行者。专家通过科学研究设计改革方案和计划，并制造出执行改革所需要的知识和技能，然后将这一知识与技能通过培训灌输给教师，教师“购买”这些知识与技能后就能在课堂上将改革的方案落实。这类改革把教师视为执行者，企图通过统一内容、统一教师、统一教学，把课程忠实地执行到课堂上，把教师视为流水线工人，把学生视为流水线原料，并最终加工为统一的产品。而这类改革也把教师发展视为重中之重，企图通过一次性培训来加工教师，给教师灌输执行改革所需的知识和技能，从而保障教师和教学的统一，为改革忠实地服务。① 课程改革专家李克建指出：专家论证多于实地观察，行政命令多于对广大教师意见的听取。对教师而言，改革是按上级要求被动“参加”的，改革为其带来的是许多额外的负担。因而，教师对课程改革态度消极就不足为怪了……为教师精心设计了若干种完美的“角色”与“形象”，给教师的要求与“建议”（实际上是变相的命令）更是数不胜数。更有甚者，还出现了一些“威胁性”的话语，如“教师权威的瓦解”“为教师洗脑”“下岗”……这些巨大的声音以排山倒海之势压得教师喘不过气来。② 因此，如何转变教师在教育改革中的被动执行者的角色，激发其主动参与改革的动力，成为教育实践变革的主动探究者、学习者和创造者，成为当下教育改革必须正视的关键问题。

---

① 宋萑：《教师专业共同体研究》，北京，北京师范大学出版社，2015，第25页。
② 同①。

（三）教师知识管理的内在需求

教师在教育教学实践中形成、积淀和使用的知识具有特殊性，这些知识使教师工作具有了特殊意义。

（1）教师知识存在于其行动中。懂得学科及教育教学的理论和知识并不足以使个人成为一名合格教师，还需要将培养目标转化为教育教学目标、将书本知识进行整合设计、分析学生学习的具体情况（分层与差异情况、学习困难与障碍、前在与潜在状态等），课堂中还要根据学生的学习进展对原有教学方案进行灵活调整，要应对教育教学过程中学生出现的各种问题和反应等。教师知识更多是带有缄默特征的实践知识，它一般是指教师关于课堂情境和在课堂上如何处理所遇到的困境的知识，是建立在专业学科知识和一般教学法知识基础之上的，是一种体现教师个人特征和智慧的知识，它更能集中反映课堂教学的复杂性和互动性。这种知识的形成是一个主动、创造的过程，它和教师头脑里的知识储备一样重要。为使教育教学过程更加流畅、有效，教师需要与其他面临同样情形的教师交流。其实，熟手教师缄默性的实践知识是其经验的积淀，是他们思考、交流、行动的经验提升和提炼的结果，而且这些经验又是动态的、持续变化的。这种知识不是静态的信息体，而是一个活动过程。实践共同体不会把知识缩减为一个固体，而是使知识成为共同体成员活动和相互交流的组成部分，共同体则成为活知识的储存库。

（2）教师知识体现显性与隐性两种特征。哲学家波兰尼强调：人类的知识有两类。通常被描述为知识的，即以书面文字、图表和数学公式加以表述的，只是一种类型的知识。而未被表述的知识，像我们在做某事的行动中所拥有的知识，是另一种形式的知识。如果我们把第一类称作明确知识，把第二类称作默会知识，我们可以说，我们总是默会地知道，我们认为我们的明确知识是正确的。我们知道的要比我们能够言说的多（We know more than we can tell）。[①] 他的研究详细指出了显性知识与隐性知识（又称缄默知识或暗默知识）的分野。根据这种知识论，教师的知识可以分为显性知识和缄默知识两种，前者可在师范教育的课程学习中获得，后者则在教育实践中通过亲身经验获得。教师隐性的缄默知识的确难以清晰表达，却具有可意会的特性。显性知识更具有条理性、逻辑性和可表述性，但如果不能跟教师的实践及其隐性知识内在沟通，就难以发挥其应有的作

① 转引自郁振华：《默会知识论视野中的科学主义和人本主义之争——论波兰尼对斯诺问题的回应》，《复旦学报（社会科学版）》2002 年第 4 期。

用。这两种知识的内在特性使教师即使通过理论学习掌握许多新名词和知识，在实际教育教学生活中仍受隐性知识支配的惯习影响，甚至不可自拔。为此，教师实践的改善需要两种知识交互作用以促进专业实践以螺旋运动的方式不断改进。对此，日本的野中郁次朗、胜见明提出，知识是一种创造力量，它不仅存在于一个人身上，也存在于通过各种相互作用与他人共享情境的、动态的“场”之中。好的“场”有如下特征：具备固有的意图、方向性和使命感，实现自组织化；边界不是封闭的，而是开放的；能与拥有不同背景和持有各种各样观点的人产生共鸣、进行对话；能够在与他人进行相互作用的过程中实现自我超越，将自身提升到更高的层次。①在“场”内的动态交互过程中，参与者的体验十分重要。这个体验过程要求互动和非正式的学习过程，如讲故事、谈话、指导、研讨、沙龙、学徒等方式，这些学习、互动和交流是在一定的“场”（物理“场”——与时间、空间、他人关联；虚拟“场”——电子邮件、网络空间、电话；实际“场”——研究小组）中进行的。②

（3）教师知识还具有个体性和社会性特征。尽管对事物的认知是个体性的，但与认知过程相关的知识却是社会性的。对教师工作及其改进来说，同事就显得格外重要。教师只有相互观摩、彼此质疑、交流沟通、合作研究，才能集思广益，从而产生教育教学新创意。心中只有“自己”或奉行个体主义的教师，几乎没有发展的空间与可能。教育教学工作充满了种种不确定性，明晰知识的集体本质尤为重要。当然，指出知识的社会性并不是说个人不重要，事实上，共同体的生命力就在于内部每个个体对事业的个性化投入与创生，这样才使共同体更具活力、更有效。

（4）教师知识具有动态性特征。知识不是静止不变的，而是不断发展生成的。有关学校教育教学实践、变革的各种知识、理论始终在快速更新之中，而且这种更新呈现加速趋势。这种动态性并不意味着这一领域缺少稳定的核心，它有最基本的核心知识基础。教师实践共同体的首要任务就是建立这个共同基础，形成教育教学工作及其变革相对稳定的价值和目标及实现价值和达成目标的途径、方式及手段。

三、教师实践共同体的内涵

克鲁泽（S. Kruse）和路易斯（K. S. Louis）提出“校本学习共同体”

---

① ［日］野中郁次朗、胜见明：《创新的本质：日本名企最新知识管理案例》，林忠鹏、谢群译，北京，知识产权出版社，2006，第19页。

② 同①，第19~20页。

(School-Based Learning Community)，并总结了它的五个基本特征，即教师间的反思性对话、实践的非个人性、群体关注学生学习、合作、分享的价值与标准。[①] 霍德则提出“专业学习共同体”，也概括出五项基本特征，即支持性及共享的领导、共享的愿景和价值、集体学习与学习的应用、支持性条件和共享的个人实践。[②] 还有许多国外学者对学校中共同体的特征做过阐述。[③]

综合各种观点，大致可以确定教师实践共同体有如下基本特质。①共同的实践任务：它们可以是实践中遭遇的共同难题，需要共同努力才能达成的发展目标等。这是共同体得以存在的任务条件。②共同的愿景与价值：并非一群教师在一起能就成为共同体，他们在实践中逐渐对未来成为什么样的团队形成共同的预设，并在实践中达成默契，有了共同的经历、故事、取向、行为方式、信任。这是共同体得以存在的“黏合剂”。③共同的支持性环境：这可以是便于成员交流沟通的物质环境（如办公室、读书吧等），也可以是便于成员分享和共享任务甚至苦与乐的精神环境（如重心下移：赋权增能的管理制度、民主参与研讨的安排、学校领导的支持等）。这是共同体得以存在的保障。④共享的个人实践：即使是共同体，仍鼓励成员个人积极开展个性化的思考、实践、创新和探索，通过集体备课、相互听课和评课、网络分享等方式开展互动，促进彼此学习和发展。这是共同体得以发展的活力源泉。⑤持续自我反思并改进的发展机制：共同体发展不是盲目的、自发性的，而是作为一个自组织，有不断进行自我审视、自我反思、自我改进的习惯和能力，不断发现自身存在的问题并明确进一步发展的方向和目标。这是共同体得以发展的动力源泉。

第二节　深度介入式教育研究中的教师实践共同体——教研组建设

部分学者认为“教师实践共同体”或“教师专业学习共同体”等这些提法是从西方引进的，力图解决的是西方中小学教育教学实践中教师工作

① 转引自宋萑：《教师专业共同体研究》，北京，北京师范大学出版社，2015，第53页。

② 同①。

③ 宋萑在其博士论文中对这些学者关于学校内“共同体”的特征做过专门梳理并形成了一张详细的对比表格。具体可参阅：宋萑：《教师专业共同体研究》，北京，北京师范大学出版社，2015，第54~55页。

孤立化和“巴尔干半岛化”的现实问题。中国则不然，中国中小学有独具特色的教研组（学科组）组织，使得教师工作具有鲜明的集体性特征。因而，不能将西方“教师实践共同体”概念简单套用到中国教师的发展上。教师专业学习共同体的理论与实践必须基于我国国情，生搬硬套国外的理论和实践可能会导致食洋不化，影响我国教师专业学习共同体的理论研究和实践发展。[①] 事实上，我国基于教研组的教师发展具有与西方不同的现实问题，如重教学不重研究、重被动执行不重自主策划、重常规管理不重自主创新等。西方教师实践共同体的理念对我国教研组的建设具有启发价值。本书将西方教师实践共同体对应于中国中小学教研组，它们在内涵与外延上可以衔接，尽管两者不能完全等同。[②] 如果将教师实践共同体建设置于中国教育理论研究者开展深度介入式教育研究的背景下开展探究，这一主题可以转换为：教育理论研究者的深度介入将会对学校教研组建设产生怎样的影响？这些影响对教师发展的作用表现在哪些方面？如何发挥作用？

一、教研组的重新定位

这其实是要弄清楚：教研组发展究竟为了什么？为此教研组应如何定位？对此，教研组发展的价值取向至少应关注两个方面。

（一）教研组的目标定位

学校是专门培养人的特殊机构，这里的“人”除了受教育者，也包含教育者（即教师）。如果说课堂教学、日常学校生活等指向的直接发展对象是学生，学校教研组诸多活动的直接发展对象则是教师自己。在当代学校变革中，不能再像过去那样将教师当作“燃烧自己，照亮别人”的劳动工具，应当关注教师作为完整生命的尊严和成长。为此，教研组在发展理念上需要有几个转变。

1. 关注教研活动的育人价值

每次活动都需要认真思考：它是教师发展需要的吗？它促进了教师哪些方面的发展？如何改进可以更好地促进教师发展？等等。这实际上是要

---

① 单志艳：《走向中国特色教师专业学习共同体的教研组变革》，《教育研究》2014 年第 10 期。

② 除了教研组（学科组）可以对应“教师实践共同体”，一些项目化研究（学习）小组、工作室等跨年级或跨学科的组织亦可对应。但在中国最为常见的还是教研组（学科组）。因此，此处以教研组（学科组）为核心，探讨在深度介入式教育研究中具有中国特色的“教师实践共同体”——教研组（学科组）的发展情况，即理论研究者的深度介入对其发展的影响。

求教研组开展的诸多“事”要与“人”的发展建立内在关联，不能只重视“事”而忽略“人”，努力做到“成事”与“成人”间的融通和转化。

2. 关注教师发展的差异性

教研组的活动策划和实施要有意识地针对不同层次或梯队教师的发展需求、问题与可能性（其前提是要能深入了解不同层次或梯队教师的发展需求、问题和可能性）。例如，在变革中可以采取“重点培养骨干，后续梯队滚动跟进”的策略，先对第一梯队骨干教师进行跟踪培养（提要求、压担子、给机会、搭平台等），注意在其真正成为“骨干”的过程中和之后对后续第二、第三梯队教师发挥示范辐射作用。当然，这需要在对第一、第二、第三梯队的每位教师都深入了解和沟通基础上，使其明确自己发展的瓶颈所在，为其制订个人发展规划。而且，在教研组活动时应注意对不同梯队教师提出不同层次的要求，如评课时要求第三梯队教师讲出“一个优点、一个缺点、一个建议”，第二梯队教师则要对课本身做建设性的“捉虫”和提出有针对性的重建建议，第一梯队教师则要评“人”（即评本次第二、第三梯队教师的评课情况）和评“理”（即评教师课背后的道理和原理）等。

3. 关注教师发展自觉的形成

实际生活中，许多教师（尤其是该得到的都已经得到的教师）容易满足并止步于现状，乐于安逸，保守不前，对自己实践中的问题缺少感悟或不愿改进。对此，一方面要有优秀骨干教师的引领，教研组也要形成浓郁的发展、研究和变革的氛围与文化，在系统的教研活动策划中促使其变化，让教师不再把自己当作传授知识的工具，学会关注自我的成长和发展，能在系列教研活动中逐渐体会到“成事”与“成己”的内在关联，在研究性变革实践中享受创造带来的职业幸福。当然，还要制定相应制度（见下文）促进或要求其参与研究，让教师在参与过程中逐步形成发展的自觉。

（二）教研组的功能定位

教研组的功能定位是教研。这似乎是常识，实际运作中却常常难以做到，以致“教而不研或研而不教”，使教研组异化成为学校等级化行政体系中的底层管理机构，承担“上传下达”的职能。很多学校将教研组的职能定位在集体备课、听课、评课、试卷分析、师徒结对和业务学习等几个方面，关注的重心在于教师如何“教”，对于学生及其“学”缺乏观照。在当代学校变革中，教研组要实现上述教师发展的目的必须要在功能上重新回归。为此，至少需要实现以下两个转变。

1. 团队成员转型

首先，教研组长的角色要发生变化，从“召集人”转变为“引领者”。这意味着组长作为第一责任人，承担着引领并促进全组教师策划、开展系列研究活动的责任。这对组长的沟通、理解、合作、策划、实施及调控等能力有了新要求。事实上，这些能力是在教研组发展过程中形成的。其次，教师角色要发生转变，从“单干者”转变为“合作者”。教研组是一个研究的团队，在研究性变革实践中，教师只有分工有序、轮流实践、彼此协作才能共同进步，更重要的是，团队的共同努力能使教师在参与变革与研究的过程中有更强大的迎难而上的勇气和分享因创造而带来的喜悦。

2. 工作方式转变

首先，教研组工作要从“被动执行”转变为“主动策划”，改变过去自上而下安排工作的传统，根据本组教师的发展需求、问题和本组研究的已有基础、问题和特色，以及学生发展的实际需要等主动策划系列化的教研活动。其次，从“短期思考”发展到“长远规划”，即改变以前常常是本周确定下周活动主题（甚至是当周临时确定活动）的状况（这样很容易造成活动准备仓促，缺乏实效性和系统性，不利于教师的成长），在开学前和学期初提前整体策划一学期甚至一学年的系列教研活动，关注教师的整体发展和长期发展。再次，活动开展从“点状安排”到“前移后续”。所谓“点状安排”是指教研活动安排缺乏内在关联，每次活动缺乏前期准备和后续改进的安排，难以真正取得研究和发展的实效。“前移后续”旨在从根本上打破这种状况，强调在一学期甚至一学年时间内的系列教研活动在专题确定、活动实施等方面形成连续性。这种安排有利于教研活动真正日常化、实效化，在长期合作中打造教师团队和研究精品或品牌。

二、教研组的抓手转换

教研组发展的抓手在于系列教研活动，具体来说主要有以下两个方面。

（一）凝聚专题，使教研活动清晰有序

一般来说，教研组的日常教研活动以散点式安排为主，常停留于一个一个教师上自己准备好的一节一节课，但为什么上这些课、这些课有什么内在关联等问题未引起关注。因此，许多教研活动难免流于形式，对教师发展缺乏实质性的促进作用，这使得教师不在意日常研究。改变这种状态就必须从散点式的安排走向聚焦。这里以淮阴师范学院第一附属小学为例予以说明。在研究初期，该校语文教研组对教师日常研究没有统一要求和

指导，教师大多跟着感觉走，研究处于无序的盲目状态。但教师很快发现，没有学校总的专题引领，没有骨干教师的广泛参与，教研组下辖的各年级备课组的散点式研究形成不了合力，日常推进缓慢，收效甚微。为此，他们及时调整研究方向，确立“课外阅读课内指导”的课型研究。为使专题研究和日常研究融为一体，又打通了各年级平台研究课的通道，几个年级无论是组内的常规考核课、教学视导课、学校的教学演练场、校内的各种赛课与专题研讨课等都研究这一课型。经过两年的积累，全校低、中、高三个学段语文教研组既有显示自身特点的阅读教学研究专题，又有全校统一的阅读教学研究专题。具体有低年级的识字写字研究专题、中年级的课外阅读课内指导研究专题、高年级的景物类文章阅读研究专题、全校的课外阅读课内指导研究专题和景物类文章阅读研究专题。①

（二）促进教研活动深入而高效开展

每个学科都有内在的知识逻辑和相应的编排方式。因此，教师教研活动要努力解读和体认这些逻辑与方式。基于这些解读与体认确定研究的主题，是提升教研水平、促进教师专业发展的关键所在。在专题研究不断推进的过程中，需要发挥每个人的智慧和力量，使常态化专题研究持久、深入、高效地开展下去，形成与日常研究相融互促的研究机制，促进每一个教师的发展。这需要教研组将研究的重心下移，将原先一直由教研组调控的研究权下放到每个年级备课组中去，下放到每位教师身上，实现专题研究由统一管理到开放的转变，调动教师的积极性和创造性。具体而言，可以有以下几个方面。

1. 研究专题的开放

各年级备课组可以根据本组的研究能力、研究状态、存在的共性问题等选择相应的专题研究。每位教师也可以根据自己的课堂、自己的需求，再选择切口小的有能力承担的专题来研究，使其与日常研究融通。开放的专题研究呈现了全体参与、百花齐放的良好格局。如常州市局前街小学数学学科组通过对数学知识内容框架体系的整体把握，形成了数概念、数运算、形概念、数量关系、规律探究等专题化的课型研究。语文学科组依据文本育人价值，形成了情感型课文、明理型课文、认知型课文等课文研究系列；根据不同的教学内容，对拼音、识字、阅读、习作、听说、课外阅

① 顾琴：《变革，奏响语文研究新乐章——淮师一附小语文学科“新基础教育”研究三年回顾总结》，内部资料，2012。

读、语文学科综合活动等多种课型进行研究。英语学科组围绕写作课型，界定各年段的写作要求和研究重点，形成研究架构：三年级研究如何培养学生构词、构句的能力，四年级研究如何培养学生建构语段的能力，五年级研究从仿写到半开放式写作，六年级研究开放式主题写作。体育学科组开展技巧类、短跑类、投掷类课型研究。美术学科组开展造型与表现、设计与应用课型研究等。[①]

2. 研究人员的开放

为更好地推进专题研究，在人员选择上可以先部分介入，由领悟力、转化力强的少数骨干教师承担研究任务，其他教师站在研究外围旁观。然后，在先行人员积累经验的基础上全面激活、重点突破，要求所有教师都参与到学科组统一的专题研究中来，重点选择第二、第三梯队教师的课堂诊断，提升他们的研究能力。由此确保所有教师依次卷入专题研究之中。

3. 扎实推进日常研究，确保日常研究的频度与效度

如果专题研究重在深度的拓展和对教师研究的引领，日常研究则是“家常饭”，其频度与效度是确保每个教师的发展得以实现的根本。为此，首先需要有制度的规范与约束和对日常研究流程的精心策划，当然还要有有效的督导机制。如同样是日常教研活动的安排，围绕提高实效性，两所不同的学校创造了两种不同的研讨制度：①“420”研讨制度：每周固定的日常备课活动参照“420”方案执行，即把备课活动的 80 分钟时间划分为 4 个 20 分钟，依次安排专题学习、评课研讨、中心发言、集体备课四大板块的内容；每周固定的教研活动则实行“五步教研”活动方案，具体板块为重建交流、专题学习、说课反思，评课研讨和说课者的二度反思将学习交流、专题探讨、日常教学等融通，使教研活动对教师真正产生积极的辐射效应。[②] ②“320”研讨制度：每次日常教研由 3 个 20 分钟左右的教研模块组成。“20 分钟骨干教师学习交流与理论指导”由两位骨干交流自己学习所得、所感、所悟，带领教师静心学习；“20 分钟精品课回放”由组长推荐并剪辑 20 分钟精品课，说明理由，组织观看；“20 分钟学科研究沙龙”以精品课内容开展学科小教研组的研究沙龙，结合课例和自己的课

---

① 姜明红：《长程策划使专题研究更深入》，《人民教育》2016 年第 Z1 期。

② 顾琴：《变革，奏响语文研究新乐章——淮师一附小语文学科“新基础教育”研究三年回顾总结》，内部资料，2012。

堂进行主题式研讨，把自我放到课例当中去。[①]

三、教研组的资源转化

教研组教研活动和教师的真实发展都要求我们要有强烈的资源意识并将资源用于促进研究的深化和教师的发展。简单地说，这些资源主要有理论资源与实践资源两大类。

（一）坚持理论学习适度超前

个体内在的理论与实践行为之间的关系是不可分割和互为依据的，它不同于个体的言与行的关系。言与行可脱节，言可违心，行可掩饰，言行关系的表现十分复杂。但个人内在理论与实践的自然态、持续态、日常态则是内在统一的。因此，个体层面的内在理论与实践的关系，是作为外部存在的理论与实践两大领域之间沟通、转化的必不可少的中介。教育改革的理论不进入到教师个体层面的内在理论的重建与实践行为的更新，就不可能产生真实、持久的效应。[②] 教师转型式的发展，只有在触及自身内在隐性的观念体系，只有在新的观念体系转化成新的行为方式时，才可能真实发生。因此，在研究性变革实践的开展过程中要采取“理论先行、持续导航；实践跟进、迁移转化；自我建构、同生共长”的转化策略，逐渐提升教师的学习能力和理论水平及理论转化能力。具体来说，要做好以下几个方面的工作。

1. 分层推进

每个教师依据自己的实际情况制定个性化读书方案，学习路线设计可以结合自己的实际情况采用上行路线（实践→理论）或下行路线（理论→实践），进行持续不间断的反复学习。对不同梯队教师提出不同要求：第三梯队教师要读通，明白相关理论中重要概念的意思，尝试在课堂教学中转化理论；第二梯队教师要读懂，深入领悟相关理论的核心理念，并努力在课堂教学中上出有理论“味道”的课；第一梯队教师要读深、读透，能在不断回顾性的学习中结合自己的实践内化对相应理论理念的理解，化外在学习要求为自身成长的需求，建立理论与实践的关联，实现优质与高效的课堂教学。

---

① 魏迎九，《赢在中层》报告，江苏省常州市东方小学交流汇报资料，“新基础教育”研究内部资料。

② 丁钢：《中国教育：研究与评论（第 7 辑）》，北京，教育科学出版社，2004，第 44 页。

2. 创新学习形式

讲座辅导式，邀请对理论领悟深刻、在实践层面能有效转化理论的骨干教师做讲座，为大家理解理论架设桥梁。沙龙研讨式，每周安排专门的时间请教师围绕理论核心概念进行研讨，在智慧碰撞中深化理解。经验分享式，邀请各个梯队中勤于学习、善于反思、乐于实践的教师介绍学习和实践经验，在分享中提升研究层次。问题诊断式，将在阅读、实践中遭遇的各种困惑、问题呈现出来，请第一梯队教师把脉、诊断，一起研讨，在同伴互助中共同提高。总之，通过丰富多彩的学习活动逐渐改变教师的学习心态，变“要我学”为“我要学”。

3. 聚焦理论的实践转化

形成“理论学习（形成新认识）—策划设计（新认识转化成新方案）—实践反思（新方案转化成新行动、发现新问题）—重建创生（形成新经验，产生新资源，达到新思考）……”持续研究的生长系统。就理论学理论或只是教师个体式的学，对学校实践的整体改进不会产生多大效用。因此，学校可以专门组织聚焦于理论学习后的实践转化的活动，定期开展具有内在关联、持续性的研讨活动，要求不同领域教师全面参与，尤其发挥第一梯队骨干教师的示范辐射作用。对这些活动加强“前移（准备）后续（重建）”的过程管理，以理论作为参照系集中发现问题并予以解决，推动教师的理论理解与实践改进。

（二）加强实践资源的迁移运用

1. 迁移并转化兄弟学校的先进经验

现在学校间的交流很多，尤其是不同教育行政机构和科研机构举办的各种研讨活动很多，活动中各个学校都将自己的创造、经验、特色和智慧与人共享。这些资源要在校内和所有教师当中实现有效传播和转化，一般会经历从仿到创、从外在到内在的过程，不能停留于机械模仿和简单移植，要在别人的经验基础上走自己的路。当然，除了学习别人经验，也要了解别人存在的问题，以避免自己重犯。

2. 整理校内的实践资源

只要认真开展研究性变革实践，不同领域的教师肯定会有所积淀，教师应形成及时整理研究心得、体会、感受的自觉，逐步积累校内的各类实践资源。这些实践资源大致包括：学校整体层面与不同领域的阶段性研究回顾（对这些不同时期回顾的“回顾”可以清晰地展现一所学校的研究历程），不同领域某些专题的总结（如做了某类“课型”研究，把这个研究的全过程、经验、问题与困惑等都记录下来），某些精品课例或案例，某个或某些教师的成长史与心路历程，专门的问题和困惑与反思，等等。通过这些总结，教师把隐含的缄默性个人实践知识显性化并在群体中共享，使其他教师得到启发。诸多资源积累起来以后，在校内搭建交流平台，使不同领域不同教师的散点式创造、亮点逐步放大，促成学校整体性的创造。通过这个过程，不同领域、教研组就有可能找到新的生长点与转折点、研究切入点与提升点、突破的转化点。

四、教研组的制度重构

制度是确保学校运行的基本规则，教研组的发展也需要明确、具体的制度。有些是学校教研的常规，有些则需要随着学校变革、研究进展与教师发展，不断更新制度或制定新的制度。制度要有明确的正向价值，突出对教师发展的引领与激励作用（相对于传统的奖惩）。

（一）研究责任人制度

通过责任人制度下放管理权限，确保研究重心下移。这主要针对教研组组长和年级备课组长而言，需明确他们作为第一责任人的职责。

（1）自主策划教研组或备课组的发展。组长要研究组内教师状态和发展趋势，根据学校规划和本组实际情况，在与组内教师充分沟通的基础上制订工作计划，把教师个体发展与本组教师群体发展紧密结合。制订计划时，更多考虑本组已有的发展基础，彰显本组特点与个性。

（2）享有自我评价的权利。对教研组的评价要综合自评、他评和学校综合评定三个维度。其中，自评对教研组发展发挥重要作用，如依据教师个人组内工作质量评价表对成员进行综合评价，促进每个教师关注自己对于全组的“贡献”。

（3）承担学校大型专业活动（如艺术节、体育节、科技节、英语节、家长开放日、各年段的仪式活动等）的策划组织。这既有利于发挥团队的合力，又能发挥组内每个教师的个性和特长。

（二）教研常规制度

（1）理论学习制度。主要对理论学习的诸多形式、具体安排等方面做出明确规定，学习内容则由各年级备课组根据实际情况确定。

（2）日常教研制度。对备课、上课、说课、评课、作业布置与批改、学生辅导等做出具体规定。如上海明强小学在研究过程中形成了三轮“集优式”备课制，强调专题型备课，在学校领导、骨干教师、教研组长的严格把关下，做到备课精益求精，在资源共享的基础上，每位教师加强课前的研究，进行切合实际的修改，扎实上好每堂课，力争优质出成效：第一步由教师根据自己对教材的理解和教学风格进行独立备课；第二步由骨干教师和组长组织备课教师在新理念指引下进行修改和调整；第三步由每一位教师根据自己的班级基础和学生实际进一步修改。三轮备课把教师个体的隐性知识转化为可共享的显性知识，再把显性知识转化为个体的实践智慧。①

（3）考核与督导制度。为确保教研活动开展的频度、深度和效度，学校层面形成明确的考核与督导制度，定期或不定期地对教研进行检查。例如，规定校领导每周听课节数，鼓励教师开“推门课”，成立专门学科教学指导委员会抽查，等等。

（4）教师分梯队培养制度。对不同梯队教师实行分层培养，确定不同发展目标，在教研活动中有不同的任务、责任、要求和权利（如骨干教师免检制度等）。

（三）教研经验的交流与推广制度

这一制度主要致力于将教师个人缄默知识和实践智慧公共化。

（1）外出学习归来汇报制度。外出参加交流、学习的教师回校后应与组内教师交流自己的学习心得（可以是上移植课、汇报等）。

（2）经验及时总结制度。对教师群体和个体在研究中的创造、经验、智慧予以及时梳理（如成长史、专题研究史、心路历程等），形成文本供校内共享。

（3）“群英会”制度。在学期初或学期末召集骨干教师、教研组长谈问题、谈思考、谈亮点、谈特色、谈榜样等，寻找继续发展的空间与方向。

（4）工作室制度。为少数优秀骨干教师成立工作室（可以以其姓名命名），提供发展空间与经费支持，鼓励其培养其他教师。

（5）定期教研经验交流制度。面向全校所有教师搭建平台，促进不同教研组之间开展经验交流与学习活动。

五、教研组的教研范式创新

不同学校、不同学科有不同的历史，教师队伍、发展基础等也存在许

① 吴国丽：《基于生命自觉的学校转型》，北京，华龄出版社，2009，第53页。

多差异。因此，理论研究者在介入过程中，要善于根据这些差异与教研组一起探索不同的教研范式，不断提升教研质量和水平，吸引越来越多教师积极参与教研活动，使教研组真正成为教师共同体的“大本营”。以常州市第二实验小学为例，该校语文学科组依据骨干突出、团队不足的情况，创生“立足差异构建团队——任务驱动合作研讨——个体展示循环跟进——骨干介入共同重建——反思评价重新组合”的“跨层组合”教研范式；数学学科组根据组内骨干少、组外资源丰富的特点，创生“外出前教学设计——活动中反思重建——回校后及时培训——实践后案例对比”的“同步自培”教研范式；英语学科组根据团队氛围好但理论素养不够的特点，创生了“确定研讨学习主题——个体自主申报导读——大组共读深化认识——围绕主题展开研讨——形成共识付诸实践”的教研范式。在学校层面，该校根据各学科研究进程、团队文化差异大的特点，创造了一种分享的教研文化：强调结论而重过程，强调聚焦课堂，分享特色；聚焦研究，分享策略；聚焦文化，分享创造。还有一所学校的某学科组针对该组教师人数多的现实，创生了“组内循环”和“组际循环”两种教研范式。所谓组内循环，是单周以年级为单位进行教研组活动，教师循环担任研究活动第一责任人，让每个教师都有机会走上研究前台，以激发动力、促进合作。组际循环则是双周进行学科大组开放研讨活动，由各年级教研组自主申报，各组循环承办。

第三节　理论研究者深度介入与教师实践共同体发展

一、理论研究者的深度介入对教师实践共同体的影响

（一）提供理论参照系

当代教育变革充满了不确定性，其发展远远超出教师经验和常识所能把握的范畴，突破的关键并不在于教师掌握新的操作性的教育教学方法，而在于教师内在观念的根本转变。就如叶澜所言，任何个体的外在行为必有内在认识作支持。教师要成为自觉的教育改革实践者和教育实践的创造者，不可能只通过改变教育方法来达成，还必须对自己内在的教育观念和信念有清醒的问题意识，并产生必须改变的需要，进而努力理解并将新的教育观念内化为认识教育与本人实践的参照系，努力改变已成自然的习惯

教育方式与方法。教师只有在新观念与新行为形成关联，并能自行设计、践行、反思和重建自己的教育实践，创造新的经验与阐述这些经验时，才能称得上是自主、自觉的教育实践者。① 可以说，教育变革越深入，教师越发展，越需要教育理论适度先行式的指导。于此，理论研究者的深度介入可以为教师系统学习理论、改造内在观念提供专业支持。②

（二）凝练核心价值观

在学校生活中，教师的共同感受是事多、忙、累、时间不够用，在此情形下激发教师参与共同体的动力不是一件易事。这需要从改变日常生活的意义与品质入手。于此，理论研究者的深度介入注意了“事”与“人”之间的内在沟通，能让教师体验到理论研究者介入后这些“事”与以往的不同及其创造性、挑战性，体会到忙的这些“事”对自己和学生发展的意义及其带来的成就感、发展感、创造感，赋予这些“事”以生命和成长的力量，使得教师明白共同体的活动并非为“事”而做“事”，在本质上是为“人”而做“事”。这样可以将教师实践共同体建设统一在发展的核心价值观之下，由此形成教师对于共同体的“我们”感、“家园”感，感受到不是“一个人在战斗”，有时甚至由于理论研究者“外人”的存在，教师会形成更强的凝聚力。

（三）提升交流品质

中小学教师群体内部交流常常容易形成过分宽容、回避问题和“你好我好大家好”的局面。而且，由于教师生活环境、工作方式、经验水平等方面的相似性，难以提升互动交流水平。所以，我们才强调大力发展大学与中小学间的合作，以两类组织及其成员接触时的碰撞与冲击来促进学校发生根本变革。事实也的确如此，理论研究者的深度介入强调实践共同体活动的研究与发展特性，主张直面实践中的问题、发现问题就是发现了发展的空间（我们称之为“捉虫”），与教师一道努力寻找问题、现象背后的深层原因并提出重建的建议，使教师恍然间有所得、有所悟（“喔”效应）。“捉虫”效应与“喔”效应是指教育学专业研究人员在参与课堂评课时不只是指向教师教学行为中呈现的问题，而且要指向对行为背后的思想观念的剖析（“捉虫”），更重要的是，“捉虫”过程有利于使教师获得一种真实体验，从而提高反思自己教学行为的需求与能力；然后研究人员再

---

① 叶澜：《大学专业人员在协作开展学校研究中的作用》，《中国教育学刊》2009 年第 9 期。

② 伍红林：《中小学教师的理论学习与实践转化——基于教育理论研究者介入的视角》，《教育发展研究》2010 年第 22 期。

进一步提出改进、重建教学观念与行为的具体建议，使教师结合自己的课，对新理念指导下的具体教学行为的形态是什么有所启发，对理论与实践在教学行为中的内在关系有所体悟，产生“喔，原来是这样”的感叹（“喔”效应）。[①] 这样持续的“捉虫”过程，久而久之，能有效促进教师实践共同体形成新的研究文化，不断提升活动的层次与水平（不断发现当下实践相较过去的继承、变化、提升；同一人相较过去或他人的变化与成长等）。

（四）形成发展的抓手和活力

一般来说，理论研究者不太可能每天都在学校里与教师开展合作研究，而是每隔一段时间（如每隔一周、两周或一月等）来到学校。理论研究者的在与不在对教师实践共同体发展具有重要意义。当理论研究者不在时，共同体在日常教育教学中对理论研究者介入时提出的建议、方案等加以落实，同时做好日常的理论学习与实践转化，积极开展日常研究与专题研究，积累相关经验，为理论研究者的“来”和“在”做好准备。当理论研究者“在”时，共同体把前期的尝试与积累通过研究课、座谈等形式呈现，寻求进一步改进和提升的建议，为共同体新的日常研究和积累指明目标和方向。理论研究者介入的频度和方式使共同体的研究与交流活动有了实实在在的抓手，极大增强了共同体的内在凝聚力及开展日常研究的活力。

（五）促进发展层次的提升

理论研究者如果只是保持每隔一段时间介入的“频度”，显然难以真正推进介入和教师实践共同体阶梯式的“深度”发展。为此，理论研究者的介入需要认真策划。以“新基础教育”研究为例，在学校开展“新基础教育”研究一两年以后，如果进展顺利，理论研究者就会策划中期评估活动[②]，

---

① 孙元涛：《从“捉虫效应”与“喔”效应说开去——关于大学与中小学合作研究的理论分析》，《上海教育科研》2006 年第 12 期。

② 中期评估是在双方合作的中期针对学校实践变革发展状态进行的评估，一般在半天时间内，理论研究者作为评估者听学校学科教学及学生工作（班队）领域各个梯队（一般为三个梯队）最强教师所开的研究课，大略了解学校教师整体的发展情况。表面上只是听了 3—4 节课，但其实这些课反映的是学校不同领域教师实践共同体开展日常研究及其发展的状态。另外会再安排半天时间开展答辩活动：由学校管理层及各领域第一责任人为答辩者，向理论研究者提供学校整体及不同领域发展的自评报告及各种评价量表，并在答辩现场系统汇报学校开展研究的各个方面的情况——经验、问题、优势、潜势、创造、不足、策略、方式及教师、领导的发展等，然后理论研究者向答辩者提出学校及各领域后续改进的问题。现场评估结束后，理论研究者召开专门的中期评估反馈会，向学校领导与教师反馈评估的总体情况。

之后约一年会安排普查活动①，再在之后半年至一年时间内开展精品课活动②。这些活动与上级评估或其他形式的评奖活动的差异在于是以这些递进式的活动为抓手不断推进学校和教师内在发展的“推进性评价”，而非外在功利性的结果式评价，评价项目与指标体系中有关于教师实践共同体发展方面的内容③。这些由理论研究者参与策划、实施的持续、递进性活动，让教师认识到研究与发展是无止境的，自己的发展犹如“爬山”，爬了一座又有一座，始终“在路上”。

二、理论研究者深度介入下教师实践共同体的发展及策略

教师实践共同体如同一个有机体，并不是一形成就处于最佳状态，而要经历一个演变与发展的历程。有时停滞不前，有时倒退，有时跨越，每一种状态都涉及痛苦的发现和困难的转变，每一时期都有突出的问题、发展任务和压力，需要从来之不易的经验中学习。

（一）介入初期要重点培育第一责任人和核心骨干

理论研究者与中小学校长出于双方慎重而自愿的选择开展的合作一开始不可能是全方位的，双方会经历相互试探、磨合和考量的过程。学校不会马上让所有年级、所有学科和所有教师都投入与理论研究者的合作，理性的选择是让部分班级、部分年级和部分教师参与合作。这时，一些原以为适合的骨干教师可能由于参与变革的动力不足或变革缺乏吸引力（这些教师往往“该有的都有了”“该获得都获得了”），不愿“出头”或不愿打破自己相对平静的生活，不愿意参与合作，更愿意作为旁观者。因此，启动阶段最困难的是物色和确定能干、有悟性、有冲劲、愿变革的教师，有时一些学校本就缺乏这样的教师。然而，理论研究者不能因为学校缺乏

① 普查在中期评估以后进行，要求学校不同学科及做学生工作的所有教师都向理论研究者开放一节课。普查期间，理论研究者开展“推门”式听课活动，对学校所有年级、所有学科、所有教师开的课至少听一节，从整体上了解学校开展研究的真实水平。然后召开专门的普查反馈会，与学校领导、教师交流成绩与不足。相较中期评估，普查对学校及教师的要求更高，迫使学校必须增进日常交流与研究活动的频度、效度、深度，提升共同体的发展水平。

② 精品课活动在中期评估及普查基础上进行，是为了把中期评估与普查中发现的学校不同领域发展中的亮点、创新及优秀教师的优秀课例以集中的方式“绽放”出来，为共同体教师发展提供示范，进一步提升学校及教师发展的层次与水平。一般要求学校派出各个学科及做学生工作最好的教师上 3—4 节研究课，通过共同研讨让共同体其他教师深入领会这些课为什么好、好在哪里、这样的“好”是如何形成的、“我”离这样的“好”还有多远等，明确未来的发展方向。

③ 叶澜、李政涛、吴亚萍：《学校转型性变革中的评价改革——基于“新基础教育”成型性研究中期评估的探究》，《教育发展研究》2007 年第 7 期。

变革意义上的骨干教师而打退堂鼓，很多学校之所以愿意合作，就是希望能够培养出一批骨干。因此，介入初期理论研究者与学校的工作重心是培育学校不同变革领域的第一责任人及其核心骨干。

（1）理论研究者要以自己的工作作风、真诚、投入、专业水准及每次活动的实效赢得学校教师的信任。

（2）确定第一责任人负责制。根据共同体层次、类型的差异，第一责任人可以是备课组长、教研组长、学科首席教师等。其在共同体发展中要发挥多种作用：识别教师实践中值得研究的主要问题；策划并组织实施共同体活动；非正式地联系其他成员；关注教师成员的发展需求与问题，积极促进他们的发展；评价成员对共同体发展的贡献；等等。其主动性、投入状态、专业水准、沟通与组织能力、对教师发展问题与需求的解读和应变能力等直接决定着共同体的发展水平。为此，对于共同体的发展要实行第一责任人负责制，形成学校不同领域、不同层次共同体第一责任人体系，对第一责任人充分赋权和委以信任，加强其责任心，使其能与核心骨干教师一道承担起开展实践变革的任务——主动策划、主动组织实施、主动监控，在这一过程中锻炼其领导变革的能力。

（3）以“一对一、人盯人”的策略锤炼不同领域共同体的少数核心骨干教师。以校长为首的领导者要明确思想，对这些人予以重点关照（如优先安排外出学习、交流，确保他们有在理论研究者“在场”时上研究课及与其交流的机会，明确他们对于引领其他教师发展、率先开展实践变革的责任等）及制度与管理上的支持，避免教师发展上的“平均用力”（如将外出学习与交流、上研究课当作“福利”平均分配，结果导致核心骨干教师难以真正“成型”）。经过一至两年的培育，这些骨干教师基本能内化理论研究者所主张的教育实践变革的核心理念和精神，并在自己的实践中表现出来，成为促进共同体发展的“火种”和动力源。

（4）对于第一责任人及核心骨干教师的新尝试给予宽容。在这一阶段，刚开始的学习与实践尝试会有偏差和不足，因而共同体显得特别脆弱，建立信任、探索实践、发展新的方式方法和相互支持等特别需要时间和外界的包容。搭建平台能促进核心骨干内部的相互沟通与交流，使之成为常规和习惯，加深彼此关系。

（二）介入中期要鼓励不同梯队教师的积极参与

在教师实践共同体发展过程中，教师参与状态大致如图 5-1 所示。

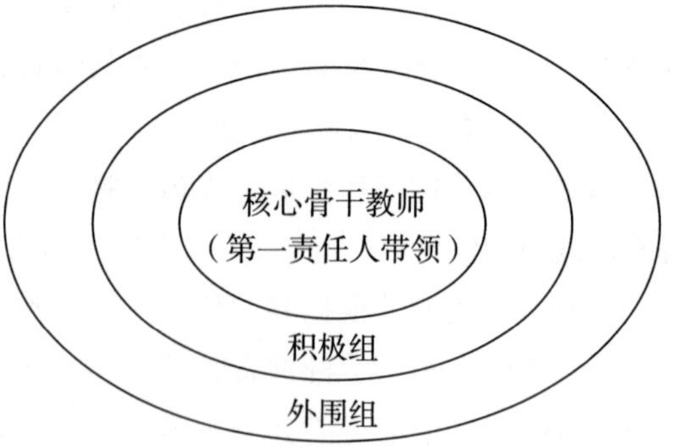

图 5-1　教师实践共同体发展中的教师参与状态

教师参与共同体活动的状态可分为三个层次（大致与学校中教师第一梯队、第二梯队、第三梯队的划分方式一致）。第一个层次是小部分核心骨干教师（是共同体的心脏），在第一责任人的带领下积极参与策划和实施共同体的种种活动，成为第一责任人的助手，约占整个共同体成员的10%—15%。第二层次是积极组，定期参加活动和自主开展一些变革尝试，但没有核心骨干教师那样有规律，也不那么投入，占共同体的15%—20%。第三层次则是外围组，占共同体的大部分，站在旁边，观看核心骨干教师与积极组教师的互动。一些人始终站在外围是因为他们觉得自己的发言不合适或者没有权威，另一些人是因为没有时间做出更积极的贡献，还有一些人则可能对活动不信任或怀疑。需要注意的是，外围组教师看似没有什么热情，但并非单纯被动，他们能够从参与中获得理念并尝试应用，私下里会进行讨论和尝试。有的外围教师在这个共同体里可能没有贡献，但换一个场所或给其一个机会，他们可能会出乎所有人的意料发挥重要作用。这三个层次成员的地位并非固定不变，而会沿着这些层次移动。当研究主题发生变化，核心骨干教师可能转为旁观者；积极组的教师可能有一两个月很投入地参加活动，然后脱离积极组成为核心骨干；当外围成员的兴趣增强之后，他们会向中心移动。

如果说理论研究者在介入初期的重点是培育处于共同体核心的第一责任人和少数骨干教师（其实在这一过程中也有积极组与外围组教师的参与，只是这一时期重心不在他们身上），随着骨干教师日渐成熟，理论研究者对教师实践共同体发展介入的重心逐渐转移到其他教师身上，尤其是关注中间层积极组教师的发展，因为这部分教师若进一步发展就会成为核心组成员，发展不好则会沦为外围组成员，从而削弱理论研究者介入的效果与力量。为此，有以下几个方面需要注意。

（1）对“成型”骨干教师多“压担子”，发挥其核心辐射作用，促进他们对积极组、外围组教师的指导和交流。

（2）第一责任人在平时做好对教师的摸底工作，知其所难、所想、所缺、所需，为其他教师在共同体中的展示搭建平台，或“促”或“逼”或“压”，让更多积极组、外围组的教师“卷入”日常研究尤其是专题研究中。

（3）加强落实“理论学习（形成新认识）——策划设计（新认识转化成新方案）——实践反思（新方案转化成新行动、发现新问题）——重建创生（形成新经验，产生新资源，达到新思考）”的持续循环，活动过程做到“前移后续”，确保实效。

（4）加强共同体活动的整体设计，形成教师参与活动的节奏。共同体的活动节奏就像人的心跳，如果强有力且有节奏，共同体就有运动和活力的感觉；心跳太快，教师就会感到喘不过气来，不愿再参加活动；心跳太慢，又会感到无精打采。当然，没有一种节奏对所有共同体和教师都适合，共同体的发展节奏可能发生变化，但是找到共同体在每个阶段的节奏十分重要。

（5）管理重心下移，为处于学校基层的更多教师参与共同体创造空间。传统的学校管理体系具有明显的科层管理自上而下的等级倾向，部门间、不同领域间、不同层次间条块分割，对学校变革及教师发展具有较大的消极影响。教师实践共同体的发展在根本上意味着在学校管理上要分权、赋权及不同领域、不同层次、不同部门人员间要合作，打破传统的少数领导、“个人英雄”式的精英管理模式，鼓励每个教师积极参与、投入与创造。因此，学校管理必须要重心下移，实现扁平化，激发基层组织的活力，使基层组织（如备课组、教研组、年级组等）的第一责任人及核心骨干教师转变传统的布置与完成任务式的职能，主动承担领导责任，自主策划、实施和调控相关领域、相关层次的工作。

（6）加强制度与政策调整。传统的学校制度与政策具有预防性、规范性甚至惩罚性，一旦实施就会持续较长时间，难以灵活应对学校变革出现的新形势、新需求。教师实践共同体的持续发展肯定会不断对原有制度与政策发起挑战，如教师学习的方式与要求变化后要形成新的学习制度、共同体活动方式相对稳定后要建立新的研究制度、教师参与活动的动力内化后需要调整学校的奖励制度、管理重心下移后需要调整学校的评价考核制度、共同体日益成熟后需要调整学校的监控制度等。这些新的调整在总的趋向上是从学校与教师的发展出发，注重激励的精神性、发展的自主性、承认其创造性、关注变革的生成性等，鼓励更多教师积极参与共同体活动。

（三）介入成熟期要关注教师实践共同体的自主与日常运作

理论研究者对于学校和教师发展的介入不可能永久持续，总有一天要结束。因此，理论研究者的深度介入要自始至终激发和培育教师自主研究、自主策划、自主实施、自主发展的内在自觉和能力。到介入的成熟期，要关注以下几个方面以促进教师实践共同体的进一步发展。

（1）更新教师发展评价机制，让教师体会到参与共同体活动带来的发展感、成就感、创造感；建立教师梯队更新机制，促进共同体中三个层次教师的良性转化，使不同梯队教师的能力水平得以整体提升，同时为新加入的教师提供旁观学习的“板凳”和机会。

（2）大力推进教师的日常研究性变革实践①，在自主开展的日常研究与专题研究中实现共同体更新。专题研究全部做完之后，每个专题研究的类典型就可能形成系列，类典型系列化后就可以更有力地、系统地影响、促进专题研究向日常研究的转化，普遍提升日常研究的水平。总的看来，日常研究与专题研究二者互补、转化，是共同体促进不同层次教师发展的基本手段和载体。这一时期，第一责任人及核心骨干教师要善于发现、凝练研究专题，同时，每个教师要视日常研究为一种常规和习惯。

（3）及时整理发展中形成、积累的资源并加以吸收、转化和强化。第一责任人要有资源意识，使一种资源转化成更多的资源并向更高水平发展，以及促使资源之间相互融通。这些资源包括以下几种。其一，共同体发展过程中创生的优质资源（优质资源又可细分为三类，一类是强项，一类是独有的特项，一类是时时都可呈现的创项）。优质资源要做大。其二，差异资源。对于差异资源要有类别与层次意识。差异、弱项都是客观存在的，重要的是把问题转化为发展空间，要积聚优势，要交互学习。其三，潜在资源。每个学校、教师都有自己的潜在优势，潜在优势的开发非常重要，尤其要关注中间层的分解和提升，优势力量的做大是通过中间层的变化而实现的。关注中间层、提升中间层，是做好潜在资源开发的重要方面。

（4）学校领导者的发展要适应教师实践共同体的发展。在实践中，教师的发展经常快于学校领导的发展，由基层教师发动的变革往往快于学校领导的设想。这时，学校领导发展的滞后性会妨碍教师发展和学校变革。因此，在教师实践共同体发展过程中，学校领导也要与时俱进，积极关注、

① 叶澜：《大学专业人员在协作开展学校研究中的作用》，《中国教育学刊》2009年第9期。

参与共同体的活动，而且领导学习的量与质都应高于一般教师，努力成为变革的领导者，不断提升把握全局与具体策划的能力；要有发现和捕捉苗头、问题的敏感性与能力，对这些苗头、问题进行创造性转化；能发现并放大变革中积极的创造因素，增强中间力量，转化、减弱消极因素，引领教师共同体发展，找到合适的切入点，加强生长点，形成深化点，抓住转折点。

第四节　理论持续渗透与教师实践共同体发展

深度介入式教育研究对教师实践共同体发展的影响，首先表现在教师理论学习上。在此，需要探讨理论研究者深度介入背景下教师理论学习的四个基本问题：教育理论如何打动教师？怎样促进教师学习并理解理论？教师如何实现从理论学习到实践更新的转化？如何使教师持续进行理论学习与实践转化？

一、教育理论要打动教师

赫尔巴特强调教育理论的重要性：我曾要求教育者懂得科学，具有思考力。我不把科学视为一副眼镜，而把它看作一双眼睛，而且是一双人们可以用来观察各种事情的最好的眼睛。[①] 大量教育实践变革也表明，变革越深入教育的根本问题，越不拘泥于方法层面，就越需要理论。[②] 因此，理论研究者介入实践时，要为实践提供新的理论，推进实践更新，并在此过程中实现理论的自我超越。这意味着理论需要适度先行。不过，中小学教师不一定能认识到这一点，他们往往对理论与理论研究者抱有一些误解，通常有三种表现形态。第一种是"反理论"，以自己多年工作经验为依靠，认为理论无用或理论研究者不了解实践，进而形成"唯经验论"，完全依赖经验，将自己的实践当作不需要理论的实践（其通俗表达是"没有理论，我的工作也做得很好"），对理论及理论研究者持不屑或忽视态度。第二种是"唯理论"，对理论奉若神明，在潜意识里认同理论与理论研究者，将自己和自己的实践置于卑微的境地，任由理论研究者和理论发号施令，将自己及实践灭没在理论的名词与概念世界之中。第三种是"怕理论"，认为理论抽象玄妙、高深莫测，教师缺乏学习理论的"基础"或

① 〔德〕赫尔巴特：《普通教育学》，李其龙译，北京，人民教育出版社，2015，第5页。
② 丁钢：《中国教育：研究与评论（第7辑）》，北京，教育科学出版社，2004，第12页。

“资格”。这些偏见在相当程度上制约了教师学习理论的主动性、积极性，是理论研究者介入学校教育实践时首先要面临和解决的关键问题。

对此，我们认为理论研究者要以自身勇气和自信深度介入教师的学校生活，展现理论的力量，打动教师。

（一）“捉虫·喔”效应

这是指理论研究者深度介入教师以课堂教学为核心的工作，一方面指出教师教育教学行为中呈现的问题，对其问题行为背后的思想观念进行剖析（捉“问题虫”）；另一方面强调教师教育教学工作中的亮点（捉“萤火虫”），指出其教育学意义。这样的“捉虫”过程有利于教师获得真实体验，提高反思自己教学行为的需求与能力；然后，理论研究者再进一步提出改进、重建教育教学观念与行为的具体建议，使教师结合自己的课，对新理念指导下的具体教育教学行为的形态有所认识，对理论与实践在教学行为中的内在关系有所体悟，产生“喔，原来是这样”的感叹（“喔”效应）。此后，强调加强教师对教育教学工作的重建，按照理论研究者的建议进行新的教育教学实践，感受理论指导和引领下的实践与原来的实践的差异，从而加强对理论和理论研究者的认同感。“捉虫”与重建的过程是树立理论和理论研究者在教师心目中的尊严的重要步骤。

（二）骨干教师示范

“捉虫”与重建过程刚开始会让许多教师“心动”，但“心动”转化为“行动”还有一个过程。这一时期，以校长为首的骨干教师的示范引领作用分外重要。一方面，骨干教师“下水”向其他教师表明一种“态度”，即“我都尝试了，你不妨也像我这样去尝试”；另一方面，通过骨干教师尝试来消除教师的顾虑，形成学习与研究的开放心态，即“我也做得不完美，大家都可以试试看”；还有，通过骨干教师的尝试展示按照理论要求“做与不做不一样”（教师发展不一样、学生发展不一样、教育教学工作不一样等），体现理论对实践更新的引领意义，对其他教师产生“诱惑力”。

（三）理论的层次化

理论具有层次性，不同层次的理论与教师的距离及对教师工作的意义具有差异性。教师对理论的“观感”、学习与应用程度与其所接触到的理论所属层次有关。他们会基于自己的实践习惯从自己“看得懂的”“感兴趣”的入手，自易而难逐步深入。在初始阶段，教师习惯以实用的“拿来”心态点状地寻找自己需要的语句、段落（如写反思日记、教学研究论文、学习总结等）。因此，理论研究者要有意识地对其提供的理论体系从一般原理、学科或领域的落实与运用、具体工作的操作等维度进行从抽象到具体的分解。以"新基础教育"研究为例，其理论体系既有以《"新基础教育"论——关于当代中国学校变革的探究与认识》为代表的一般原理层面的教育学理论（涉及教育实践变革的社会基础、历史回顾、宏观展开及课堂教学、学生工作、管理变革的基本原理等）；又有语文、数学、英语、学生工作、学校管理、教师发展等各学科、领域变革的改革指导纲要，将"新基础教育"一般原理具体落实到实践层面；以及依据一般原理制订的课堂教学设计、课堂教学过程、课后教学反思、教研组建设、主题班队会、班级建设、学生发展工作、学校管理等方面的具体评价指标；还有在各领域普遍适用、通俗易懂、用关键词表达的新常规（虽然朗朗上口，但做起来实属不易），如"重心下移""过程开放""资源生成与捕捉""育人价值开发""学生立场"等。对这些不同层次的理论内容，教师可以结合自身实际从下而上学习，也可以从上而下学习，还可以进行"两头包抄"或"中间开花"式学习，形成上下左右的相互勾连和启发，提高理论亲和力和学习效率，不管怎样学习，教师总能从中找到与自己工作相关联的地方，从而激发进一步学习、转化的欲望。

二、以多元化的理论学习形式促进教师理解理论

理论有抽象的基本特征，教师理论素养较弱，学习起来会有难度。因此，理论研究者需要与学校相关责任人一道以"前移后续"方式开展多种形式的理论学习，促进教师实现从被动到主动、从旧经验到新认识、从零散到系统的转变。

（一）理论导读

在教师先行预习理论书籍或文章的情况下，理论研究者精心准备，对理论内容进行梳理、解释，结合教师实践讲深、讲透，使教师对相关理论体系的发展历史、总体框架、基本精神、核心理念有不同程度的了解。这相当于给教师提供进一步学习的"支架"，为其后续自主学习提供帮助。

（二）理论答疑

由中小学相关责任人先行对教师学习中遇到的基本问题进行搜集、整理并提供给理论研究者，再专门安排理论研究者答疑解惑，双方还可以互动探讨。在理论导读的基础上，逐步解决教师学习中遇到的基本问题、核心问题、关键问题、模糊问题等。

（三）专题学习

如果说理论导读、理论答疑是理论研究者直接面对教师整体的话，理论专题学习则是以小组为单位（如学科组、备课组、年级组、课题项目组等）的小范围理论学习，一般就某一或某些理论观点展开研讨式学习，要求教师结合自己在实践中的体会发表看法。这种“头脑风暴”对于教师真正理解理论观点并将之转化到自己工作中具有重要意义。

（四）学习沙龙

这是为教师交流理论学习体会搭建的平台，教师自愿参加，主要谈体会、收获、困惑、问题、需求。通过沙龙，不同学科、不同年级、不同年龄、不同职称、不同发展水平、不同类型、不同层次的教师可以实现顺畅交流，相互参照和答疑，在比差异、比进步中获得新的学习动力。

（五）理论与实践参照式学习

教师学习理论的目标之一是在实践中应用并逐渐形成新的行为习惯和常规。这一转化过程需要教师正确理解理论，还要在具体实践中有意识地与旧观念、旧行为做斗争，展现出符合新理论要求的行为。因此，有必要组织教师进行至少三类理论与实践“参照式”的学习：第一，回顾按照理论要求开展的教育教学实践过程（如观看学科教学录像），研讨哪些方面体现了理论要求、哪些方面还需要改进；第二，理论研究者进入教师课堂“捉虫”，找出具体教师的具体问题，提出重建建议，要求不同梯队教师开展后续重建（同课异构、异课同构、异课异构）；第三，以理论参照系看自己或别人的教育教学实践，或参加外校教师的教育教学研讨活动，尝试“捉虫”，看进步、找差异。

（六）理论学习“回头看”

教师对理论的理解会有一个过程，随着理论学习的逐步深入、前后连贯、实践尝试，他们会对已经学习过的理论有新的理解和领悟。因此，安排时间进行专门的回顾式学习，会让教师获得明显的发展感，从而产生进一步学习的愿望。

上面是在理论研究者介入的情况下的几种正式的学习形式，当然，教师日常以个体或小组形式开展的各种非正式学习、交流也是必不可少的。

三、从会说到会做

教师理论学习进行到一定程度，话语系统与理论体系有了对接，表现为“能说”“会说”，在一些专门教育教学实践中还能“展示”出符合理论要求的行为，但在日常行为中却未能真正体现。这表明，教师从“会说”到真正“会做”有一个艰难的转化过程，理论研究者介入的价值主要体现在这一转化过程中。

（一）促进“理论学习—实践转化”的持续循环

具体而言，理论研究者与教师两类主体在系统、持续、有效的理论学习（获得新认识）——策划设计（理论、新认识转化为新方案）——实践尝试（新方案转化为新行为、新行动，发现新问题）——评估调节（评估、反思、重建，形成新经验、产生新资源、促成新思考）的持续循环中实现理论与实践的交互生成。“新基础教育”的“听—说—评课”活动很好地体现了这一过程（见图5-2）。

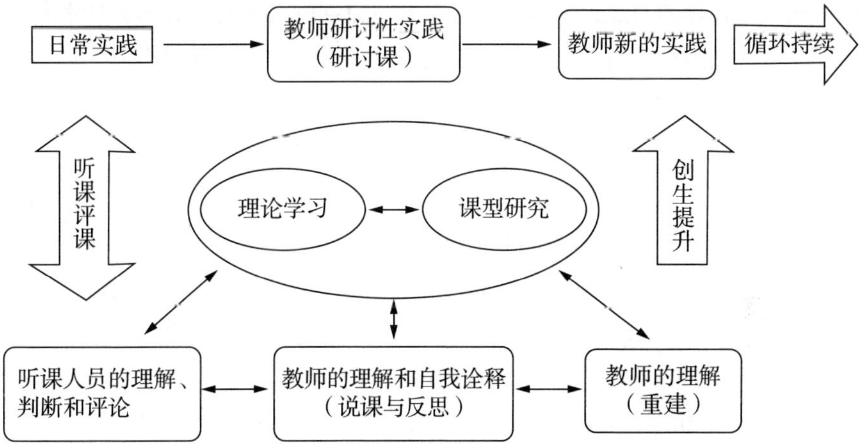

图5-2　“理论学习—实践转化”的循环

在这一过程中，须注意理论学习与实践转化间的新旧关联。上文中的新认识、新方案、新行为、新行动、新问题、新经验、新思考都是相对于种种“旧”而言的。这一转化过程的实质是发展，更是各种类型、层次的“新”与“旧”的斗争。对教师来说，实现从“旧”向“新”的转换既需要认识到“旧”的问题与不足，又需要认识到“新”的价值与意义。两种认识都是参照理论通过教师的实践尝试逐步获得，其关键之处在于让教师体会到尝试实践之后的新变化及发展感、成长感——自身发展了、学生发展了、工作改进了、学校改变了，这是让教师不断克“旧”试“新”的根本动力。每位教师都要努力学习相关理论，理解与领悟这些理论与传统的、已经存在于自己头脑中的个人理论的差异与冲突，产生改变自己观念与行为的需求、愿望与行动，逐渐使自己成为自觉的、有理念作为指导的、自主的变革实践者，进而在理论指导下开展超越旧经验、具有更新指向的实践变革尝试，强调行动之前与行动之后理论作为参照系在教师身上（内在观念、外在行为）的渗透与转化，在反复的“学习—践行—反思—重建”循环中促成教师在实践中达成新观念与行为的内在统一，养成新的实践能力、素养和习惯。

（二）关注并促成理论向实践转化的节点

理论必须结合具体情况，并根据现存条件加以阐明和发挥。就此而言，理论对于同一时空的不同人或同一人在不同时空的价值与意义是不相同的。因此，教师的理论学习必须与其实际情况（发展中的问题、需求、困难、自身的基础等）、具体实践相结合才能实现真正的突破。这需要关注教师理论学习向实践转化的节点，即教师突破发展高原期的关键点。在实践中我们常常碰到一些教师在经过一段时间“理论学习—实践尝试—反思重建”的持续循环后出现不同程度的“顿悟”。这种“顿悟”一方面来自教师实践中的思考和对理论的领悟，另一方面来自理论研究者深度介入时的“捉虫”。

理论研究者关注到教师这种渐进式变化后，要有意识地让其总结经验，并搭建平台使这一经验在教师群体中传播。例如，有些学校在学期中和学期末召开所谓“神仙会”和“三推会”，让发展快的教师介绍经验、提供建议。

理论研究者除日常关注教师发展的节点外，还要善于策划研究活动，创造机会帮助教师形成这样的节点。还以“新基础教育”研究为例，为促进教师理论学习与实践之间的转化，理论研究者策划了多种研究形式，如专题研讨、中期评估、普查、精品课展示，教师通过参与这一系列活动不断用理论参照系对照自己的实践并尝试更新，从而实现发展。图 5-3 以课型研究为例，展示理论在实践中的渗透与转化过程。

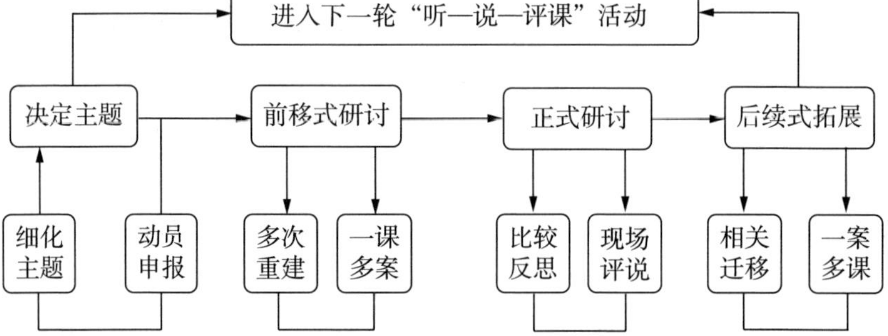

图 5-3　课型研究

在这一过程中，理论研究者具体分析不同梯队教师理论学习及发展中的具体问题、困难及可能空间，形成不同的策略，并且利用教师梯队发展上的资源差异，着重培养各领域、各层次的第一责任人及第一梯队的骨干教师，以点带面，对教师群体学习发挥示范与辐射作用。理论研究者要有发现和捕捉“苗头”、问题的敏感性与能力；善于放大变革中积极的创造因素，提升中间力量，转化、减弱消极因素；找到切入点，加强生长点，形成深化点（达到高原期时，就要形成深化点），抓住转折点。

（三）确保理论研究者介入的频度、效度、深度和广度

关于理论研究者与中小学教师的合作，有这样一个流行的说法：没有理论研究者介入，教师群体内部的学习与实践是“萝卜炒萝卜”，缺乏新意和深度；而有了理论研究者的介入则是“萝卜炒肉”，有了新的“味道”。实际上，这种“味道”主要来自理论研究者高频度的介入（如在“新基础教育”研究中，理论研究者一般一周至少一天介入学校）；每一次介入都精心策划、前移后续确保实效，形成对教师参与的吸引力；随着介入时间的推移，促进教师理论学习与转化逐步深入，达到日常化、专题化且日益综合化、系列化（深度与广度）。这样的介入就是深度介入，与其他各种浅介入、假介入区分开来。

四、强化教师理论学习与实践转化的动力

一般来说，教师的学校生活具有稳定性甚至是惰性，理论研究者介入意味着打破其原有的平静生活，持续性的研究性变革实践更意味着打破一个“旧我”、形成一个“新我”。教师会经历“抗拒—被动接受—主动投入”的转变过程。这一过程是痛苦的，教师坚持走下去需要从外部和内部获得前进的动力。

（一）理论研究者的引领

首先，理论研究者要以诚心和踏实的作风打动教师。理论研究者介入实践的实质是与教师合作开展关于实践的研究，并通过这种研究促进实践变革和理论发展。当理论研究者进入实践时，首先面临的不是教师的“欢迎”，而是他们对理论研究者介入目的的“研究”，一旦发现理论研究者的态度不那么诚恳或者研究会对其生活造成损害，教师就可能不愿意开展合作，不愿意听从，更不愿意说出心里话。有学者曾指出理论研究者介入实践时的三种心态——“审判者心态”（居高临下的批判质疑）、“打捞者心态”（攫取对己有用的田野研究资源）、“纳凉者心态”（事不关己的旁观与

冷嘲)。① 以这样的心态介入实践，不可能获得教师的好感与认同。我们认为，理论研究者只有先正其心、诚其意，端正价值取向，始终将促进教师发展、学生发展、学校发展作为基本诉求，才有可能逐渐使两类主体由“我—他”关系转向“我—你”直到“我们”的关系，使合作得以长期延续及有效开展。就如合作中一位教师所言：在刚开始的时候，其实我对实验的态度，还是你叫我怎么做，我就怎么做。这样大约过了两年时间，我就从这些研究人员的人格力量中受到了影响，我觉得很惭愧。他们年纪那么大，还执着于自己的教育事业，我们年轻人更应该发展自己的教育事业。不能只把这当作一个工作来做，要当作一个事业来做。有了这个观念之后，从思想上、行为上，我都有所改变了，自己的投入度也提高了。一个教授，已经有深厚的理论功底，他还在学习，我们就更要学习。②

其次，理论研究者要注意合作中的角色定位，做到介入而不替代，防止凌驾于教师之上，充分尊重教师的主体地位。研究者主要扮演以下几种的角色。其一，“镜子”。作为理论的提供者、解读者，要“观照”教师的观念、行为，找出问题、发展的可能空间并提出改进建议。其二，“锤子”。在教师理论学习与实践懈怠时予以警醒，迷茫时指明方向，失落时给予鼓励，帮助教师自主、自觉克服困难，发现自己的创造、成长并体会发展感、成长感，获得继续前行的动力。其三，“带子”。理论研究者自身要成为沟通教育理论与实践的桥梁，不做宣讲理论的“旁观者”，而是“起而行道”，深度介入教师的教育教学实践中，在与教师的合作中学习和发展，锻炼读懂教师、读懂实践的本领，和他们一起发现问题、解答疑难、提出重建建议。

（二）强化外在支持力量

首先，加强“人”的工作。以校长为首的学校领导的坚定支持与亲自介入，会成为教师行动起来的“发动机”；学校各层面、各领域的第一责任人既分工负责又沟通协作，有统有分，在整体上形成强有力的领导力和执行力，这是变革实践持续推进的“加油站”；各第一责任人和骨干教师研究、自主策划、实施和调控能力的培养与强化，是变革实践深入推进的“催化剂”；重心逐步下移，关注以备课组、教研组等为核心的基层组织建设，促使每位教师参与，形成理论学习与实践转化整体氛围，形成团队力

---

① 杨小微：《教育理论工作者的实践立场及其表现》，《教育研究与实验》2006 年第 4 期。

② 叶澜：《“新基础教育”发展性研究报告集》，北京，中国轻工业出版社，2004，第 250 页。

量，加强教师个体的归属感、认同感，这是变革实践全面推进的“孵化器”。

领导者及相关责任人要转变自上而下的传统工作方式，逐步适应“自下而上”的工作方式，及时收集、了解教师学习与发展的状态、问题、变化、亮点、需求等，学会从教师的立场思考与策划工作。

其次，加强制度更新。涉及的制度一般有两类，教师学习与研究制度和教师发展的评价考核制度。“更新”是根据教师发展需要对旧制度进行删减、修改、归并和建立新制度。尤其要转变价值取向，即由传统的约束、控制、惩罚取向转向激励教师自主发展、勇于尝试和创造，由刚性转向弹性。

（三）激发教师主体的内在力量

人不是外部力量的奴隶，人拥有不可剥夺的内部力量。对发展而言，外部支持很重要，但从根本上讲还是取决于人自己。因此，教师内在力量的激发是理论学习与实践转化持续进行的根本。这种力量主要来自教师的研究性变革实践：教师体会到较明显的成长感或发展感（与过去的自己比较、与其他人的比较，尤其是与未做这一研究的人比较）；看到学生的明显变化，感受自己努力的价值；感受到学校的生活实践的明显变化；感受到自己的创造、贡献及由此带来的自豪感、成就感、尊严感。这些是外部刺激无法比拟的，是使教师“累并快乐着”地变革实践的最大动力。

因此，理论研究者和学校的相关责任人要善于发现并让教师体会到自己的进步、亮点、变化，还要善于搭建平台、创造机会让他们将这些展现出来，使他们相互倾听、相互发现，从而使教师共同经历的坎坷、痛苦、迷惘、兴奋、顿悟、快乐在其生命深处留下印迹。

第六章 深度介入式教育研究中的校际共同体

深度介入式教育研究中理论研究者除了介入单所学校，还同时介入同一区域或不同区域中的多所学校。为了实现资源共享和促进这些学校的交流互动，理论研究者与多所学校的实践者一道构建了新型校际共同体。这一校际共同体因为理论研究者的深度介入和理论的日常持续渗透而表现出新品质，发展也呈现出自身的独特性。

第一节 校际共同体的发展动因与类型

每所学校均有自己的办学定位、核心理念和文化系统。近年来，越来越多的学校倾向于“抱团”发展，相互学习，努力走资源共享的发展道路，建立了各种样态的校际共同体，成为学校发展的新潮流。

一、校际共同体发展的动因

（一）当代学校整体转型性变革的现实需要

随着我国学校变革的日渐深入，这场变革越来越不满足于对系统的修补，不只要消除或改变原来系统中不合适的或需要改变的方面，还必须承担重建的任务。这意味着学校的内在基质、整体形态和日常教育教学实践等要进行根本转型。这一变革性质决定了变革中期待之事不能实现，通向意外之事的道路被开通[①]。复杂性与反复性是变革的真正本质，这对中小学及其实践者来说是难以单独应付的挑战。

事实上，随着近年来中小学成为教育变革的基本单位，教育实践者日

① 〔法〕埃德加·莫兰：《复杂性理论与教育问题》，陈一壮译，北京，北京大学出版社，2004，第62页。

益成为教育变革的主体。从总体上看，这种投入还是个别式的，即一所所学校或一个个实践者各自投入，彼此缺乏有计划、有效的持续沟通与合作。因此，在面对多维多层的变革问题时难以集聚力量，变革陷入困境。校长尤其是弱势学校校长希望与其他学校合作，在教育教学、教师发展、学校文化建设甚至日常教研活动等方面与兄弟学校沟通交流，取长补短，资源共享。

（二）地方行政力量的推动

一直以来，教育行政力量是推动教育改革的主要动力，通过资金、政策、制度、评价、人事等手段对学校变革进行调控。但每个区域中小学校数量众多，各校情况复杂且存在巨大差异，行政力量也往往一筹莫展，区域中小学内涵和办学质量的整体提升面临巨大挑战。当下教育领域的主要矛盾是人民对优质教育的需求与供给不足之间的矛盾。政府推动教育集团化，以教育集团的方式建立校际共同体，实现优质教育资源的共享和创生。这是地方政府成本最低、风险最小、成效最大的优质教育发展的路径。

（三）义务教育优质均衡发展的现实需求

1. 我国义务教育均衡发展的多重转向

过去几十年，我国创造了全世界最大规模普及义务教育的辉煌。在“多出人才、快出人才”的特殊历史背景及资源拮据的情况下，义务教育“欠债”严重，造成区域间、城乡间、学校间发展差异巨大。2005 年，教育部颁发《关于进一步推进义务教育均衡发展的若干意见》，提出了推进义务教育均衡发展的相关要求；2006 年新修订的《义务教育法》再次以法律条款的形式提出“促进义务教育均衡发展”；2010 年，《教育规划纲要》将“均衡”作为未来十年基础教育改革的核心关键词；2012 年，党的十八大报告明确提出要大力促进教育公平，努力办好人民满意的教育……。应该说，随着这一系列法规政策的落实，我国义务教育均衡发展近年取得了明显进步，尤其是随着国家教育投入的大量增加，区域间、城乡间、学校间教育硬件（如设备设施、空间等）与师资条件（如薪资、学历等）等日趋平衡。然而这并不意味着义务教育均衡发展问题一劳永逸地得以解决，相反，它面临更大挑战，需要进行多重转向。

（1）发展目标：从“量”到“质”。近年来，从中央到地方，对义务教育均衡发展的主要关注点是“补弱”，从学校标准化的角度侧重对农村地区学校、薄弱学校加大资源投入。然而，从经济学的角度分析，教育均衡最重要的还是教育资源配置的均衡，这里的教育资源既包括硬件资源，诸如校舍、教学实验仪器、图书资料和教育投入等，也包括软件资源，诸如教师队伍素质及学校管理等。① 概括地看，这些均衡问题基本是通过增加经费投入加以解决的，是教育资源“量”的增加。毋庸置疑，在资源匮乏的时候增加投入无疑是雪中送炭，对教育质量提升效果明显，但投入增加不会无限制地和必然带来教育质量持续提升。实际上，许多学校和教师在教育资源丰富以后，仍然保持传统落后的管理机制、教育教学理念及行为方式，素质教育改革未能真正有效落实，学生的发展没有根本改变。也有一些学校虽在资源配置上比较落后，但其校长和教师却积极投身于教育变革实践，以其实践智慧积极创造，使学校成为师生生命成长的乐园，享受物质贫乏中的教育幸福。因此，随着当前发达地区和未来欠发达地区教育资源在“量”的意义上的均衡化，迫切需要转换教育均衡的发展目标，从“量”的扩张转向“质”的提升，突出师生在校教育教学生活质量的提升。这种转向是教育均衡发展“层级”的提升和方向的根本转变，是基本实现“量”的均衡后的新需求，将前期“量”的均衡从目标转换成为当下“质”的发展的手段（即“量”的均衡是为“质”的均衡服务的，“量”的均衡只是手段而非终极目的），它是构建和谐社会、满足新时期人民对更高质量教育的期待的本质要求，也是未来义务教育改革的核心任务。总而言之，当下义务教育均衡发展的目标要真正放在“发展”而非办学条件的改善上。

（2）发展重心：从“整体”到“局部”。义务教育均衡发展作为当前教育改革的基本战略任务，从提出到落实需要宏观（国家）、中观（区域）、微观（学校）三个层次的协调合作。宏观（国家）层次包括有关法规政策的发起者和全国整体执行情况的评估督导者，中观（区域）层次包括有关法规政策的具体落实的执行者，微观层次的学校则是承担者。在近年教育资源“量”的均衡化过程中，发展的重心明显在宏观和中观层次。党中央、国务院不断出台相关政策、法规，在全国整体加大推进力度。各地方政府则根据所在区域的财政情况，在区域整体上陆续落实上级要求。而学校较为被动，主要是按照上级要求对拨付的教育资源做好安排。由此可知，这一教育均衡化发展过程在国家和区域层面明显呈现出自上而下的整体性，即整体设计、统一要求、统一标准、统一进度、集中评估等，较少顾及学校微观层次的特殊需求、特殊个性，不注重激发学校的主动性。

① 翟博：《中国基础教育均衡发展实证分析》，《教育研究》2007年第7期。

随着教育均衡发展目标由“量”到“质”的升级，发展重心越来越需要从上到下转移，突出不同区域和学校在发展方式、策略上的创新，形成义务教育“质”的均衡化的新经验、新尝试。长期以来，依靠政策支持和外部经费资源持续投入，而不关注具体学校实际情况和培育其内在发展动力的教育均衡发展方式往往很难延续。相对于全国的“整体”，不同区域这一“局部”需要有适合自己的发展路径与策略选择，以促进优质教育资源在本区域的生成与辐射；相对于区域这一“整体”，作为教育均衡发展的“细胞式”构成，学校这一“局部”则要积极主动发展、个性发展、特色发展，努力提升质量和内涵。这一过程迫切需要解决两大核心问题。

其一，如何处理好优质学校与非优质学校在“发展”意义上的关系。因为几乎在全国范围内，不同区域的优质教育都相对集中在少数优质学校，造成“优质而不均衡”的普遍现象。教育均衡发展的新目标就是要努力消除这一现象，在区域内实现优质教育资源的普及化和持续发展。不能简单地“劫优济贫”或削峰填谷，使优质教育资源稀释或减弱，而要使优者在持续优化的同时，带动其他弱校快速发展；同时，弱校更要摆脱依赖外部“输血”的传统发展模式，关注自己内部生长力的培育与增强，积极寻求发展的突破口，实现学校整体发展水平的提升。

其二，如何激发学校个体的内在动力，尤其是激发学校内部不同层次、不同类型变革主体（校长、教师等）积极投身变革及在研究性变革实践中发展自己、发展学校的积极性。再好的环境也不会自动转化为学校、师生的发展；有再多问题的环境，追求发展的校长、教师总能找到可能的发展空间；自觉努力的校长和教师总会拓展出更大的可能空间；在切实行动的校长和教师那里，总会出现相对于昨日之我的真实发展。

可以预料，这些问题是一个“攻坚”性的艰巨任务。它最终能否实现取决于区域层面的整体设计，尤其是学校作为办学主体的实践智慧和创造。可以设想，随着义务教育均衡发展的持续推进和学校作为教育改革基本单位地位的彰显，未来中国的不同区域、不同学校的发展将越来越个性化、特色化和多元化，对学校、师生发展的评价也将越来越个性化、特色化和多元化。

（3）发展方式：从外在到内在。发展方式是发展目标与发展结果的中间环节。要实现义务教育均衡发展从量到质的转向，必须从外在的以资源配置为中心、依赖政府力量驱动、强调同质发展的“经济逻辑”和“政治逻辑”中解脱出来，向以质量提升为中心、注重学校内在生长力培育、注重个性与特色差异的内在发展方式转变。在这一过程中，至少需要注意以下三个方面。

其一，发展的价值取向从外在的“政绩”考核转向学校内涵的提升和师生的真实发展。在“量”的扩张期，均衡化对许多地方政府和教育行政机关而言是必须落实的一项政治任务和政治绩效考核指标。在“质”的提升期，教育均衡发展更需要遵循教育发展的自身逻辑（而非“经济逻辑”和“政治逻辑”）。例如，学校“内力”的提高难以立竿见影，而是“慢”的积累过程，这意味着需要形成新的反映学校内涵发展的教育均衡发展评价与评估指标体系和评价方式。

其二，对已配置到位的资源进行优化使用。有学者指出，教育发展的理想结果不是各个发展要素的简单相加，而是不同要素优化组合后所发生的“化学反应”产生的“乘数效应”和“裂变效应”。[①] 在教育均衡发展“量”的扩张过程中，各学校积累了较为丰富的教育资源，要根据这些资源的不同类型、性质与功能做到人尽其才、物尽其用，减少闲置和浪费，提高教育资源存量的使用效率。同时，对有利于教育质量提升和学校内涵发展的核心要素、关键要素（如骨干教师的培养、变革文化的形成、研究制度的建立等）予以重点关注，与此相适应，要逐渐转移资金投入重点，加大对教师研修、课题研究、课程开发、教学与管理平台建设等方面的投入力度。

其三，努力寻找变革和发展的切入点、突破点和转折点，推动优质教育资源的生成与辐射。要在区域与学校管理上加强改革，切实保障和利用好学校办学自主权，建立健全学校内部治理制度和基本机制，提升学校自我管理和发展的能力，使学校真正成为教育变革的基本单位。同时，学校要树立正确的办学理念，直面自身存在的各种问题、明晰自己的发展优势与潜力，并基于这些问题、优势与潜力做好发展规划，加大课程、教学改革及其研究力度，充分调动教师工作和发展的积极性，及时发现变革中的亮点并将其放大，努力在变革与发展中形成自己的个性与特色。

2. 教育均衡发展的新路径

在一定意义上，义务教育均衡发展不是一个“为什么”的理论问题，因为有关教育公平、公正、正义等方面的理论已基本达成共识；它也不是一个“是什么”的政策与法规问题，我国宪法、各类教育法、各类教育行政公文对此均有大量表述。从根本上看，它是“如何做”的推进策略问

① 褚宏启：《论教育发展方式的转变》，《教育研究》2011 年第 10 期。

题。新时期教育均衡发展需要解决的突出问题有两个：一定区域内非优质学校如何个性化地提升内涵和教育教学质量？优质学校的优质教育资源在得到持续发展的同时如何发挥辐射作用？为此，从国家到地方纷纷采取措施，综合来看，这些措施基本都是政府和教育行政部门利用公权力实施的，以“注入”方式明确指向对弱校的扶持，如强制执行教师与校长流动制度、名校集团化办学等。从短期来看，这些措施会产生一定的效果，但需要注意的是，这些措施较少顾及学校的文化及传统差异和个性化需求，特别是缺乏对教育发展逻辑的认识（如对优质教育资源更多是从“补弱”的“用”的角度考虑，缺乏对持续培育的过程的关注；再如，缺乏对教育发展是一个需要时间的“慢”的过程的认识，期望“快”的结果；等等），可能欲速则不达。

当前，义务教育均衡发展在策略上迫切需要摆脱过去相对简单的行政力量驱动模式，形成官方与民间多种力量共同推进的新形式。官方逐渐从台前走向幕后，侧重提供政策与制度支持，积极搭建各种平台，重心下移以充分调动学校自身、本土专业力量（如教研员）、大学学术力量等在促进学校发展和优质教育资源生成与辐射上的作用。在这一意义上，建立校际共同体是推进区域基础教育优质均衡发展的必然路径选择，尤其是借助大学与中小学合作，加强教育理论研究者对学校教育实践变革的深度介入，实现官方与民间几种力量共同合作，促进一定区域内不同层次与类型学校的内涵发展及交流，从而达成优质教育资源的创生与辐射。在区域教育均衡发展过程中，如果能让多种力量各安其位，同时创新一定的机制使其共同协作发挥作用，将会更有利于未来教育新“质”的生成与均衡。

二、校际共同体的类型

我国校际共同体的建立主要是学校自我发展和区域基础教育均衡发展的自主选择。在发展过程中，校际共同体大致有以下几种类型。

（一）自发联盟型

由于历史原因，我国学校发展城乡差异和校际差异很大。对一些薄弱学校来说，发展基础、资源、机会、平台等都处于弱势。为改变这种状态，一些薄弱学校相互抱团发展，彼此加强合作，互通有无，取长补短，形成事实上的发展联盟。还有一些薄弱学校主动联系区域内外的其他优质学校，通过参观学习、教师互流、研讨交流等形式，向优质学校学习，吸收转化优质学校的优质教育资源。这两种形态是薄弱学校为追求发展而构建的校际共同体的“原初状态”，都存在一定的问题。前者为“弱校+弱校”校际共同体，虽然可以实现资源共享，但因为优质教育资源难以持续生成，对于质的提升助益并不明显。这种“难兄难弟”式的校际合作往往难以持续。后一种联盟往往是弱校向强校的单向需求，强校缺乏合作的主动性，联盟缺乏共同发展的根基。而且，两种校际合作往往靠校长间的私人感情作为维系纽带，缺乏制度支持，也缺乏可持续性。

（二）教育集团型

许多地方政府为了满足人民群众日益增长的优质教育需求，选择了风险小、见效快的教育集团化办学模式。这种模式一般分为两种形态。其一，“强校+弱校”。由地方政府出面，让一些弱校以“托管”“结对”“结盟”等形式与强校合作，构建以强校打头的教育集团。其二，“强校+新校”。由地方政府出面，在建新学校时，将其作为强校的分校，增强招生的吸引力。在两种教育集团形式中，强校一般通过向弱校、新校派出学校管理和教育教学的核心骨干的方式，在学校发展的各层次、各领域发挥引领示范作用，同时，弱校、新校移植或引入强校的学校文化、办学理念、管理方式、制度，通过定期或不定期的教师交流、研讨合作等方式，加强强校优质资源的辐射。但这种校际共同体因为“托管”“结对”“结盟”的力度不同，校际关系紧密程度存在差异：若为紧密型的集团，弱校或新校往往会打上强校浓重的烙印，失去一定办学自主权（学校法人界定不清晰），难以形成自己鲜明的办学特色和校园文化；若为松散型的集团，强校优质资源对弱校或新校的辐射可能缺乏力度，难以达到帮扶的目的。这种依托一所强校拉动其他弱校或新校发展的校际共同体式合作，对强校自身发展来说亦存在许多不利影响，一定程度上削弱了强校优质教育资源的持续再生能力，从长远看并不利于强校发展。可以说，强校往往难以独立解决既帮扶弱校或新校又保持自身优质教育资源持续再生的矛盾。要解决这一问题，必须寻找外部支持力量。此外，由于少数强校在教育集团化过程中占据明显的主导地位，大大减少了区域内学校生态的多样性，使学校办学日趋同质且缺乏竞争活力，难以在区域内形成学校间的良性竞争，不利于区域教育的长期持续发展和不同学校自身特色的形成。

（三）松散联盟型

有的学校不强也不弱，努力向强校发展转变；有的强校没参与教育集团，亦有扩大影响力的现实需求。因此，就出现了另一种自由结盟的松散型校际共同体。这种松散型校际共同体也有多种子类型：其一，由某些机构或组织（如大学、基金会等）牵头构建的松散联盟。如2015年北京师范大学的“2030中国未来乡村学校计划”，规划建立100所“2030计划”示范学校，打造1000所成功变革的未来乡村学校，辐射10000所乡村学校，开启面向未来的变革，类似于商业领域的连锁店。其二，以项目为载体的松散校际联盟。如江苏省教育厅规定获批江苏省基础教育前瞻性教学改革实验项目的学校，必须要与其他学校结对子，定期开展该项目的研讨交流。项目主持学校成为“盟主”，与其他加盟学校开展教育教学研究上的合作交流。其三，以某种教育主张为核心的校际联盟。如江苏省的“苏派教育联盟”和浙江省的“浙派教育联盟”，入盟的学校每年轮流举行几次校际互访或校际研讨活动，达到相互交流、共同发展的目的，同时利用这一平台扩大学校在区域内外的影响力。这些联盟在一定意义上有利于入盟学校的发展，但因其“松散”的特性，偶尔进行的校际交流与合作难以真正实现共同体共同发展的核心目标。

总体上看，上述校际共同体的种种形态因追求学校发展和区域基础教育均衡发展的目标而生，但因其自身存在不足，事实上又难以实现这种目标。因此，当下校际共同体的发展迫切需要新思路和新路径。深度介入式教育研究中的校际共同体具有创新性，能有效克服上述形态的不足。

第二节　深度介入式教育研究中的校际共同体

深度介入式教育研究作为一种特殊的院校协作，大力推动中小学校际共同体的建设。而且，因为有了教育理论研究者的深度介入，校际共同体呈现出新的特质。

一、深度介入式教育研究中校际共同体的生成

在深度介入式教育研究中构建校际共同体不只是出于学校自身变革的需求和促进区域教育优质均衡发展的目的，还有以下三点缘由。

（一）区域推进合作研究的现实选择

深度介入式教育研究在一定区域内与中小学开展合作及其拓展往往有一个过程，一部分学校先加入，区域内其他学校陆续加入。这时，在这一区域构建校际共同体就成为持续合作的现实选择，推进这样的校际合作也是开展深度介入式教育研究的现实选择。

其一，避免重复用力。参与合作的学校虽然有各种各样的差异，但是在变革上往往面临类似的问题，例如理论与实践“两张皮”的问题、理论学习如何开展并转化为教师新实践的问题、是以“加法”还是以“整合”的方式对待合作研究的问题、校内管理变革（组织机构调整、制度重建）的问题、教师行为实践“新”与“旧”的矛盾冲突问题等。试想，人数有限的理论研究者团队如何在其时间与精力有限的情形下对每个学校出现的这些类似的问题一一予以解决呢？实践表明，校际共同体内部的沟通与合作（先行学校为后加入学校提供有效的经验与做法）完全可以解决这些类似的问题。

其二，协同攻关，加快研究进度并进行深入研究。当代学校整体转型性变革的内容十分丰富，不同层次、领域甚至每一层次和领域都有许多值得研究和探讨的问题。任何一所学校都不可能做完所有的研究，而且每所学校都有自己的基础、长项与弱项，往往适合做某些方面的研究而又难以开展其他方面的研究。通过校际合作，在理论研究者的整体策划下，可以根据每个学校的意愿及研究基础，以认领任务的方式协同作战，定期交流研讨，实现经验与资源共享，达到“1+1>2”的效果，在有限时间内完成更多、更深入的研究任务。

（二）扩大教育理论研究者影响的有效途径

目前，大学教育理论研究者深度介入中小学教育变革实践，实现教育理论更新与教育实践变革的双向建构日益成为普遍趋势。但也要认识到，相对我国广大的中小学，大学教育理论研究者的专业力量十分有限，不可能介入每一所有需求的中小学。对此，理论研究者要么蜻蜓点水般地到中小学调研、做报告，要么采取“间接接触”的方式。这种“遥控式”的合作在国外十分流行。随着网络技术的发展，还有理论研究者与实践者以网络虚拟空间为平台进行间接接触，在网络上直抒所见、交流心得、探讨问题。这亦不失为一种合作手段，有利于在开放的情形下表达意见。其问题在于交流可能具有虚假性，出现“说得比做得好”，甚至“光说不做”的情况。

大学教育理论研究者及其理论要真正对中小学的教育变革实践产生长久、实质性的影响，必须坚持直接接触式的深度介入。那么，有没有一种既能保证两类主体直接接触，又能确保理论研究者介入的深度、频度、效度，还能形成较大范围的合作的介入形式呢？发展以大学教育理论研究者与部分长期合作的优质学校合作为核心的、以同心圆方式向外扩展的校际共同体势在必行。通过专门策划定期开展、开放的研讨活动，就能以点带面地发挥专业力量的系统性影响，通过理论研究者对优质学校以外的其他共同体学校的定期介入，还能进一步检测这种影响的程度，在下一步工作中进行调整。

（三）促进优质教育资源持续生成与辐射

我国区域之间、城乡之间、学校之间的教育状态存在较大差异，解决这种差异、实现教育均衡成为教育改革的重要主题。其常规策略是加大投入、缩小有形差距，以及加强对薄弱地区、薄弱学校的支持力度，促进其快速发展等（如“空降”一些优势学校的优秀教师）。这些策略一定意义上确实起到了“均衡化”的效果，却不能从根本上解决问题。它强调了对薄弱学校自外而内、自上而下的外源式支持，忽视了这些学校原有文化更新、内在发展力量培育等内源式动力的形成。

许多区域在地方行政的干预下组建的“名校+弱校”或“名校+新校”的教育集团也难以靠自身力量在“扶弱”的同时实现“自强”。这一发展的矛盾可以通过深度介入式教育研究中的校际共同体建设找到新的解决路径。

就校际共同体的组成来看，学校有强有弱，具有十分明显的层次性，形成丰富的差异资源；就发展贡献来看，强调不同学校发展的潜力、创造力和特色，弱势学校也并不一定只能是“吸收”的一方，它可能为优势学校的发展提供启发性的经验；就发展形式来看，强调校际开放式的合作，在合作中各自承担不同的研究任务，在定期的开放式研讨中，不同学校的优势教育资源可以对其他学校的发展产生辐射性影响。在长期的校际互动中，理论研究者的持续深度介入可以促进不同学校在研究的深入与拓展中相互学习，在竞争式的日常合作中实现学校文化更新、教师发展与研究精神的形成、学校管理的变革及领导队伍的发展，实现发展动力的内化。

二、深度介入式教育研究中校际共同体的内涵

上文论及的不同形态的校际共同体尽管有这样或那样的区别，也有一些共同特点，如联系的松散性，缺乏共同体之所以成为共同体的核心价值，尤其是组成成员的同质性。深度介入式教育研究中形成的校际共同体则有其特殊性，教育理论研究者这一异质因素的加入使校际共同体具有了新的品质。

（一）基于共同的核心价值

本书已就共同体的多学科研究做过审视。总的来看，这些研究呈现的基本上都是共同体的静态样态，甚少从共同体内不同主体间的主动合作、互动来阐述共同体的动态形成。当然，这些多学科研究对于理解“校际共同体”具有重要启示，如强调成员间的亲密情感关系、共同的分享、“我们”感等，即校际共同体要真正成为“共同体”必须基于共同的价值。这种价值共识究竟是什么？合作的根本目的不是内部利益交换或达成某种控制，而是指向培育当代理想新人及促进当代社会转型期的中小学整体转型，终极目标是“人”的成长与改变，发展、研究、成长是其存在的价值基础。基于价值共识，共同体成员就有了教育理想和研究的精神，不同学校虽有自己的自主性、独特性和差异性，但其“灵魂”是一致的，合作不是社会学与政治学逐利意义上的“争斗”，而是为了共同发展的互助、共享和相互滋养。

达成价值共识离不开理论研究者及其理论。只有通过理论研究者的不断暗示、强化、建构，实践者才会对此有所体验与认同；只有通过对理论的持续深入学习、理解、践行、反思，才会对新型实践创新的可能有所期待，才会因自己的实践创新而快乐、幸福，当然即使是痛苦、失败也是一种印象深刻的特殊体验。这种在合作过程中的快乐、幸福、惊喜、等待、痛苦、焦虑、紧张、期望，是共同体成员对这个共同体的特殊认同、归属，是对精神家园的依归。

（二）以理论研究者为核心

这是指深度介入式教育研究中的校际共同体离不开理论研究者的系统策划、调整与推进。理论研究者不仅是将各校及其领导者、教师整合在一起成为一个共同体的重要黏合剂和催化剂，及共同体运作过程中问题的发现者与解决者，还是共同体开展校际互动时的专题策划者、经验提炼者，也是各校相应研究任务的决策者与发放者，更是共同体实际运作情况的评价者与调控者。因为有了扮演多种角色的理论研究者及其对共同体运作的介入，才确保了共同体合作的质量。当然，这一过程要避免共同体运作对理论研究者的过度依赖。如果说共同体运作初期需要理论研究者“在场”的话，随着共同体的发展，理论研究者的介入应慢慢从“有形”化为“无形”，理论研究者需要将自己的价值观、思维方式、理论观点、推进策略等转化为共同体中核心实践者（主要是校长及各领域的骨干教师）的专业素养与能力，使实践者成为共同体活动的自主策划者、实施者、调整者与评价者，形成共同体的自组织特征。

至此，共同体就不再是古德莱德所说的“network”，而具有了理论与实践的双向转化特征。在这里，研究与实践依然是两类不同的活动，但是，它们却以一种“双螺旋”式的结构紧紧缠绕在一起，共生共长。在这里，两种不同的活动——研究与实践在各自保持自身特质的同时，融入了一个特殊的“研究—实践共同体”。理论从中创生，创生的理论不断地汇入生成着的实践；实践在理论的渗入中又不断调整。在理论的参与中，实践的动力性因素处在不间断的累积和调适中，这些动力因素有的作为促动力量汇入实践之“流”，并转化进实践的作品中；有的则反作用于实践主体，引起主体力量的增强和意识的敏感化；还有的则返归于研究者，对理论的创生产生新的挑战或需求，于是，又促进了理论的不断丰富与更新，而后再返回实践……。由此，展现出教育理论与实践之间持续不断地循环互动、相互建构、互动生成的关系图景。①

（三）创造教育新生活

客观地说，中小学的生活内容、形式及节奏本身具有极大的相似性。然而，在转型性变革背景下，这些生活内容、形式及节奏大多成了变革的对象。当今教育变革的实质是转变中小学教育实践者习以为常的生活方式，这是教育变革深化之所以难、慢的根本原因。深度介入式教育研究所致力于改变的核心正是这一方面。我们主张构建的新型校际共同体要通过理论研究者与实践者的合作与共同努力，使实践者不断尝试突破自己，从日常中一点一滴做起，在创造一种新生活的同时创造一个新自我。具体地说，这种新生活的内涵包括以下四个方面。①关于学校整体转型变革的新的话语系统，通过“语言”的转换，使校际共同体形成强烈凝聚力。这一目标主要通过学校自身系统、持续的理论学习得以实现。②以师生发展为核心的价值取向，不断追求自我超越，不断尝试创造。这是一个完整的链条：基于新学习，产生新认识；有了新认识，形成新方案；有了新方案，生发新行动；有了新行为，产生新思考；有了新思考，发现新问题；有了新问题，继续新学习……③新的行为方式，在自己的课堂教学、学生工作、学校管理等具体实践中不断渗透新思想、新理念。④新的评价标准、方式与制度，惩罚性、防范性的标准、方式与制度越来越少，发展性、激励性、自主性的标准、方式与制度越来越多。总之，通过理论研究者与实践者的

① 叶澜：《立场：“生命·实践”教育学论丛（第二辑）》，桂林，广西师范大学出版社，2008，第116页。

不断尝试、发现，使学校生活的基质、基本形态逐渐发生根本变化。这里我们以一个案例来进一步说明。

改革深处是文化①

……（“新基础教育”）扎根三年，学校管理自觉践行“生命·实践”教育学派的理念，呈现出系统成型的三大特点：研究更日常、更深入、更有创造性；推进更自觉、更有力、更有突破性；成果更丰富、更独特、更有推广性。在盘点与追溯中我们真切地感受到：系统成型在机制，改革深处是文化。

1. 以“文”化人、凝心聚力是群体追梦、自觉扎根之“魂”。从崛起时抱团成拳、艰苦奋斗“家”文化的孕育，到转型期乐群奋进、活力创新“群”文化的发展，体现了“教天地人事”的教育情怀、道德原则和价值追求。扎根阶段，学校文化通过内蕴着价值取向的动员会、反思会、表彰会和外显着精神面貌的微型校史、主题展板、名师讲坛等多种形式，使一批有着教育理想的“励志”人物成为教师群体崇敬、信任和追随的目标，将敢于变革、智慧理性的主流文化逐步转化为教师团队的共同价值取向，成为引领群体追梦的内在精神力量。

2. 以“进”激情、创新机制是自励自强、变革立序之“体”。管理责权的再次下移和关注重点由“成事”向“成人”的转换，最大限度地激活了教师团队基层细胞的活力。领导负责与多元参与的决策机制，形成了“我是学校不可或缺一分子”的使命感和向心力，担任我校三年主动发展规划总结性评估的评委惊讶于来自不同领域、不同层次三位教师访谈中这同一句话。日常研究与质量监控的实施机制，形成了不同学科、不同年级在分享中竞争、在互补中共进的良好态势，以及年级组长、教研组长合力推进、主动反思、把关质量的角色自觉。个性彰显和团队共赢的发展机制，促成了课题组共研一节课、成长营共练一技能、项目组共谋一突破、年级组共展一风采和活动中各显身手、团队中水涨船高的发展生境。主动辐射与自觉生根的共生机制，使“新基础教育”的根基更坚、根系更大。把“群”放大、把“力”给足、把“根”扎深成为团队每个人自觉践行的行为准则。

---

① 王冬娟：《系统成型在机制　改革深入是文化》，常州市第二实验小学，“新基础教育”扎根性阶段总结（内部资料），2012。

3. 以“诚”为贵、辐射引领是自我超越、提升境界之“本”。从一开始的理论引领者、实践示范者角色的及时转型，到将联系学校看作相互促进、共同发展的资源，我们把每一次超越视作对自己的挑战，而把每一次挑战视作更好的超越。面向共同体，我们率先开辟研究方向，率先试水“走进异域”，形成震荡效应，打开学科思路，拓展育人视野。面向集团，我们整体规划项目推进，实现了起始年级从理念到实践整体融合的成功起步。面对有需求的其他区域的学校，我们主动满足“局外人”的需求，吸引更多的志同道合者。从“我”走向“我们”，从“我们”走向独特的“新我”，不仅仅是工作方式的改变，还有文化绩效的提升；从“立己”到“助人”，从“助人”到更好地“立己”，不仅仅是思维方式的改变，还有教育自觉的提升。

（四）突破校际壁垒

由于理论研究者及其理论的深度介入和日常渗透，参与合作研究的学校凝聚形成了共同价值取向、共同教育教学理念，也有了共同话语系统和“魂同形异”的实践形态。因此，这些学校能够打破传统封闭办学的模式，真正持续深入地开展校际交流与合作。具体而言，这种校际共同体的形成主要得益于以下几个方面：①理论研究者牵线搭桥，实现不同学校各领域的深度交流。例如，每次理论研究者到某一区域的某一所学校进行某一领域（如语文或数学或英语学科等）的研讨时，能够吸引该区域其他学校该领域骨干教师参与；再如，理论研究者每学期策划某一主题的专题研讨活动时，区域内外的所有合作学校事先均有所准备，待活动日再聚集在一起相互交流、碰撞思想、共同发展等。②地方教育行政力量的介入。一旦理论研究者的深度介入得到地方教育行政机构的认可和支持，就会以行政的方式（政策、制度、评价考核、经费杠杆等）介入地方校际共同体的运作，如此就形成了“重点师范大学—地方师范大学—中小学”（U-G-Ss）的共同体格局。这有利于突破校际壁垒，同时克服了教育集团式校际共同体的不足。③变革和研究是校际合作的黏合剂。有了理论研究者和理论的深度介入，学校实践者便戴上了一副理论的“眼镜”，看到不一样的教育世界，使其教育实践生活有了不一样的追求和挑战。这些追求与挑战凭一所学校的某个教师或某一教师团队是难以应对的，不同学校的不同尝试以及这些尝试之间的碰撞、比较激发了全新的思路。通过上述努力，区域内外参与合作的学校构成了规模较大的区域内甚至跨区域的校际共同体。

第三节　深度介入式教育研究中校际共同体的形态

近年来，我国不同师范大学的教育理论研究者对中小学实践变革的深度介入越来越多，如首都师范大学以张景斌等为首的团队、东北师范大学以邬志辉为首的团队、华中师范大学以郭元祥为首的团队、浙江师范大学以裴娣娜为首的团队、华东师范大学以叶澜为首的团队、香港中文大学以卢乃桂为首的团队等。通过他们的努力，基于理论研究者深度介入而逐渐发展出了不同类型且各具独特性的校际共同体运作模式。本研究拟对华东师范大学“新基础教育”研究团队构建的校际共同体做一概述。

由华东师范大学叶澜发起的“新基础教育”研究自1994年开始，至今已有20余年。与其他合作研究不同，“新基础教育”研究肇始于对当代中国社会转型背景下学校教育应培养什么样的人的追问与反思①，其理论探究与实践探索紧紧围绕培养新人需要什么样的新型学校②、新型学校如何培养出新人③、培养新人需要什么样的新型教师和学校管理者、新型教师与管理者如何在创建新型学校的过程中成长④等系列问题而展开。对于这

① 叶澜：《时代精神与新教育理想的构建——关于我国基础教育改革的跨世纪思考》，《教育研究》1994年第10期。

② 叶澜：《更新教育观念，创建面向21世纪的新基础教育》，《中国教育学刊》1998年第2期；叶澜：《实现转型：新世纪初中国学校变革的走向》，《探索与争鸣》2002年第7期；叶澜：《试论当代中国学校文化建设》，《教育发展研究》2006年第15期。

③ 叶澜：《让课堂焕发出生命活力——论中小学教学改革的深化》，《教育研究》1997年第9期；叶澜：《新世纪教师专业素养初探》，《教育研究与实验》1998年第1期；叶澜：《试析中国当代道德教育内容的基础性构成》，《教育研究》2001年第9期；叶澜：《在学校改革实践中造就新型教师：〈面向21世纪新基础教育探索性研究〉提供的启示与经验》，《中国教育学刊》2000年第4期；叶澜：《重建课堂教学价值观》，《教育研究》2002年第5期；叶澜：《重建课堂教学过程观——“新基础教育”课堂教学改革的理论与实践探究之二》，《教育研究》2002年第10期；叶澜、吴亚萍：《改革课堂教学与课堂教学评价改革——“新基础教育”课堂教学改革的理论与实践探索之三》，《教育研究》2003年第8期。

④ 对于这些问题的系统回答请参阅：叶澜：《“新基础教育”论——关于当代中国学校变革的探究与认识》，北京，教育科学出版社，2006；以及其他关于“新基础教育”研究的成型性研究报告集和分学科、领域的指导纲要：卜玉华：《“新基础教育”外语教学改革指导纲要（英语）》，桂林，广西师范大学出版社，2009；吴亚萍：《“新基础教育”数学教学改革指导纲要》，桂林，广西师范大学出版社，2009；李政涛、吴玉如：《“新基础教育”语文教学改革指导纲要》，桂林，广西师范大学出版社，2009；李家成、王晓丽、李晓文：《“新基础教育”学生发展与教育指导纲要》，桂林，广西师范大学出版社，2009；杨小微、李伟胜、徐冬青：《“新基础教育”学校领导与管理改革指导纲要》，桂林，广西师范大学出版社，2009；吴黛舒：《“新基础教育”教师发展指导纲要》，桂林，广西师范大学出版社，2009；等等。

些理论与实践问题的追问和践行使“新基础教育”研究在理论适度先行的情势下，呈现出独特的变革理论与变革实践双向转化、双向建构、层层递进特征，强调“成人”与“成事”的双重价值目标，将环境、人、实践（行动）看作交互作用、相互生成的整体。“新基础教育”研究的理论研究者还将“新基础教育”与当代中国教育学理论的重建与创生紧密结合，呈现出独特的教育实践变革与教育学理论创生的双向转化、双向建构、层层递进特征。① 这与其他注重行动研究的院校协作存在很大差异。此外，“新基础教育”研究的独特性在于它强调参与学校间的合作与沟通，发展形成了几种校际共同体模式，摸索出了理论研究者深度介入下通过区域校际共同体建设促进教育均衡发展的基本路径。

一、以理论研究者的深度介入为纽带开展校际合作

“新基础教育”自始至终强调理论研究者高频度深度介入合作学校教育教学实践工作，在学校与班级两大层次的学校管理变革与领导发展、学科教学变革（语文、数学、英语）与教师发展、学生工作变革与学生及班主任发展三大领域坚持与教师开展面对面的交流。除了有计划地深度介入每所学校，努力实现整体转型性变革并在变革中创造新经验，还十分注重搭建平台促进校际交流，对一些共同问题寻找解决策略。开展“新基础教育”研究的诸多学校的“体”虽不同，其“魂”却是共同的，都体现出“新基础教育”的理念、理论、研究精神及文化。为促进研究共同体生成而搭建的平台主要有以下几种。

（1）定期召开由各校校长及相关领导共同参加的学期工作策划会。由理论研究者反馈上学期共同体开展研究的相关情况，详细阐述进一步推进研究的基本思想、策略、方案及要求等，征求大家意见。各校则介绍自己开展研究积累的相关经验、进一步推进研究工作的思路及存在的问题与困

---

① 叶澜：《世纪初中国教育理论发展的断想》，《华东师范大学学报（教育科学版）》2001 年第 1 期；叶澜：《中国教育学发展世纪问题的审视》，《教育研究》2004 年第 7 期；本刊记者：《为“生命·实践教育学派”的创建而努力——叶澜教授访谈录》，《教育研究》2004 年第 2 期；李政涛：《教育学的生命之维》，《教育研究》2004 年第 4 期；李政涛：《论教育研究的中国经验与中国知识》，《高等教育研究》2006 年第 9 期；李政涛：《论教育理论主体和教育实践主体的交往与转化》，《高等教育研究》2007 年第 4 期；李政涛：《生命自觉与教育学自觉》，《教育研究》2010 年第 4 期；等等。其他关于“新基础教育”研究与当代中国教育学理论创生的成果请参阅：叶澜等：《基础教育改革与中国教育学理论重建研究》，北京，经济科学出版社，2009；叶澜：《“生命·实践”教育学论丛》（第一、二、三、四辑），桂林，广西师范大学出版社，2007、2008、2009；等等。

惑。然后，在共同讨论中统一思想、方案与要求。这种策划会的特点是：不断强化校长作为合作研究及学校整体转型变革第一责任人的意识；不断增强各校推进研究的策划与策略意识；不断凝聚不同学校的共同体意识，形成共同体运作的核心价值与理念。当然，还会根据推进共同体研究工作的需要随时召开校长联席会、座谈会、沙龙等。

（2）在推进过程中定期举行共同体的研究活动，如中期评估、普查、精品课等。在一定期限内（一般是 1 年左右），每所学校都要承担这些活动，开展时共同体其他学校领导、各领域第一责任人及核心骨干教师须全程参与。每次活动一般是向其他学校展示自己学校的整体情况及在不同领域开展研究的基本状态，使共同体学校全面地了解彼此的优势、弱势、特点、经验与创造，将所了解的经验、创造、优势等在自己的学校内进行转化，并努力生成新的经验、创造和特点，促进自己学校的发展。

（3）由理论研究者分领域开展由不同学校承担、具有一定频度的专题研究活动。每学期初，负责不同领域的理论研究者与共同体学校相关领域第一责任人共同商定推进研究的专题研究项目、具体内容、开展安排等，各校根据自己的状况——教师数量与水平、研究积累、发展需求等认领或申报专题项目。活动按计划开展时，共同体其他学校相关领域第一责任人及核心骨干教师须齐聚到承担学校开展研讨。每次专题研讨前，由于各校已事先知晓活动内容，一般都会提前在自己学校进行相关研究活动（即每次活动的“前移”），到活动时各校参加者均有备而来——带着自己的经验、创造、困惑、问题与需要。活动中，不同学校不同人员间及其与理论研究者之间的交流与碰撞会生成新的重建建议、措施，他们回校后再进行重建工作（即每次活动的“后续”）。

（4）理论研究者为中介促成或整体或局部的校际合作。如学校间的“结对子”，在某个领域或某个方面较弱的学校与在相应领域较强的学校合作，学习转化外部资源促进本校发展；又如，某两所或两所以上学校共同开展某一或某些领域的专题研究；等等。

（5）不定期举行的不同领域不同主题的研修活动，如校长研修、骨干教师研修等，对领导与教师进行理论、理念、技巧等方面的培训。

二、培育本土兼职研究员开展校际合作

“新基础教育”研究在推进中重视区域布点，先重点培育一所或几所学校，将其发展成为优质学校（称为“合作学校”或“基地学校”），在不同领域培养出变革意义上的相对“成型”的核心骨干教师，使其成为区

域内能对其他学校相应领域变革进行指导的本土专业力量，为这一区域未来自主开展变革和研究奠定基础。随着本土不同领域骨干教师的成熟，理论研究者除了坚持上述模式中的几个方面以促进校际合作外，还会在地方教育行政机构的支持下聘请这些骨干教师为兼职研究员并指导其开展校际合作。这些本土兼职研究员具有以下特点。

其一，他们依然是中小学教师，不在大学开展研究工作，也没有大学理论研究者的身份。他们是学习并转化“新基础教育”理论后具有了一定理论素养的实践研究者，依然在教育教学工作中执行所在学校的安排。

其二，他们都经历过理论研究者几乎一对一、手把手的长期培育过程，熟悉“新基础教育”的基本理念、价值取向、研究精神，经历过“新基础教育”理论与其观念、实践行为间的转化过程，积累了在具体领域开展实践研究的基本经验，在参与指导过程中共同遵守和努力体现“新基础教育”的理论、理念。

其三，他们的指导工作离不开理论研究者的指导和培养，起初的角色是理论研究者的辅助者，是为了落实理论研究者深度介入时的工作计划（如相关专题研究的落实、日常研究的推进等）；他们会逐渐成为指导这一区域的共同体学校开展研究和校际合作的主动策划者、实施者、监控者和推进者。这种策划、推进还会受到理论研究者的评估。

其四，他们的指导工作并非单向的，也会将其他学校的经验、创造、优势吸收并转化到自己的工作和研究中去，促进自己和学校的发展与变革。

具体而言，这批本土兼职研究员主要从以下几个方面推进校际合作。

（1）和理论研究者一道作为指导者参加由理论研究者策划并组织实施的研究活动，如作为评估组成员和理论研究者一起参加对学校研究的评估活动。

（2）以工作室或工作坊的形式，定期组织共同体学校不同领域骨干教师开展专题研究、交流等活动，承担培养各校骨干教师的责任。

（3）直接介入共同体学校，指导开展专题研究、日常研究以及理论与实践学习。

（4）及时了解不同学校开展研究的进展状况，与理论研究者一起策划区域共同体学校整体的或不同领域不同专题的研究活动。

（5）与来自不同学校的兼职研究员进行各种交流与合作。

三、以优质学校为核心开展校际合作

随着一定区域内少数优质学校在整体变革意义上的“成型”及更多学

校的加入，“新基础教育”形成了以基地学校为核心的区域学校共同体建设模式。以上海市闵行区为例，2004—2009年，该区参与“新基础教育”实验的学校由原来的27所扩大到66所（小学38所，初中28所），逐步形成了包括7所基地学校、8所组长学校、51所实验学校组织化的多层多维互动的以区域为单位开展教育改革的良好生态①（见图6-1）。

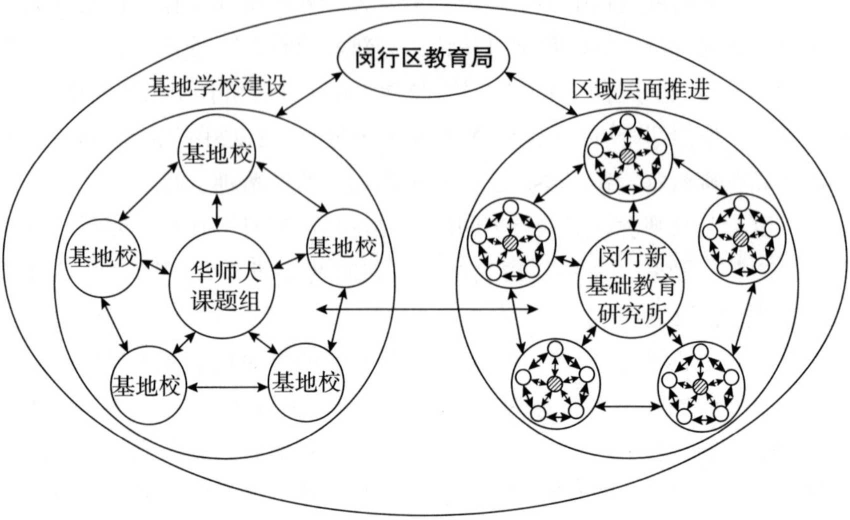

图6-1　新基础教育区域校际共同体组织

注：图中的大圆圈表示以组长学校为核心自组织运转的校际共同体，带阴影的小圆圈表示组长学校，不带阴影的小圆圈表示实验学校。华师大课题组不仅直接指导基地学校开展“新基础教育”研究，还参与并指导区域层面的研究活动。基地学校、组长学校、联系学校三个层面的学校不仅与华师大课题组、闵行新基础教育研究所进行互动，学校之间、学校内部各领域之间也进行互动。

参见程丽芳、陆燕琴：《“新基础教育”理念下区域教学创新与实践》，《上海教育科研》2017年第6期。

具体而言，这种校际共同体的建设有以下基本要求。

（1）在地方教育行政机构支持下，理论研究者以深度介入方式在一定时期内（一般为5年左右）重点培育优质学校，使其在整体上呈现出新型学校之“型”，各个领域具备核心骨干教师，学校新型文化与研究精神等价值意识形态牢固树立，积累丰富、多类多层的教育变革和实践研究的经

① 叶澜：《“新基础教育”成型性研究报告集》，桂林，广西师范大学出版社，2009，第218~219页。

验、创造和案例等资源。

（2）依照“自愿报名、双向选择”的原则扩展规模，组建校际研究共同体。一般将新加入的学校根据地理范围划片，每片确定组长学校一所（一般是基础较好的学校），并确定一所优质学校引领这一“片”学校的变革和发展，形成“基地学校引领、组长学校紧跟、面上学校尝试”的基本格局。基地学校重点辐射和支援各组长学校，各组长学校在获得基地学校各种研究资源及专业支持后积极运用以促进自身的发展，并负责辐射所辖“片”内的其他联系学校。

（3）激活优质学校与组长学校引领校际合作的积极性。一方面，地方教育行政机构配套出台相关政策，如明确基地学校与组长学校的职责、“片”内面上学校的职责、组长校开展“片”内校际研讨的频度与要求等，规范和指导校际合作。另一方面，建立组长学校校长学期工作交流例会制度，一般一学期要组织一次，各组长学校校长在会上交流汇报各自引领校际合作的思路、成效、经验、问题、对策、突破点与独特性、改进建议等，强化组长学校引领“片”内学校开展合作研究和学校变革的“第一责任人意识”，提升组长学校自主策划、实施校际研究的能力，确保变革研究的成效和质量。在激活这些组长学校后，他们创造了许多校际合作的鲜活经验：在“重心下移”的策略之下，校际研究共同体创造了“弱弱联手”“强弱互动”“引进优质”等很好的合作经验。“弱弱联手”如上海市闵行区平南小学组建“自助式”学科共研小组，通过七校联手，集聚各校优秀骨干教师，形成一支学科门类齐全、力量相对较强的学科指导队伍，化校际差异为校际发展资源。“强弱互动”如上海市闵行区七宝第二中学采取“龙头带动”策略，由组长学校承担研讨课和专家指导后的重建课任务，成员校上移植课，共享专家资源。“引进优质”如上海市闵行区田园第一小学（现更名为闵行区田园外国语实验小学）引进“新基础教育”基地学校的优质资源，带领成员校围绕某一学科聘请课题组指导，开展相关专题研究。通过组长校例会的交流、评点，放大研究效应，各组长学校创造的鲜活经验与做法又转化成为整个共同体的共享资源。[①]

（4）地方教育行政机构成立专门机构（如上海市闵行区教育局成立“新基础教育”研究所），直接负责策划并组织实施整个区域内校际共同体

① 杨小微：《我国学校变革区域推进中合作的三种类型》，《中国教育学刊》2009年第7期。

的日常运作（见图 6-2①）。

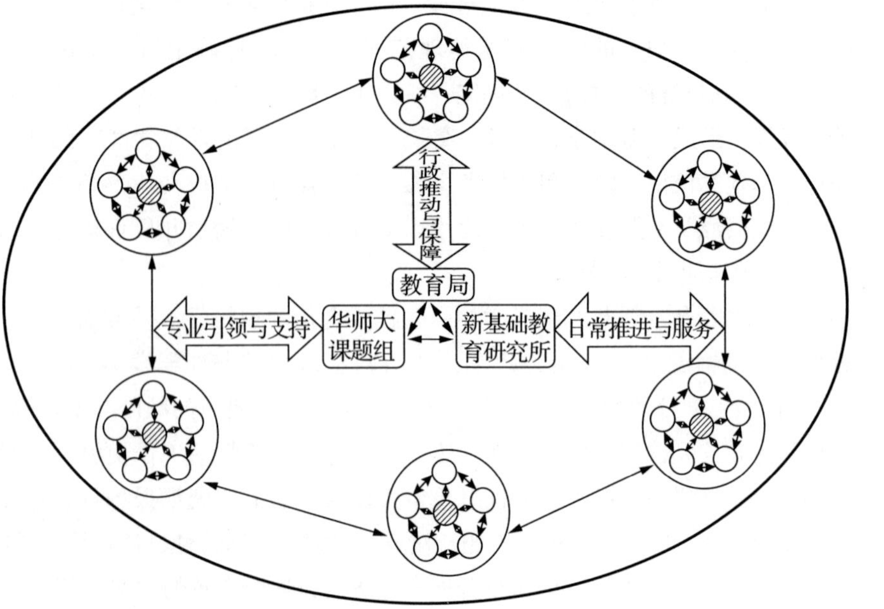

图 6-2 “新基础教育”区域校际共同体运作机制图

注：图中的大圆圈表示闵行区教育的大生态，里面的六个小圆圈表示六个以常任组长学校为核心的生态区，六个带有阴影的小圆圈为各生态区的核心学校（由常任组长学校、轮值组长学校、骨干学校组成），不带阴影的小圆圈表示生态区的成员学校。在项目推进过程中，教育局从整体上予以行政推动与保障，华师大课题组提供专业的引领与支持，新基础教育研究所负责日常推进与服务。各核心校与成员校之间开展互动。

这一机构一方面积极利用理论研究者的资源、基地学校的资源对新加入学校的教师进行各种专项培训，加强理论与实践学习，促进这些学校接触、学习、实践“新基础教育”相关理论与实践研究成果。同时还专门成立督导室、组成专项检查组对这些学校开展“新基础教育”的情况进行专项督导和强力推进。此外，每学期还策划组织一些大型区域现场研讨（中、小学各 1 次），由研究状态较好的学校承担开课任务，受邀的理论研究者负责指导、点评，共同体学校参与观摩学习。另外，还组织开展对各共同体学校的诊断调研与中期评比活动。当一所学校接受这样的活动任务时，会主动邀请理论研究者、共同体内其他学校的领导与骨干教师一起参加。上述这些活动既提供了理论研究者与共同体学校教师直接面对面的机

① 参见程丽芳、陆燕琴：《“新基础教育”理念下区域教学创新与实践》，《上海教育科研》2017 年第 6 期。

会，又为发展较好的学校提供了展示舞台，一些学校的优势及研究中创造的经验还对其他学校产生了辐射效应。

（5）各“片”在基地学校的辐射下，由组长学校组织负责策划并定期开展校际研讨活动。仅以上海闵行区田园一小为例，2004年9月至2009年1月，该校作为组长学校共组织开展校际研讨30次，开课95节，理论研究者介入57人次，参与教师近千人次。① 通过校际研讨活动中的交流，各校的优势、创造、智慧得以放大和辐射，基地校与组长校的资源得以在共同体内转化。

具体来说，这种区域校际共同体在运作上有以下几个特点。

其一，理论研究者的深度介入与地方教育行政机构的强力推进相结合，特别是地方教育行政机构从行政干预、政策规范、成立专门机构组织实施等方面与理论研究者大力开展合作，共同促进区域共同体的发展。

其二，根据区域内学校差异构建校际合作的层次梯队，利用梯队的差异促进共同体的整体持续发展：以基地学校为核心，在理论研究者的指导下率先探究并积累资源与经验，向区域内其他学校辐射，使其他学校少走弯路；组长学校及“片”内其他学校跟进，在合作中竞争，在竞争中追赶，跨越发展，最终形成两个层面三类学校开展校际合作的区域整体格局。

其三，突出研究活动的开放性与互动性。区域共同体学校开展的各种研究活动呈现向外和向内两种形式的开放。首先，基地学校不仅“向外”围绕课题组和基地学校共同体开展的专题研究进行“公转”，形成了与课题组和基地学校共同体的有效互动；而且还“向内”自主开展各项活动进行“自转”，形成校内不同层面的积极有效互动。其次，组长学校不仅“向外”围绕新基础教育研究所组织开展的各类活动以及基地学校的研讨活动进行“公转”，汲取养分；而且还“向内”组织开展校际研讨和校内研讨进行“自转”，辐射经验，带动成员校共同进步。最后，实验学校不仅“向外”围绕校际共同体、新基础教育研究所组织开展的各类活动以及基地学校的研讨活动进行“公转”，向其他学校学习；而且也在组长学校的指导下“向内”尝试实践，努力实现跨越式发展。不同层面学校的向内、向外全面开放以及相互之间的交流和学习，形成了多层次、多向度的互动。②

① 叶澜：《“新基础教育”成型性研究报告集》，桂林，广西师范大学出版社，2009，第230页。

② 同①，第227页。

其四，关注区域本土力量的培育与指导，如在基地学校建设好的基础上发挥其辐射作用、建立由基地学校骨干教师组成的兼职研修员队伍、注重激发组长学校的活力等。其目的是在理论研究者的介入下强化区域共同体校际合作内生力量的培养，从长远来看是为了促进自主发展，实现区域共同体“自组织”式的运作。

四、与地方院校的理论研究者合作开展校际合作

随着开展“新基础教育”研究区域的扩展，一些地方院校的理论研究者也加入其中。如从2009年开始，“新基础教育”研究团队与淮阴师范学院教育科学学院合作，在江苏淮安市建立了由华东师范大学新基础教育研究中心、淮阴师范学院教育科学学院、淮安市教育局及地方5所小学构成的校际合作共同体。之后，这种校际共同体进一步拓展到华东师范大学与广西师范大学、华东师范大学与云南师范大学等的合作，形成了较为成熟的“U-U-Ss”的新型校际共同体模式。这种合作有以下几个基本要求。

（1）与“新基础教育”研究团队对应，地方院校的理论研究者成立学校管理、语文、数学、英语、学生工作等几大领域的专门研究团队并确立各团队的第一责任人。研究团队日常应加强对“新基础教育”理论的系统学习，认同、内化其核心精神、基本理念；定期参加“新基础教育”研究团队在其他地区开展的共同体研究活动和理论研修活动，在参与中学习、内化他们的介入方式、沟通与指导的策略及技巧等，同时不断反思自我、寻找差距，不断提升自身的介入水平。

（2）由地方理论研究者与地方教育行政部门沟通，在其支持下成立由地方教育行政机构、参与学校及两类理论研究者团队共同构成的研究共同体。

（3）共同体运作方面，一般由地方理论研究者策划共同体层面的研究活动和日常研究活动。共同体层面的研究活动邀请“新基础教育”研究团队深度介入（一般每学期3次左右），而地方院校的理论研究者则负责日常深度介入这些学校的教育教学实践一线（一般每两周到一所学校一天）。共同体层面的研究活动一般是专题性的（如不同学科的课型研究、学校发展规划研讨等），共同体学校不同领域第一责任人及重点培养的骨干教师须全程参与。地方院校介入的日常研究主要有两个方面的任务：其一，为“新基础教育”团队深度介入做好“前移后续”工作，即在来之前做好研究的准备以在活动中接受他们的指导，在走之后则要和学校一起消化、吸

收、转化他们的相关建议，以利于下一次接受指导。其二，进行专题研究之外的围绕“新基础教育”开展的其他日常研究活动的策划与实施、教师队伍建设、理论学习指导等方面的工作。

（4）地方院校的理论研究者分领域策划由共同体学校不同领域核心骨干教师（一般是第一责任人1名、核心骨干教师1—2名）参加的工作坊，搭建平台，加强校际研究核心力量的日常交流。事先策划每次交流的主题（如不同领域的教师梯队建设及其发展、学期学习与研究方案的制定与落实、专题研究与日常研究的开展、教学变革中某一具体问题的解决等），促使共同体核心研究力量达成共识、凝聚信仰、发现问题及对策、交流各校经验与创造等，然后对各自校内相关研究进行辐射和落实。

（5）重点培育基础较好的学校成为基地学校，由其引领在地方共同体中开展的各项研究，并带领共同体中的其他学校发展。

（6）建立不同区域间共同体的沟通网络，促进后加入的区域共同体的跨越式发展。以淮安地区共同体为例，由于其建立时间短，“新基础教育”研究团队有意识地将其研究活动与江苏常州、上海闵行两个先行地区的共同体活动进行整合，每当常州、上海开展共同体研究活动时，淮安共同体学校都派不同领域的第一责任人及骨干教师参加，通过现场实践学习并积极利用、转化各种资源和经验加速自身发展。平时，淮安共同体学校有意识邀请常州、上海基地学校骨干教师来指导，如此形成了不同区域共同体之间的互动机制，使先行地区的经验和资源放大，使后行区域共同体可以少走弯路，从而有可能实现跨越式发展。

总的来看，这种共同体模式具有以下特点。

其一，具有多元主体，特别是由重点师范大学的理论研究者团队与地方院校的理论研究者团队共同介入地方学校的实践变革。通过合作，地方院校借助重点师范大学的平台锻炼了自己介入地方教育实践变革的队伍，提升了研究能力和水平；而地方院校的理论研究者人脉网络及对地方教育的了解也更有利于重点师范大学的理论研究者团队迅速在地方打开局面。

其二，两支理论研究者队伍在介入学校变革时各有侧重，在频度与效度上相互补充。随着地方院校的理论研究者及地方基地学校的日益成长与成熟，“新基础教育”研究中心理论研究者团队的介入频度相对减少，直至地方共同体完全自主运作。

其三，建立区域共同体间跨区域的互动机制，使先行地区对后行地区发挥辐射作用。

第四节　深度介入式教育研究中校际共同体的运作策略

随着我国不同大学尤其是师范大学教育理论研究者对实践越来越多的深度介入，校际共同体的运作方式也越来越多样。本书拟结合笔者参与"新基础教育"研究的体验，以"新基础教育"研究中校际共同体建设为焦点，对其运作策略进行探讨。

一、整体策划

基于教育理论研究者深度介入的校际合作与中小学自发的校际合作之间最大的区别在于合作前的整体策划。在每一区域推进"新基础教育"研究之前，主要需进行以下几个方面的整体策划。

其一，确定与中小学合作的方式，一般有"U-Ss"（即华东师范大学课题组直接深度介入区域校际共同体的运作）、"U-G-Ss"（即华东师范大学课题组与区域教育行政机构和教研室合作，共同深度介入校际共同体的运作）、"U-U-Ss"（即华东师范大学课题组与地方师范院校的理论研究者团队合作深度介入校际共内体的运作）三种选择。确定不同的合作方式，意味着以华东师范大学课题组为首的理论研究者团队深度介入中小学的教育实践变革的方式、频度等方面的差异。

其二，确定每个区域的总体发展规划。与地方力量（行政力量或师范院校的学术力量）、合作中小学一起撰写"新基础教育"区域推进总策划书，就研究的性质与任务、目标与重心、学校变革实践的领域与任务、研究推进的组织方式、推进的阶段划分等方面进行原则性、框架性和导向性的约定与规范，以此作为区域推进校际共同体建设的基本框架。

其三，区域内参与合作的中小学制订3—5年的发展规划。基于区域总策划书，各校大约在半年内就本校开展"新基础教育"研究的优势、劣势及学校发展存在的突出问题、学校的办学理念、学校的文化精神、学校的发展愿景、学校推进研究的目标、学校推进研究的具体措施及阶段任务等开展深入的分析与探讨，借助规划制订的过程让学校领导和全体教师达成共识，凝心聚力。

其四，每学期的研究工作策划与小结。每学期初华东师范大学课题组成员会定期召开研究推进策划会，形成一学期各区域及跨区域推进共同体建设的专题研究项目，面向全国各区域校际共同体发布，作为各区域各学校安排研究工作的指南。在这一指南的引领下，课题组成员再次深度介入各区域校际共同体建设的工作策划会，各校校长及各领域第一责任人在区域策划会上集中交流研讨，确定该区域各校各领域的研究实施方案。每学期末则自下而上进行小结，各区域各校各领域分别以领域、学校、区域共同体为单位，反思一学期工作的进展、问题、经验、创造以及对新学期工作的设想等。这些反思在华东师范大学课题组的学期总结会再次汇总讨论，不断发现各区域的进展、差异、独特性、经验、创造、问题、设想等，然后再反映到新学期的工作策划之中。

正是理论研究者深度介入的不同层次、不同领域的整体策划的引领，使得校际共同体的发展不致陷入混乱、无序和盲目，始终有清醒的自我意识，对自身发展所处的环境、问题、目标、措施不断有新设想、新推进，使共同体发展不断迈向新高度。

二、凝聚共识

共同体的运作需要形成教育理论研究者、教育实践者、地方教育行政力量和地方专业力量（教研员）等多方主体有效的协作，避免“搭便车”的自利行为。达成共识是共同体持续发展的内在黏合剂。这种共识有几个层次。

其一，在区域校际共同体运作的组织管理层面，地方教育行政力量和地方专业力量须与教育理论研究者达成合作共识。确切地说，共同体的行动需要得到来自地方行政与专业力量的官方支持，否则将会举步维艰。对此，“新基础教育”研究负责人叶澜指出，我们的切实体会是：凡是市、区政府和教育部门领导给予支持的研究，就有可能坚持下去，因为“新基础教育”是需要一批学校参与实践研究的团队性项目。[①] 以“新基础教育”研究为例，在上海闵行区、江苏常州市和淮安市及青岛崂山区等地校际共同体的发展中，地方政府与教育局不仅提供了研究经费和物质上的支持，而且在辖区内有专门机构和组织作为联系合作各方的纽带，也是地方共同体运作的具体领导。更难能可贵的是，这些地区教育局的领导、分管副局长等能进入学校课堂，与校长、教师一起研究并发表意见。基于三方力量的有效协作，“新基础教育”及其校际共同体在各地得到了良性发展。

其二，参与校际共同体建设的合作学校与教育理论研究者达成合作共

① 叶澜：《“新基础教育”成型性研究报告集》，桂林，广西师范大学出版社，2009，第34页。

识。参与合作的学校尤其是学校校长须自愿选择合作，认识到理论研究者的深度介入对学校发展的意义，愿意与理论研究者开展持续深入的合作。没有这种共识，理论研究者对学校变革的深度介入就不可能达成。合作中往往会出现各种矛盾，如理论研究者对实践变革的指导与地方教研员的要求或评价标准有差异，一些教师对理论研究者的指导不认可，一些教师对理论研究者的要求不执行、不配合，不愿意打破自己的工作状态等。这种时候，学校尤其是校长的定力、坚持和选择就格外重要。

其三，参与合作的学校及教师达成价值共识。所谓价值共识，就是相关人员对合作研究的意义、实践变革的核心价值追求、研究的共同理念等方面达成的一致看法。这种共识是校际共同体得以存在和持续发展的强大精神力量。美国经济学家奥尔森在阐述“集体行动的逻辑”时指出：除非一个集团中人数很少，或者除非存在强制或其他某些特殊手段以使个人按照他们的共同利益行事，有理性的、寻求自我利益的个人不会采取行动以实现他们共同的或集团的利益。换句话说，即使一个大集团中的所有个人都是有理性的和寻求自我利益的，而且作为一个集团，他们采取行动实现他们共同的利益或目标后都能获益，他们仍然不会自愿地采取行动以实现共同的或集团的利益。认为个人组成的集团会采取行动以实现他们共同的或集团的利益，这一想法远非一个集团中的个人会有理性地增进他们的个人利益这一假设的逻辑推论。实际上，它是与这一假设矛盾的。① 正是个人的自利倾向使得集体行动在大的集团中成为一种不可能的事。因为集团越大，就越难克服集体行动中的“搭便车”行为：人人都想分享集体行动的成果，但不愿分担集体行动中的成本。很明显，如果合作研究中的各方将获取利益作为根本追求，就只能形成韦伯所言及的“结合体”，而非“共同体”。在他看来，所谓的“共同体”关系，是指社会行动的指向——不论是在个例、平均或纯粹类型中——建立在参与者主观感受到的互相隶属性上，不论是情感性的或传统性的。所谓的“结合体”关系，是指社会行动本身的指向乃基于理性利益的动机（不论是目的理性或价值理性的），以寻求利益平衡或利益结合。② 要避免“结合体”而形成“共同体”关系，校际共同体运作中的各类主体需要形成共同的价值取向，正其心、诚其意。“新基础教育”研究一直特别强调“理论适度优先”，通过系统、深入、整

---

① 〔美〕曼瑟尔·奥尔森：《集体行动的逻辑》，陈郁、郭宇峰、李崇新译，上海，生活·读书·新知三联书店上海分店，上海人民出版社，1995，第 2 页。

② 〔德〕马克斯·韦伯：《韦伯作品集（VII）·社会学的基本概念》，顾忠华译，桂林，广西师范大学出版社，2005，第 54 页。

体性的理论学习，教师们形成共同的话语系统，凝聚研究的核心价值和核心理念，统一参与研究和实践变革的思想。"新基础教育"研究主张"四把四让"（把课堂还给学生，让课堂充满生命活力；把班级还给学生，让班级充满生长的气息；把创造还给师生，让教育充满智能挑战；把精神发展的主动权还给师生，让学校充满勃勃生机），在实践者中广受认同；另外，叶澜老师提出的"生命·实践"教育的信条①也在实践者中产生了很大的反响。同时，还突出"研究精神"，强调"知难而上，执着追求；滴水穿石，持之以恒；团队合作，共同创造；实践反思，自我更新"。这一研究精神成为参与合作的实践者持续研究的强大精神支柱。当然，价值共识的达成更需要理论研究者在深度介入过程中以自身作风和行为表率影响实践者。如果理论研究者自身在价值取向、核心理念、行为表现等方面缺乏足够的说服力，就不足以引发实践者的追随。

其四，参与合作的学校及教师的研究共识。参与共同体建设的学校及教师如果有共同的理论指导和价值共识，就会在实践变革和研究方面表现出一些共同状态。合作初期，一些学校会模仿和移植先行学校的相关做法。但在"新基础教育"研究中，理论研究者一直强调没有模式，不提供和提倡模式化的实践研究与变革，主张各校及实践者在理论学习的基础上自主创造，给不同区域、不同学校、不同领域的实践者提供足够的创造空间。即使同一区域校际共同体中的不同学校也会呈现出不同的研究状态和实践形态。这种校际共同体是"同魂异体"的校际共同体。所谓"同魂异体"是指，由于理论研究者及其理论的深度介入，参与校际共同体的各校领会了核心理念和研究精神，从而使校际合作呈现出共同的气质和魂魄。校际共同体中各个学校尽管各有个性、文化和变革的具体策略，但对理论的系统学习和实践变革中的日常渗透的强调使得各校拥有共同的"魂魄"，使共同体形成了共同的研究精神、发展愿景、价值信仰和意识形态。

三、制度保障

理论研究者深度介入下的校际共同体大概有三种情形，自组织的校际共同体（地方教育行政不支持不反对）、行政卷入的校际共同体（地方教育行政明确支持）、介于自组织与行政支持之间的校际共同体。不管是哪种情形，校际共同体的运作都要有制度保障。这种制度可以分成几种类型。

其一，地方教育行政支持研究的制度。为了推进区域校际共同体的建

① 叶澜：《"生命·实践"教育的信条》，《光明日报》，2017-02-21（第13版）。

设，地方教育行政成立专门的机构（如研究所、研究中心、研究会等），配备专门人员管理相关工作。同时，出台专门的经费支持制度、评价考核制度、校长与教师专业发展及管理制度等。这些制度为共同体运作的合法化、为理论研究者对合作学校合理化的深度介入提供强有力的行政力量支持。

其二，校际共同体发展的制度。即使有教育行政制度的支持，共同体的运作也主要靠自身发展、进化彰显吸引力和影响力。为了使共同体真正成形，还必须体现其研究性和沟通性。所以，共同体的运作必须制定不同层次、不同领域骨干的校际交流制度，如校长联席会议制度、各领域第一责任人工作策划会议制度、共同体信息发布与反馈制度、共同体各领域定期专题研讨交流制度、共同体资源共享制度、共同体学校校长轮值制（轮流承担专题研讨）等。这些制度虽然没有文字性的表达，但作为非正式制度，成为共同体学校及各领域相关责任人共同遵守和实施的基本规约。

其三，校际共同体各校内部的制度。为推进共同体的发展，各校需对内部组织和制度进行相应的调整与重建。例如，在“新基础教育”改革中，为了提升校本研修的质量，最大限度地发挥研究资源对教师团队的促进作用，实验小学首创了“前移后续”式研修，他们在日常的研究实践推进过程中，将课例转化为案例，在时间上采用“前移”和“后续”的方式进行研究。在“前移”的过程中，抓住课例研究资源，让学科教研组教师分组参与教材研读，进行教学设计，也就是提前介入整个研讨活动。在“后续”中，针对真实研究课例，将其转化为校本研修的案例，认真地进行剖析、反思和重建，然后集大家的智慧对课堂进行二度重建，最后则以上“重建课”方式实现全员性的“后续”，这样的校本研修既让学科组内所有的教师能全程有效参与，又能让所有教师将研究的重点放在日常的实践之中。华坪小学则依据本校学科教师年龄分布特点，创造了“接力棒式”研修方式，即同一内容由不同梯队的教师进行“接力棒式”的研究推进，使差异成了教研组的共享资源，有助于不同梯队教师的发展。有的学校还创造了“滚动式”校本研修方式、“统分结合”校本研修方式、“走进异域”跨学科校本研修方式等。除此之外，各校还建立了许多非行政性研修社群：如闵行四中的“三人行”团队、七宝明强小学的“强强工作室”及由此延伸出的“无痕教研”等。① 这些组织、制度的创生、推行、丰富、

① 程丽芳、陆燕琴：《在研究性变革实践中实现教师转型发展——基于闵行十三年“新基础教育”研究》，《上海教育科研》2012 年第 5 期。

完善，使学校管理从“驭人之术”走向“成人之道”。如此，共同体内部各校能够在发展内容、发展形式上百花齐放，实现内涵提升，也为共同体的校际差异互动提供了持续发展的各层各类研究资源。

四、创建以优质校为核心的大教研圈

优质学校的优质主要在于其正确的办学定位、活泼的校园文化、优秀的教师队伍和持续发展的内在动力。这些因素足以使这些学校获得良性发展，即使基本的硬件设备落后一些，也仍能实现优质教育教学资源的持续生成。与此相反，一些薄弱学校即使改善了硬件办学条件，但因为没有上述优质学校所具有的关键因素，仍然不能改变发展困局。现实中也的确如此，许多学校仍习惯于关门办学。依照富兰的话：我认为我们正进行着一场最终毫无结果的艰难的战斗。出路并不是爬上山头把更多的革新和改革引进教育系统。我们需要一张不同的处方，以便抓住问题的核心，或者说到达另一个山头。也就是说，我们对教育变革需要有一个新的思维方式。①因此，在区域内探索一条开放办学、校际互助的共同发展之路，已成为当下我国学校内涵发展的必然之路。我们有理由相信，在一定区域内以优质学校为核心组建校际共同体，积极开展校际互动，促进优质教育资源的持续生成与辐射将成为我国区域教育均衡发展的新路径。

在“新基础教育”研究中，首先，要借助理论研究者搭建的平台和共同体制度性的要求，各校校长作为学校发展的第一责任人建立起紧密的关系，如每学期的定期策划与交流等。校长作为本校的第一责任人，同时也是共同体的合作者，是共同体内部其他学校的智囊、参谋、策划和评价者。② 他们之间的合作对校际共同体内跨校的“大教研圈”的形成而言至为关键。“新基础教育”研究借助校长合作这个平台，形成了由“基地校—组长校—联系校—面上校”几种不同层次学校组成的校际教研共同体。

其次，周密策划校际研讨活动。校际共同体的发展需要坚持开展有一定频度与深度的不同类型、不同领域、不同主题、不同层次的精心策划的校际研讨活动，利用校际差异，放大新质，滚动发展，将个别学校在某些领域积累的变革经验、资源转化为共同体内所有学校发展的经验和资源，

---

① 〔加〕迈克尔·富兰：《变革的力量——透视教育改革》，中央教育科学研究所、加拿大多伦多国际学院组织翻译，北京，教育科学出版社，2004，第 8 页。

② 唐玉辉：《区域均衡发展背景下优质学校的应有担当》，《江苏教育研究》2016 年第 2 期。

积极促进新型经验与资源的创生、交流与放大，形成规模效应。具体有以下几种形式：其一，共同性的专题研究。这种专题研究又分为两种类型：一是针对当下共同体学校普遍存在的问题的专题研究，二是指向未来发展的深化研究（如不同学科教学改革的深化、学校管理变革的深化等）。这些专题研究任务经过理论研究者与不同学校实践者的沟通协商后，在不同时期内由不同学校的实践者（骨干教师）承担。活动前，各校相关人员提前做好校内研究，形成自己的思路，以便集中研讨时有所碰撞与生成，尽可能丰富和深入，在集中研讨后再回到本校生成更具体的创意与尝试。这种活动必须保持必要的频度和深度（体现问题性、专门性、系统性、深入性），承担研讨任务的学校面向所有共同体学校的相关教师开放，在这种开放式研讨中，所有参与教师都可以全身心投入——用眼看、用心揣摩、用嘴说，结束后自己再结合自己的学校、班级及自身特点进行不同层次的重建。如对于教学专题研讨，青年教师可以进行移植性重建，体会骨干教师的设计意图；其他骨干教师可以进行更新式重建，着重体现自己的尝试与创造；专家型教师可以进行提升式重建，进一步精品化，从而实现研讨资源在不同学校、不同层次教师中的层层转化。其二，共同体整体层面的竞争式、学习性合作活动。如由理论研究者策划面向共同体学校开展的整体层面的普查活动、合作研究的中期评估活动等。普查与评估时，每一所学校在一定时间段内（如每周普查或评估一个年级，在连续几周内完成对一所学校的普查或评估）向所有共同体学校全面开放（如不同学科的不同教师的课堂教学、教研组活动、班级活动、学校日常管理等），整体展现一所学校的文化和具体活动的具体做法，各校还可以进行充分的交流与沟通。通过这种全面、整体、开放式的普查或评估，可以促进学校间相互学习与彼此借鉴，在与其他学校、其他教师的对比中盘清自己的“家底”，认清自己的现状，发现自己的问题与优势，寻找自己进一步发展的空间与特色，从而使共同体学校充分利用差异资源各自实现整体层面的发展。上海市闵行区形成了区域校际共同体“大教研圈”运作的“五步骤”生态区研修方式。具体而言，这“五步骤”是：①确定主题，组长校骨干教师指导，承办校负责落实；②接力研磨，承办校负责，成员校介入；③现场研讨，承办校上课、汇报，各校骨干听说评课；④反思重建，各校骨干带领教师两次反思、多次重建；⑤提炼报道，各校联络员沟通报道，总联络员提炼再报道。[①]

---

① 王叶婷：《生态区“群研究”促进学校共生发展》，《人民教育》2016 年第 Z1 期。

再次，开展亮点放大式的集中研讨活动。经过一段时间的研究，不同学校会涌现出一批优秀教师，呈现出具有创造性的优秀经验。亮点放大式的集中研讨活动就是创造平台让这些优秀教师、优秀经验有一次“爆炸”式的呈现，从而对其他学校、其他教师产生强烈的“辐射波”，提升进一步发展的动力。例如，可以精心策划由不同学校、不同学科优秀教师承担的系列精品研讨课，还可以精心策划以不同学校优秀教师为主角的深度“恳谈”会等。还以上海市闵行区为例，其校际共同体形成了“三带三做”的活动方式：①活动前策划，带着建议做好预设；②活动时研讨，带着思考做好现场学习；③活动后重建，带着学习做好二度反思重建。①

当然，校际联动还有其他不同的形式。联动活动中理论研究者的深度介入（策划、设计、点评、提升等）促进了理论对活动、学校与教师的深度渗透与引领，实现了活动形式上的开放，注重不同学校（实践者）内在发展力量的培育（动力内化）。以上海闵行区华坪小学为例，在实践中，该校不断提升互动学习的自觉性，从原来的“关注外部资源，改善自我”，逐渐转为“聚集内部资源，完善自我”“关注合作交流，共同发展”。该校不仅积极投入各校之间的相互听课活动，与汽轮小学联合举办数学教研活动，与加拿大姊妹学校进行文化交流，而且在生态区建设中创造了“圈圈互动”的新型工作机制。其中，第一圈是凝聚本校的核心骨干，由骨干带动教师群体，做强学校自我；第二圈是通过两个工作室和区教研训基地，培养区域学校的核心骨干；第三圈是让各校的核心骨干挑大梁，带领自己学校的教师投入“新基础教育”；第四圈是组织生态区校长领衔，开展校际互动，合作开展专题系列研讨；第五圈是“半小时生态圈”，即由生态区的四个核心学校负责，主动组织空间距离较短的周边几所学校进行研讨，更切实地促进各校自主自强。② 在“圈圈互动”中，该校坚持“成人成事”，打造理论与实践相互滋养的新型教师团队：一是放手让兼职研究员（包括准兼职研究员）直接负责每次活动从策划到落实到反馈的全过程，从而发挥他们主动策划和沟通协作的能力，提升他们透析实践的理论品质和研究自觉；二是强调立足本校，带动周边，让各学科组的核心成员走出校门，到生态区各学校指导活动，既传播本校的经验，又学到了别校的特色；三是关注教师队伍的可持续发展性，让第二、第三梯队的教师有机会

① 王叶婷：《生态区“群研究”促进学校共生发展》，《人民教育》2016 年第 Z1 期。

② 唐开福、李云星：《扎根学校研究完善“生命·实践”教育学存在形态——“新基础教育”扎根研究总结交流会综述》，《基础教育》2012 年第 4 期。

学着“挑大梁”，在各种活动中“登台亮相”，或开课，或评课，或承担项目，逐渐培养与推出一批“新人”，努力实现每门学科、每个年段都有过硬骨干力量。在生态区的“圈圈互动”中，该校自觉关注学生成长的生态大环境，发挥学校在社区建设中的教育价值。一方面，努力让社区、家长成为“和乐文化”的有效力量。坚持“兼职校长轮值制”，聘请社区和家长代表，每月来校轮值，体验学校生活，参与学校管理；通过学校、高校、企业、居委携手共建的“和乐共同体议事会”，组织师生走向社会，参与社区文明建设；举办绿色科技节、亲子阅读节等，影响周边的教育生态圈。另一方面，学校还承担起引领周边学校“生态式”推进“新基础教育”研究的责任，在“做强自我”的基础上，充分发挥“和乐文化”的辐射力量和骨干教师的引领作用，主动创造生态区内的新型合作研究机制与方式，努力打造一个“大气、灵动、和谐”的生态区共同体，在引领与辐射的同时获得自身的新一轮发展。学校正是在这样的自我革新和自我完善中实现着文化的再超越。① 在多重资源的交互生成中，所有的参与者都能在享受、转化已有研究成果的同时，提升和创生自己的研究经验，感受到自身的成长变化和对共同体的贡献。在内外多重资源的互动中，在理论与实践的转换中，提炼新的经验与理论，提升智慧和情怀。

在共同体内，“大教研圈”的日常交流与专题研讨不仅实现了优质学校的优质教育资源向共同体内其他学校的辐射，同时，也促进了优质学校向其他学校学习，不断实现自身优质教育资源的持续共生。这里以“新基础教育”研究中另一所著名优质学校——常州市第二实验小学为例予以说明。

开放：以人为镜，胜而越己②

研究中，我们始终以开放的心态看待自己和他人的发展。从他人前进的脚步中，可以看到自己的速度；从他人成长的姿态中，可以汲取向上的力量。每一次超越，都是对自己的挑战；每一次挑战，都是为了自己更好的超越。

面向联系校，集聚研究资源。随着常州面上“新基础教育”联系学校的逐步稳定、发展，我们在常州的研究已不再是孤军奋战。于是，

① 王叶婷：《“和乐”文化孕育幸福校园》，《上海教育科研》2013 年第 7 期。

② 孙敏：《在自觉与担当中拔节——“新基础教育”扎根研究课程教学领域工作总结》，“新基础教育”研究扎根性阶段总结（内部资料），2012。

我们从一开始的理论引领者、实践示范者的角色及时转型，将联系学校看作相互促进、共同发展的资源：一是合作共同体，当与研究中心的老师共同确定研究主题后，基地校和联系校就成为一个研究的共同体，如在语文、数学的单元整体设计教学研究中，我们认真思考，开放研讨现场，引入不同的声音，倾听专家的指引，在此基础上联系校进行移植尝试，比较成熟后我们再在各年级推广。有时也会让基地校承担第一课时的研究，联系校承担第二课时的研究，这样两所学校就在一起备课，一起研讨，放大了彼此的价值。二是专题学习场，面对新的研究领域，我们找到共同的学习需求，如英语阅读、听力、写作教学的育人价值、国内外研究现状、有效的教学策略等，我们总是先广泛收集学习资源，组织组内学习，再在此基础上聆听专家的报告，倾听联系校的学习体会，促进对这一领域的认识的深化。三是研讨生态圈，随着“新基础教育”研究影响力的不断扩大，校内不同学科组之间、不同学校教研组之间、校与校之间形成了波浪似的震荡放大效应，学校邀请语文学科的专家来校指导，英语、数学等学科的责任人也来参与共享，打开本学科的研究思路。我校英语、数学教研组分别与龙虎小学、小河小学结成手拉手教研组，定期举行联合教研活动，将教研活动的效益放大。学校开放专题研讨、精品课，邻近的非新基础研究学校也来旁听，我们也以开放的心态邀请他们参与，聆听旁观者的声音，促进对研究本身产生更准确的认识。

向区域外学，就是要主动从区域外的学校吸收并转化能为我所用的元素。一般来说，应该面向区域外教育发达地区的学校进行吸收与转化。这里以淮阴师范学院第一附属小学为例。

我校进入“新基础教育”实验研究后，加大了与上海及常州等地先行进入“新基础教育”实验的研究学校的交流，学习、吸收、转化能为我所用的先进理念与操作经验，进而指导区内其他学校（含共同体学校）的快速提升与发展。上海闵行区七宝明强小学自1999年加入“新基础教育”实验及国家推行的二期课改试验，近年来又作为“区现代学校制度建设”实验学校，自主摸索现代学校管理机制。我校通过几次到明强小学的交流学习，并结合对“新基础教育”研究价值取向的领悟，准确地把握了学校变革的重心（即领导与管理），变传统的三层级管理为两层级管理。传统的三层级管理要从管理决策层到执行监督层再到具体作业层，在这种垂直的层级管理过程中，信息往往会发生衰减，导致效率不高。而两层级管理是从校级及第一责任人出发直接到年管会，这种两层级的管理模式是扁平式直接管理，激发了年管会的能量，效率大幅提升。我校根据自身变革的经验与体会，又直接指导区内其他学校的变革与发展。

第七章　深度介入式教育研究中的理论研究者共同体建设

在深度介入式教育研究中除了结成“理论研究者·实践者”共同体、教师实践共同体、校际共同体外，参与合作的理论研究者之间也会形成“理论研究者·理论研究者”共同体（简称理论研究者共同体，下同）。理论研究者共同体与前三者的不同之处在于，除了指向教育实践变革，更强调学术研究和理论创新上的作为，其实质是学术共同体。[①] 上文曾提及，深度介入式教育研究在中国兴起非常重要的缘由是教育学学科和教育理论研究者的实践自觉，这种自觉归根结底是为了教育学学科的发展。这主要表现在两个维度：一是原创性教育理论的生产，二是中国教育学理论研究者共同体的诞生。在此，我们所关注的深度介入式教育研究中理论研究者共同体的产生与发展，其实质是教育学学派的创建。[②] 共同的学术观点、共同的思想方法把一群科学家紧密地联系成一个稳定的集团，这就是通常所谓的“科学学派”[③]。对于学派，有学者曾指出，有无学派，特别是有无著名的学派，是一个学科是否繁荣、是否有活力、是否成熟、是否有社会影响力的重要标志之一[④]。改革开放几十年来，中国社会和教育发生了翻天覆地的变化，为教育学学科提供了大有可为的时代舞台。但由于新中国成立初期的教育学与恢复重建后的教育学存在发展脉络和历史使命上的重

① 理论研究者的学术共同体不是一群理论研究者为完成某项学术课题、任务而聚在一起开展合作研究的“群体”，一旦任务结束，“群体”就解散或开展下一项合作研究。理论研究者的学术共同体应当真正有“共同体”的气质，这也是我们将理论研究者共同体建设聚焦于“学派”的重要原因。

② 当然，并非每个理论研究者共同体都会发展成为学派，但学派一定是理论研究者共同体。鉴于当代中国教育学发展过程中学派的缺乏、当代中国教育学理论创生和学科重建的需要，在本研究中，理论研究者共同体的建设目标指向教育学学派的创建。

③ 赵红州：《科学能力学引论》，北京，科学出版社，1984，第 119 页。

④ 郑杭生：《中国社会研究与中国社会学学派——以社会运行学派为例》，《社会学评论》2013 年第 1 期。

大断层，中国教育学发展呈现出非连续性、断裂性特征，教育学学科发展缺乏足够的历史底蕴和知识积累。中国教育学呈现出勃勃生机，但尚无一个获得学界同人共同认可的、能够对中国教育学学科建设产生重大影响的学术流派。从其他学科尤其是社会学发展的历史经验看，学科与学派之间存在密切关系，学派是学科发展的直接动力。美国社会学之所以能够在国际社会学界长期独占鳌头，在相当大程度上就是因为其一代又一代的学术流派，如芝加哥学派、哈佛学派、哥伦比亚学派、符号互动论者、冲突论者等，生生不息、延绵不绝。[①] 当代中国教育学发展的突破应努力加强理论研究者的共同体建设，即学派建设。中国教育学的发展不是理论研究者个体性的成就，而是学术共同体的集体事业。只有在理论研究者的共同努力下，教育学学科才能具有深入发展的强大动力。

第一节　当代中国教育学的理论研究者共同体——学派建设

叶澜指出：中华人民共和国成立以来，在教育学领域里，不乏就某些问题有不同见解与观点的争鸣，却鲜见以“学派创建”作为学术领域建设目标的提倡者。[②] 事实上，中国学术发展史上一直就不缺少学派的产生与纷争，特别是在社会转型时期。左玉河在《从四部之学到七科之学》中指出：百家之学兴盛，必然导致“道术将为天下裂”的局面：“悲夫！百家往而不反，必不合矣。后世之学者，不幸不见天地之纯，古人之大体，道术将为天下裂。”庄子此处所谓“道术”与“方术”的分别，实际上是先秦学术分化与分科的表现。“百家众技”“百家之学”是各得大道之一方而形成的“方术”。[③] 为此，庄子分“百家之学”为六派十一家。[④] 庄子以后，对先秦学术流派进行分类者为荀子，他将当时学术分为六派十二家。[⑤] “只是到了汉武帝时，司马谈在‘论六家要旨’中，方以儒、墨、道、阴

① 何雨：《社会学芝加哥学派：一个知识共同体的学科贡献》，北京，社会科学文献出版社，2016，第13页。

② 叶澜：《“生命·实践”教育学派——在回归与突破中生成》，《教育学报》2013年第5期。

③ 左玉河：《从四部之学到七科之学：学术分科与近代中国知识系统之创建》，上海，上海书店出版社，2004，第16页。

④ 同③，第17页。

⑤ 同③，第18页。

阳、名、法诸家加以概括”。[①] 左玉河进而指出，先秦时期中国学术分类的明显特征：以研究主体为分类标准，以学术观点及内容来分门别派，并非以研究对象为分科标准。[②] 这种情形自近代“西学东渐”以后发生了变化，学术研究的学科特性成为主流。对教育学来说，中国教育学经过100多年的积累，特别是近二十几年来通过理论研究者与中小学的长期深度介入式合作，教育学的队伍、资源甚至体系已有了自己的样貌。可以预料，中国教育学将迎来一个学派争鸣的“春秋时代”，当代中国教育学的发展需要学派的出现。重视和自觉推进理论研究者的共同体建设，即学派建设[③]，应当成为当下中国教育学发展的重要任务，更是深度介入式教育研究的学术追求。

一、教育学中的“学派”研究

20世纪90年代末以来，教育学研究中关于“学派”的研究明显增多，大致可分为五类：其一，国外教育学派的研究，主要集中在对赫尔巴特学派、杜威学派和其他一些新兴起的教育学派的研究[④]。其二，中国教育（学）研究史上曾经出现的学派的研究，如以梁漱溟等为代表的乡村教育派、以陶行知为代表的“生活教育”派等学派的研究[⑤]等。其三，为什么和如何加强中国教育学学派建设的研究。易连云和杨昌勇认为，学派创生是社会与人的发展对新教育理念的需要，是深化对教育现象的认识的需要，也是完善与发展我国教育学体系和教育学实践的需要，学派创生需要宽容的支持。[⑥] 黄维认为，学派是激活学术研究不可缺少的“酸”，也是学术有机体发育和发展不可缺少的“细胞单位”，教育学学派也是打破教育学学科分割现象、加强我国教育研究原创性和促进教育研究新生力量成长的需

---

① 左玉河：《从四部之学到七科之学：学术分科与近代中国知识系统之创建》，上海，上海书店出版社，2004，第18~19页。

② 同①，第19页。

③ 我们这里谈“学派建设”不只是一种理论探究，更是将其作为理论研究者的学术共同体，置于深度介入式教育研究的背景之下来讨论。如此，便使学派建设基于当代教育实践变革的地基之上。

④ 可参照赵敏：《试论赫尔巴特学派的形成及其主要教育理论》，《濮阳职业技术学院学报》2007年第3期；王颖：《以学派观看待杜威中国学生：中国杜威派学人思想及其影响》，《北京理工大学学报（社会科学版）》2008年第1期。

⑤ 可参照董宝良、周洪宇：《中国近现代教育思潮与流派》，北京，人民教育出版社，1997；桑兵、关晓红：《先因后创与不破不立：近代中国学术流派研究》，北京，生活·读书·新知三联书店，2007。

⑥ 易连云、杨昌勇：《论中国教育学学派的创生》，《教育研究》2003年第4期。

要。20世纪的中国教育学经历了戏剧性的断裂和转折，但中国教育学人的创造性却未能在其间生长起来并创建自己的学派，这是由于学术资源、学术文化、学术风气、学术制度等多方面的原因造成的。学派长期缺位的现象不仅严重延缓了教育研究的前进步伐，而且导致教育理论发展出现许多方面的局限。当代中国已经具备了产生教育学学派的社会条件。为了创建中国的教育学学派，我们要采取许多措施，包括整合学术资源、创造宽松的学术环境、进行学术制度创新、对教育学本身进行规范化等。① 此外，教育学下辖的许多二级学科也开展了学派建设的相关讨论，如有学者提出要发展教育史学学派②，有人提出要开展教学论学派建设③，还有人提出要大力发展中国高等教育研究学派④等。其四，中国教育学学派建设的路径与策略。李政涛认为中国教育学学派概念的提出显现了民族性和本土化意识，因此拥有两种独立性的意义：独立于相关学派和独立于西方教育学学派。中国教育学学派创生的基本路径包括建构式创生和渐进式创生、移植性创生和内源性创生、理论型创生和实践型创生。学习与训练的制度、研究的制度和交流沟通的制度是中国教育学学派创生的制度支持，而宽容意识与批评意识、独立意识与整合意识、现实意识与学术意识则应成为中国教育研究者的基本意识。⑤ 黄维认为，目前我国已经具备了产生教育学学派的社会条件，主要有政治条件、思想条件、学科条件和学者主体条件，创建我国教育学学派的基本路径主要有要整合学术资源、创造宽松的学术环境、学术制度创新（主要是改革学术评价体系）、教育学要规范化等。⑥ 其五，对已形成或初步形成的教育学学派的探讨。例如，在高等教育学领域，有人对以潘懋元为首的学派进行了研究，认为这个研究群体注重高等教育学科建设，注重“多学科研究范式”，植根于高等教育实践，学说具有自成体系的特色和独立性。因此，若论高等教育研究的中国学派，“潘懋元学派”或“厦大学派”应算是比较具备条件或接近条件的一支⑦。刘

① 黄维：《教育学学派：中国教育研究的优化模型》，《现代大学教育》2005年第1期。

② 孙广勇、赵厚勰：《论教育史学学派及创立的必要性》，《广西社会科学》2006年第1期。

③ 王鉴：《论中国特色的教学论学派》，《华中师范大学学报（人文社会科学版）》2011年第1期。

④ 包国庆：《期待中国的教育学派：以高教为例》，《黑龙江高教研究》2005年第12期；王应密：《学派培育与高等教育理论创新》，《中国高等教育》，2007年第1期；陈先哲：《高等教育研究的中国学派何以可能》，《高教探索》2011年第2期。

⑤ 李政涛：《论中国教育学学派创生的意义及其基本路径》，《教育研究》2004年第1期。

⑥ 同①。

⑦ 陈先哲：《高等教育研究的中国学派何以可能》，《高教探索》2011年第2期。

海峰教授也提出：中国高等教育已进入大众化阶段，在高等教育迅猛发展和体制转型的推动下，高等教育体系的中国特色逐渐凸显出来，高等教育研究取得了巨大的进步，成果层出不穷，人才辈出，且研究方法逐渐与国际接轨，为中国高等教育学学派的建立提供了有利的条件。相信在已取得重大研究进展的基础上，推进高等教育研究的国际化，有助于中国特色高等教育学科理论学派逐步形成，或可称之为高等教育研究的中国学派。①

学派建设正成为当下各个学科尤其是人文社会学科的一个热点。这主要有几个原因。其一，改革开放以来，尤其是21世纪初以来，国内学术发展繁荣，自由争论的学术风气浓厚，使各学科开展的学术研究百花齐放、学派争鸣及其建设成为可能。其二，得益于中国社会的快速发展，社会快速转型的宏伟进程为人文社会科学的创新提供了独有的原始问题、资源、对策等学术资源，使得学派争鸣与建设具有不同于西方学科的基础。其三，通过多年的学术积累，中国各个学科的学术研究逐渐形成了学术自信，希望摆脱对西方亦步亦趋的局面，形成了向世界学术圈的中心进发的强烈愿望，希望通过自主创新获取学术自主权并在世界范围内开展平等的学术交流与对话，展现中国各学科及其学术研究的独特性。但从学派建设的实际情况来看，各学科间表现出发展上的不平衡。相较而言，社会学、法学、文学等学科学派建设的意识与行动更强一些，发展得也更好一些，在国内形成了具有代表性的学术领袖及其学术团队，形成了具有相当深度与创新性的学术成果。整体上看，各人文社会学科对于要发展各学科“中国学派”的共识已基本达成，关键在于有没有形成的基础、如何建设（发展路径）、如何与世界对话、如何使学派真正是中国的（基于中国、为了中国）等，这还有很长一段路要走。

对教育学来说，教育学者群体（而非少数个体）需要具有开展学派研究的自觉与勇气，并能积极主动地参与有关学派建设的讨论，形成学派建设的良好学术氛围。与其他学科相比，教育学学术界对于学派建设的重视程度和舆论氛围要弱很多。为此，教育学派建设的讨论不能停留在表面，必须要相应聚焦，开展教育学学派——学术共同体的建设，发挥研究主体在学派建设中的作用。目前，“应该”建设和发展中国自己的教育学学派已成为教育学界的基本共识，但对是否能达成这一目标还有许多争论，显得信心不足。对教育学学派“是”什么和“怎样”建设两个核心问题虽有探讨，但仍不清晰、不系统。目前有勇气直接提出建设教育学派的学者或

① 刘海峰：《高等教育学：在学科与领域之间》，《高等教育研究》2009年第11期。

团队并不多。这有多方面的原因，如学术积累与创新不够、学术自谦、不想做“出头鸟”等。不管怎样，就教育学在当代中国的发展情况来看，确实需要大力发展中国自己的学派，以学派建设来促进“在中国”的教育学研究，形成基于中国教育和为了中国教育的中国教育学理论。这既是中国教育实践变革的现实需求，也是当代中国教育学更好地回应来自学科内外各种质疑的现实需要。

二、当代中国教育学学派建设存在的问题

（一）缺乏学派意识

首先，学派的自觉意识即有意识地形成学术共同体并珍视这一共同体的合作，通过合作发展出自己或这一团队关于教育学的理解、方法和理论，对自己的独特性和定位的认识由模糊逐渐走向清晰。其次，学派意识是一种对学派的正当批评与包容意识。当个人或团队彰示自己的学派主张时，其他研究者是以积极的还是消极的态度去对待？这对学派发展所需的学术生态具有重要影响。

当代中国教育学研究者缺乏学派意识，他们更愿意埋头做好自己的研究，更善于个体性地开展工作。而且，这几十年来，教育学研究中正当的学术批评和学派争鸣非常少见，所谓“各人自扫门前雪”，对于学术同行的主张关心甚少。这种生态当然影响学派的发展。教育学者李政涛强调，学派意识应当成为当代中国教育研究者的基本意识。创建自己的学派，不应只是国外教育学研究者的任务，也应是中国教育学研究者的使命。从根本上，这是任何一个“以教育学为业”的研究者的使命和责任。[①] 的确，一个偌大的中国，一个拥有最多教育人口的中国，一个进入了21世纪的中国，不能没有原创的教育理论。[②] 而学派的创生是原创性的教育理论出现的集中体现。

（二）缺乏原创意义上的学术领袖

当代中国教育学派发展中的真正主力其实是一批出生于20世纪五六十年代的学者，他们大多是20世纪70年代末、80年代进入学界的，已成为教育学学科发展的中坚，可称为80学人。他们的论著无论是数量还是质量较前辈都有进步，但成果中真正具有原创性、系统性并对教育实践变革产

① 李政涛：《论中国教育学学派创生的意义及其基本路径》，《教育研究》2004年第1期。
② 叶澜：《世纪初中国教育理论发展的断想》，《华东师范大学学报（教育科学版）》2001年第1期。

生引领作用甚至国际影响，对教育学学科发展具有标志性意义的并不多。对于这一代学人，法学家苏力曾有一段概括：我对这30年的学术成就有所保留，自然也对我们这一代人自身有点怀疑。至于中国学术的其他方面的问题则太多了：太多的学术成果既不太学术，也难说成果；学术风气不良，学术很不规范；很多学术体制（如重点学科、博士点设置、重点研究基地、核心刊物等）都没起到足够的学术引领作用，有的带来了副作用，甚至变成了少数人寻租的工具；某些人文学科相对边缘化或弱化，缺少真正有影响力的成果，缺少真正有知识贡献的学者；太多地关注外国，对本国的关注仍然很不够，缺乏对中华文明的历史责任感，不够大气。就总体而言，我的基本判断是，这一代学人基本上是在恢复学术传统，但缺乏重要的创造，甚至由于时代的种种局限，目前已经很缺乏创造的动力。①

这番话是对整个人文社会学科研究而言的，但对教育学界来说也适用。这批教育学研究的主力军，相较前辈更有优势，在学术人才结构断层的时候填补了空白，相对容易出成果、成权威、获取更多学术资源，但同时在学派发展所需的学术原创意义上也有“不可避免的历史局限”。首先，大学前教育不足，大部分80学人没有经过比较完整和系统的中学教育，基础知识也许不能说薄弱，但不够完整几乎是肯定的。至少用今天的大学考生标准来看，他们的外语能力普遍偏弱，甚至很弱。尽管经历使得他们往往有比较强的自学能力，甚至有比今天的大学生更强的智识偏好，但毕竟当时可获得的阅读资源非常有限，选择也受到极大的限制。一般说来，他们接触的知识可能普遍偏重古典人文，而且他们极为缺少社会科学的基本知识和初步训练。没有老师的指导，没有其他辅助的社会筛选机制，他们靠自己培养起了与自己年龄相适应的学术眼光和批判眼光，但也因为没有导师，他们有可能过早地在学习上产生路径依赖，难以更深入地领会那些可能需要某些指导的经典之作的深刻内涵。其次，他们所接受的大学教育也有欠缺，受制于师资、文献和资料的严重不足，教材陈旧且欠缺，也受制于那个时代的老师的学术、习惯和水准，80学人受到的尽管是当时最好的大学教育和训练，今天看来却仍然严重不足。② 就教育学科而言，上述不足使当代中国教育学缺乏学科整体重建的引领人物，因此，尽管教育学学科发展有进步，但在学派发展壮大意义上仍略有不足。

---

① 苏力：《80学人与30年人文社科发展》，《开放时代》2009年第1期。

② 同①。

（三）缺乏具有学派特质的学术共同体

学派是一个有共同学术理念、信仰、理论范式的学术共同体。改革开放后，一批出生于20世纪五六十年代的学人进入教育学界，他们年龄相近，资历相当，学术修为也相差不远，虽然人才结构性的断档提供了更多机会，但其学术地位、名望、资源等是通过在学术场域中的激烈竞争得来的。① 因此，这一代学者不太可能通过相互间的合作形成相对稳定的学术共同体。即使是在国内设有教育学科博士点的大学，也很少见到对教育学理论体系具有重建意义且取得突破的学术团队，大多还是个体性地在各自领域开展相关研究。

（四）缺乏理论上的创造和中国特色的理论范式

有学者提出衡量当代中国教育学派形成情况的三个标准：其一，立足于研究当代中国教育的基本问题和重大课题，形成了基本的、重要的、符合时代精神和现代人素质发展需要的教育理论、思想和观念；其二，其教育理论、思想、观念是科学的、严密的、体系化的，是连续的和可持续发展的；其三，其理论、思想、观念是长期付诸实践的，并且被实践证明是切实可行、行之有效的，对实践产生了重大而积极的影响。② 这些归结为一点，即必须在教育学理论上有重大创造并形成有中国特色的理论范式。以此为标准回顾我国教育学理论研究史，可以发现许多不足。新中国成立初期，我国教育学界忙于教育思想大改造，关注对苏联教育学理论体系的移植、模仿。“文化大革命”后开展了影响广泛的教育本质大讨论，极大地解放了思想，逐步使教育学研究转入学术研究正轨。20世纪80年代后开展了素质教育的实践探索与理论讨论，极大丰富了对中国教育改革的认识，不过一直纠缠于素质教育与应试教育的矛盾关系。20世纪90年代“教育市场化”和“教育产业化”的研究证明，这不过是经济学理论和思维方式应用于教育学研究的一段插曲。当然，20世纪90年代中期对教育学自身发展的讨论达到了一个高峰（如教育学逻辑起点、学科性质、理论与实践关系等方面的争鸣），对教育学自身的“清思”发挥了很好的作用，但对实践的影响力毕竟有限。21世纪初全面推进的新课程改革运动一直延

① 法国著名社会学家布迪厄对学术场域中的激烈竞争曾有过十分精彩的分析，这种现象在中国大学学术体系中同样存在。而且由于中国本来具有的“文人相轻”传统以及十分匮乏的学术资源供给体系，使得中国大学学术体系中的竞争尤为激烈。

② 靖国平：《从“学科立场”到“学派立场”：论中国教育学的学派意识及其实践路向》，《高等教育研究》2006年第1期。

续至今，无论在理论探究还是在实践变革的深度上都前所未有，将我国教育学研究水平推向了新的高峰，但还没有确立当代中国教育学的理论范式，因为它的理论基础、来源及是否适合中国土壤在理论界与实践界都存在很大争议。①

上述回顾固然简单，但从中大致可以看到我国教育学理论发展的基本情况。许多学者有许多创见，但还难以构成“理论范式”意义上的创新。目前“完整”的理论体系更多反映在不断翻新出版的各种教育学教材和专题研究上，学术创新和理论体系的构建均有不足。

（五）缺乏理论与实践的双向建构

教育学是一门实践性很强的学科，理论发展的根源在于教育实践，根本旨归在于改变与优化教育实践。这决定了教育学研究不能是仅仅为研究而研究的“学术游戏”，也不能只是对教育实践进行批判或提出言不由衷的指导和要求。一言以蔽之，不能只“说”（教育）不“做”（教育），离开对现实教育生活的真切感受，便不可能有真正的教育理论。但事实上，我国的教育学研究基本在大学进行，这种学院化特征使教育学者发展出以学术为业的生存方式。且在高校学术管理中，以考核学术产出数量为核心的绩效评价机制越来越流行和常规化。这种生存方式和学术评价机制在一定程度上促进了教育学的繁荣和学科的迅猛发展，但在加速研究成果数量增长的同时，影响了对教育实践的深度思考，教育学的“学者”及其“学问”越来越多，而教育学的“思考者”及其“行动”越来越少。教育学者在时间、空间和经验感知上日益脱离教育实践土壤，教育学理论日益成为其“思考”“追问”“言说”“批判”“写作”的对象，成为学者间相互交流的“行话”，为了使自己“说”和“写”的不一样，越来越将眼光瞄准国外理论动态（一有风吹草动，国内立即有所反应），同时在语言表达方式及概念和词汇上不断翻新，却越来越淡化自身的实践责任，离教育实践、教育实践者越来越远。因此，教育理论研究（者）与教育实践（者）的脱离成为当代中国教育学研究者和实践者公认的事实与基本问题。当然，有不少教育学者坚持深入实践，参与实践变革，但这并不是普遍现象，相对而言，坐在书房里的“专家”和坐在摇椅上“思考”与“写作”的教育学者更多。

---

① 请参阅王策三：《认真对待“轻视知识”的教育思潮——再评由“应试教育”向素质教育转轨提法的讨论》，《北京大学教育评论》2004年第3期。该文发表后在教育学学术界引发了一场持久的、影响深远的学术讨论。

三、当代中国教育学派建设的要求

虽然当代中国教育学派的形成与发展存在许多问题与不足，但必须看到随着中国教育实践变革的日渐深入、教育学理论发展的日趋成熟，当代中国的教育学者日益自觉、自信，对创建和发展中国教育学派的自觉性越来越强、呼声越来越高，已冒出一些初具规模、具有创造和特色的教育学学派。① 与国外成熟的和历史上著名的教育学派相比，它们还只是小荷才露尖尖角，这个时候要防止“棒杀”和“捧杀”，注意营造良好的学术氛围与环境，让它们长得更好、更稳，也让更多初具雏形的学派有生长的可能。

（一）学派自觉

对于中国是否应当创建和以怎样的方式创建自己的教育学学派，学术界并未达成共识。其中一个主要的分歧点在于，部分学者认为一个学派的创建是历史的、自发的过程，是后人或他人回顾、反思一个学者及其学术共同体的研究时公认的。这种认识当然不错，而且也为国内外及古今学派的发展所印证。但是，我们也必须看到和承认在学术研究中成熟的学者以创建学派为自己的学术使命的自觉与努力，事实上也有很多学派是研究者自己主动建构并发展的，史学中的年鉴学派和京都学派最为典型。

对当代中国教育学的发展来说，尤其需要创建学派的自觉性。这有几方面的原因。第一，当代中国教育实践变革的强大内在需求。偌大一个中国，如此多的教育人口、如此庞大规模的教育事业、如此复杂的教育变革、如此多的教育问题，需要能对此做出解释、回应和解决的本土的教育理论体系。任何一个有责任感、使命感和学术尊严追求的教育学者都不会坐视不理。创建解释、解决中国教育问题的教育学派应当成为全体中国教育学者的集体共识和基本责任。更何况，中国历经几十年的教育变革，已积累了丰富的本土经验与智慧、原始素材、学术资源等，迫切需要加以研究和拓展。第二，当代中国教育学学科发展的内在需求。中国教育学学科发展到今天已具有较为深厚的积淀，已有能力对中国教育改革的问题做出回答，对经验做出理论上的概括与提升，尤其是已走过了紧随西方“照着讲”的阶段，已经可以“接着讲”和“自己讲”。就世界教育学发展来说，不可能永远只有西方教育学（尤其是德国教育学、美国教育学），客观上需要

① 目前将“生命·实践”教育学派、主体教育学派、理解教育学派等当作研究对象的学术讨论越来越多，人们日益关注。

中国教育学的加入来丰富、拓展和深化。形成和发展中国的教育学派是当代中国教育学者必须承担和实现的学术任务。第三，发展教育学派能促进当代中国教育学的繁荣。如前所述，中国教育学具有代表性的学术领袖和具有学派特征的学术共同体还不多，中国特色的教育学理论范式还需要进一步深化，等等。有计划地发展教育学派可以使我们更进一步反省，并更深刻地认识到自身存在的不足，从而主动克服。总之，这时候主动、自觉开展教育学学派建设不是出风头、立山头，而是中国教育学学科发展的再次出发。

（二）学派意识

当下中国大学间的竞争日趋激烈，尤其表现在以学术影响力、标志性学术人才及其学术成果等方面为代表的学术指标的竞争上。这使大学“唯学术 GDP”现象有增无减，对改善学术风气与生态、提升学术质量并无益处。有条件的大学尤其是少数重点大学，应当树立学派意识，有所为有所不为，抓大放小，以学派创建为抓手盘活各类学术资源，促进大学学术水平的整体提升。①学科建设的战略性。学派的形成与发展不是一朝一夕之事，需要长远规划。对有学派发展潜力的学科，在规划时要有长远的战略眼光并精准聚焦，考核时则要有弹性，舍得给时间、给资源、给平台。②学科建设的针对性。学派建设意味着不能平均用力和沉迷于众多碎片化的具体事务，而要突出重点，对有学派发展潜力的学科领域及其人员给予专门性的政策与条件倾斜。③学科建设的过程性。建立重点跟踪制度，及时了解具有学派发展潜力的学科的发展情况，随时提供定点、定单、定人的专门学术服务。④学术管理的包容性。学派创建与发展的基础是研究者的理论创新，而这需要研究与思想的自由以及对一些“学术怪杰”的容忍。没有这种包容性，激活学派的“酸”就会失去土壤。

（三）学术梯队与团队

学派创建关键要靠人才。对于教育学学科而言，首先要吸收优秀的学术精英进入研究队伍。就目前教育学学科人才的培养来说，本科、硕士、博士从数量上看十分可观，但由于这些年教育学学科发展不够成熟，且在市场经济背景下毕业生就业质量不高，真正优秀的人才不愿意学习与研究教育学。由于教育学入学门槛相对较低，出现了“跨学科”学习与研究教育学的现象。跨学科研究或许的确可以丰富教育学研究的方法、视角和内容，但也可能降低研究的质量与水平，更可能消解教育学学习者、研究者们对教育学应有的敬畏。

另外，教育学科队伍中，随着出生于20世纪四五十年代学者年龄的增长，出生于20世纪六七十年代的学者在前辈的引领下逐渐崭露头角，其中的一些学术精英如何更好、更快成长为新时期教育学学科领袖，从而在学派形成与发展中发挥作用值得期待。而且，团队建设已成为国内当前教育学学科建设的一个重点与难点，亦需要新的突破。这要求我们与当下不良学风进行坚决斗争。我们必须坚持严谨治学、实事求是、民主求实的学风。学者要甘于寂寞、淡泊名利、力戒浮躁、潜心钻研；要认真读书，多思慎思，关注现实世界，注重学术积累；要厚积薄发，要加强团结，和谐合作，在学术研究当中相互切磋，共同进步。长期从事科技知识分子教育和管理的中国科学院原党组副书记郭传杰认为：一个时期以来，科技界浮躁不实、合作艰难等现象已逐渐普遍。具体表现如论文凑数、成果包装、评价不实、宣传浮夸，弄虚作假、抄袭行骗也大有人在。另一方面，科研团队中，文人相轻，论资排辈，只作“鸡头”、难为“凤尾”的情况也屡见不鲜。①

在这样的学术生态中，培育教育学学术精英梯队与团队一方面依靠的是每个学者自己的学术操守与良心，另一方面考验的是学术管理者的智慧。就管理来说，这需要当前国内教育学学科建设中具有领头羊作用的几所重点大学在管理的制度、机制上有新的创新，在学派发展上有周密的策划与举措。此外，尤其需要打破固有的“文人相轻”传统，形成为学术而学术的相对单纯的“文人相尊”的学术风气，从而促进学科人才的正常发展。②

（四）学术批评与争鸣

有学者指出：任何一个学派都不可能垄断真理，事实上也不存在某一个能够宣称自己完全缔造了“真学问”的学术流派。每一个学派实际上只是可能正确处理和解决了某一研究领域某一研究对象或某一方面的问题，多个学派通过对同一对象的不同方面给予强调，和其他学派共存和异质互补，最终使我们在共存的基础上得以逼近“真学问”。③ 对一个学科而言，其繁荣需要学科内有多个学派并不断进行争论与交流，甚或相互吸收与融通。所以，批评、争鸣与竞争是产生学派的前提。反过来，有学派才会促进争鸣和竞争，才会有观点的碰撞，才会产生新思想的火花。正如

① 薛冬：《团队精神是从事科研活动的基本要求》，《光明日报》，2002-01-04。

② 于此刘印房博士有专著进行阐述，具体可参阅：刘印房：《当代知识分子的人际失谐与群体认同：中国社会转型时期的“文人相轻”问题研究》，北京，中国社会科学出版社，2011。

③ 黎君：《“创学派”与“真学问”之学理考》，《上海教育科研》1999年第1期。

莫兰所说的：对话也是不同的论点为解释同一现象所发生的冲突、竞争和对立；而且，只要冲突的论点同意进行对话，就不会导致以教条来压制一种思想或一种论点的情况，而是变成了一种对思想运动的积极的促进。因此，对话的活动既是游戏，又是游戏的规则，这种活动建立了认识相对的自主性，并促进了认识的发展。学术对话使学术研究处于“高热”状态，使思想得以不断呈现自由、对抗、碰撞状态，不断突破旧范式的束缚与限制，从而使新问题、新思想、新观念、新认识得以产生。就这样，僵化的教条出现了松动，人们可以自由地研究、自由地讨论了，影响来自方方面面，风起云涌，天翻地覆，流言蜚语……就这样，文化的高热和危机的条件构成了产生新思想的温床。新思想产生的温床是具有相对自主性的思想酝酿的场所，思想通过对话和对立，接受了对规范的偏离和对正统的违反。①

因此，学派建设需要足够的学术空间让大家各抒己见、各显风采、相互切磋、共同发展。任何一个学派的内部都不可能也不应该只有一种声音。但各种声音都应围绕学派建设的共同任务，不能让懈怠浮躁、耍小聪明成气候，败坏学风。当然，每个参与者在自我成长的过程中，都会不同程度地存在学术或学风的不同缺陷与问题，我们期望通过合作相互提醒、补充，通过自我超越实现发展。② 当然，学术批评、对话与争鸣的正常开展需要每位参与者有良好的学术行为与人格，因为学术本身有生命，真正的学人视学术如生命，学术自由和学人心灵自由是学术有生命的前提条件。③

（五）学术传统

当代中国教育学学派的形成与发展需要形成中国自己的研究传统，在我们看来就是教育学者对实践的主动介入，打破西方教育学固有的“旁观者”研究传统，形成中国特色的实践介入教育学传统，像陶行知、梁漱溟等学术前辈那样投入当下中国火热的教育实践变革大潮中去，和广大教育实践者合作，一道在教育实践的土壤上耕耘，承担应有的责任，用理论去改变和创造符合社会转型与学校转型需要的教育实践，在这一过程中成长为教育研究的“思想者”和“思想家”，从实践（者）中吸取理论发展的

① 〔法〕艾德加·莫兰：《社会学思考》，阎素伟译，上海，上海人民出版社，2001，第32~33页。

② 叶澜：《“生命·实践”教育学派——在回归与突破中生成》，《教育学报》2013年第5期。

③ 李醒民：《学术创新是学术的生命》，《科学新闻》2006年第14期。

资源与营养。这就像徐复观所说的那样：只今培养大家的人格，尊重中西的文化，使每一人只对自己的良心负责，对自己的知识负责，对客观问题的是非得失负责，使人人两脚站稳地下，从下向上伸长，而不要两脚倒悬，从空吊下，则人心自转，局势自变。①

（六）学派传承与传播

大学里，学派传承往往发生在同门与同事之间。这意味着大学人事管理不可“一刀切”，在有潜力形成学派的学科团队在人才引进和人才培养上要有学派意识，敢于打破常规和制度的刚性约束，给予政策与经费支持，积极营造学派氛围，建立正常有序的学科梯队更新机制，发挥不同梯队研究者学术创新的积极性并提供相应的学术发展空间与平台，避免“多虎相争而不相容”的现象出现。

就学派传播而言，主要涉及学派理论扩散和影响力的形成。这需要大学积极搭建各种平台，如鼓励研究者积极组织或参与高级别国际、国内学术会议，成立专门的（翻译）出版基金促进学派著作的出版与论文的发表，等等。

第二节　教育学学派形成与发展的基本机制与过程

一、历史上教育学学派形成与发展的基本机制

与其他学科相比，教育学发展史中的学派并不多，如赫尔巴特学派、实验教育学派、精神科学教育学派、实用主义学派等。分析这些学派形成与发展的过程，可以发现它们形成路径的个性与共性。

具体来说，赫尔巴特教育学派具有典型的“自发”特征，即随着教育学学科发展，到赫尔巴特时，由他完成了对这一学科的“科学化”，然后时代、社会和学校教育发展的现实需要促成了这一学派的壮大。后来，由于缺乏理论创新，学派理论逐步僵化，以至于成为人们批判的对象。但必须承认，即使赫尔巴特学派在历史长河中逐渐显得不合时宜，其关于教育和教育学的某些观点至今仍有着强大影响。

实验教育学派和精神科学教育学派与赫尔巴特教育学派虽然在时

---

① 李维武：《徐复观文集（第1卷：文化与人生）》，武汉，湖北人民出版社，2002，第149页。

代、在社会背景和目标（力图使教育学“科学化”）上没有多大差异，但在学派理论体系构建上存在差异。如果说赫尔巴特教育学派注重从学校教育、教育学的内在去寻求“科学化”，实验教育学派与精神科学教育学派则试图从其他学科以外在的形式引进新方法、新理论来实现“科学化”。它们的发展历程、对学校教育实践和教育学科发展的影响力证明，光靠“外在”援助而脱离学校教育实践这一“内在”核心是走不远的。

从理论发展来看，杜威的实用主义教育学派完成了对赫尔巴特教育学派的全面批判和超越，但从学派理论的内核上看却有一致性，即都关注学校教育实践本身，只是凸显了学校教育实践过程的不同方面、内容和形式。以现在的眼光来看，两者看似矛盾，实则互补，某些方面的精神也具有一致性。实际上，杜威的实用主义教育学派是在赫尔巴特教育学派作为参照系的“镜子”观照下发展起来的。正因如此，赫尔巴特、杜威及其教育学理论成为全世界教育学和学校教育实践发展不可逾越的两座高峰。这说明，真正流传久远、影响卓著的教育学学派一定是揭示学校教育实践本质的。这是由学校教育在教育体系中的主流地位决定的。

在中国，陶行知的生活教育学派是将外来理论与本国社会与教育实际结合并重新改造的典范，梁漱溟的乡村教育学派则是基于本国文化与传统的理论原创典范。他们的人格、对时代与社会的担当以及执着践履的精神，在道德和行动上为当代教育学研究者提供了榜样。但从学派的理论贡献来看，他们都有自己的缺陷与不足，主要表现在理论的深度与广度上，对学校教育实践缺乏类似于赫尔巴特和杜威教育学理论的穿透力。他们的学派更多尝试实践变革，而并未进行真正的教育学理论重建。当然，政治等外在因素也影响了他们学派的发展。

各教育学学派的理论贡献大致有以下共性。

（1）学派理论创生的标志性人物。赫尔巴特、拉伊、梅伊曼、杜威、陶行知、梁漱溟等通过自身的努力，每个学派形成了创新和独特的理论，甚至他们的人格、学品等也赋予了学派独特的气质。

（2）学派的理论创生。每个教育学派之所以成为学派，关键在于教育学的理论贡献，如在研究方法（论）、研究对象、研究理论体系构建等方面做出了创新。

（3）学派的理论传承。学派理论创生以后，还需要学派创生人之外的其他理论研究者来传播和延续。这些理论研究者可能是创生人的学术伙伴，也可能是其学生。他们对学派理论进行进一步深化、拓展并扩展其影响力，也可能窄化甚至僵化学派理论。在一定意义上，学派理论传承人的贡献决定了学派发展的延续性。

（4）学派理论的实践渗透。教育学学派的生命力从根本上说取决于其理论对教育实践的影响力。有的学派昙花一现，往往是因为缺乏实践基础，有的学派理论则在不同时代的教育实践中反复彰显其影响力。

（5）学派发展的时代因素。上述影响学派发展的诸方面属于内部因素，任何学派发展还离不开外部因素的影响。一个时代、一个社会教育的发展需要一定的教育理论来解释、说明、指导，教育理论自身发展也需要回应时代和社会的需求。学派发展只有与时代、社会形成良好的双向互动关系，才有可能生存和延续。

通过上文有关教育学学派形成与发展因素的分析，大致可以建构出教育学学派形成与发展的基本机制，如图 7-1 所示。

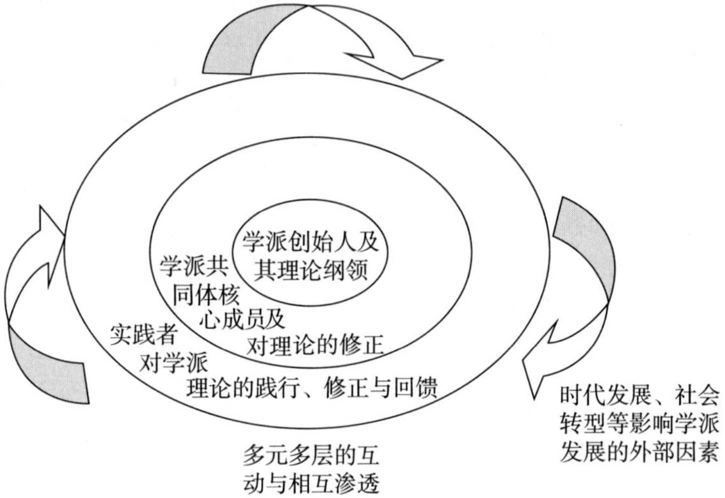

图 7-1　教育学派形成与发展的基本机制

总的来看，任何学派都有其产生、发展、衰落的过程，教育学学派也不例外。在学派形成期，也就是初建阶段，学派创始人的理论创新是关键。他们认真观察社会变革历程，领悟时代精神，对教育学的理论丛林有深刻认识，对同时期学校教育实践的需要与变革发展趋势有极为敏锐的理解，在此基础上提出理论设想并努力在实践中不断验证、革新，而且在这一过程中与合作者开展广泛深入的沟通交流以不断完善理论体系，与此同时逐渐形成以自己为核心的学术共同体。

随着新理论范式日渐清晰、学术共同体日渐稳定和理论在教育实践中的影响逐渐增强，学派进入发展期。这一时期，理论研究者与实践者的合作互动、学术共同体内部的合作互动、学术共同体与外部其他研究者的交流与竞争极为重要。这些合作、互动和竞争共同构成新教育学学派发展的源动力，使学派理论体系进一步完善，影响力进一步扩大，学术共同体的自我认同和学派自觉与自信进一步增强。

一个教育学学派衰落的原因可能有多种，如时代与社会需求变化、学校教育实践新变革、学派继承人加剧理论的僵化、学术领袖更迭导致学术共同体解体等。回顾教育学史上众多教育学派，它们可能衰落，却并未真正消亡。历史上的教育学学派的理论其实"融化"在其后的教育学理论创新和学校教育实践变革之中，多个学派并立而不相悖，提供了多个理论与实践的参照系，透过这一面面"镜子"，人们可以看到不同的教育学理论和学校教育实践，也可能在同一理论研究和学校教育实践中看到多个学派的影响。所以，形成和发展一个教育学派，其实是在历史上一个个教育学学派的基础上探索出一种新的教育学理论视角、立场，并因此而建构出一种新型学校教育实践。

二、当下教育学学派形成与发展机制的新变化

在当下学科发展过程中，教育学学派建设与过去有什么不同？历史上教育学学派的形成与发展较大程度上呈现出自发特征，而非理论研究者及其团队的自觉行为。这是否意味着当下教育学学派建设也必须遵循这样的传统路径？

实际上，自 20 世纪 70 年代以来，有关科学转型（the transformation of science）、研究转型或知识生产方式转型的研究已成为科学社会学与科技政策研究领域的核心问题。为解释这些转型，学者先后提出后学院科学、终结的科学、后规范科学、创业科学、学术资本主义、三重螺旋等概念，其中尤以吉本斯（M. Gibbons）等六位学者在《知识生产的新模式：当代社会科学与研究的动力学》一书中所提出的"模式 2"理论为代表。这一理论强调知识生产的应用性、实用性、问责制、反思性、跨学科性及协作性等。但隐含在这些特征中的另一个关键特征是知识生产的人为性或计划性，即突破了传统的为学术而做学术的闲散性、缓慢性、个体性，强调研究者要主动介入研究的设计策划、过程监控和结果评价。对此，英国著名科学家、科学哲学家齐曼（J. Ziman）在吸收了"模式 2"和学术资本主义等观点的基础上提出了学院科学与后学院科学理论。他认为，学院科学是一种

高度个人主义的文化，是一种脱离世俗利益的纯探究活动，也是人类世代传承的一种主流文化形式，遵循的是默顿（R. K. Merton）所描述的CUDOS[①]规范。而后学院科学是学院科学在“应用语境”下运转的新的知识生产模式和新的生活方式，是学院科学向产业领域的延伸。简言之，后学院科学指的是一种在科学组织、管理和执行方式上的彻底的、不可逆的、世界范围的变化。[②] 从学院科学到后学院科学，大学科学研究发展实现了逻辑转换。科学已经发展到一个无法依赖个体独立工作来解决突出问题的阶段，成为一种集体的活动。

在19世纪初，赫尔巴特由于及时适应了学院化的知识生产方式而占据了教育学理论创新的潮头，开创了教育学的学派。在当今知识生产方式再次转型的时候，我们不能墨守成规，而应主动适应，思考新时期教育学学科研究与发展的新方式。从学派建设的角度看，这意味着主动突破传统“无为”的学派发展方式，主动设计、策划、推动教育学的学派建设。当然，这并不是急功近利式地追求学派建设的速度或运动式的短期效应，而是做到“计划”与“自发”的合理结合，既发挥研究主体在学派发展中的主动作用，又遵循学派发展的内在逻辑。在这一意义上，新时期教育学学派建设既需要学者潜心研究，树立学派志向和目标，有意识向着目标努力，同时还需要学术管理者做好顶层设计、提供政策支持与制度保障等。事实上，纵观当今世界其他学科有影响力的学派，人为的因素越来越明显，对学派发展的作用也越来越凸现。

第三节　深度介入式教育研究中的理论研究者共同体建设——以“生命·实践”教育学派为例

如前所述，当代中国教育学发展面临理论创生甚至重建的根本任务。这一任务的完成与教育理论研究者的状态密切相关。教育学研究主体对学科及其研究的投入状态，研究主体的生命与教育学学科及其研究的内在融通与关联，研究主体参与活生生的教育实践变革的状态与其理论创

---

① CUDOS即公有主义（communalism）、普遍主义（universalism）、无私利性（disinterested）、独创性（originality）和怀疑主义（scepticism）。

② 李志峰、高慧、张忠家：《知识生产模式的现代转型与大学科学研究的模式创新》，《教育研究》2014年第3期。

新等决定了当代中国教育学的生存境遇。可以说，研究主体与教育学学科发展相互规约、相互建构。教育学学科发展史其实是学科研究中教育学者的生命史、思想史和实践史。因此，深度介入式教育研究中理论研究者共同体的建设对于当代中国教育学的学科发展具有至关重要的意义。在国内的诸多深度介入式教育研究群体中，由叶澜领衔的团队明确提出建设“生命·实践”教育学学派，具有很好的代表性。本节以其为案例，探讨在深度介入式教育研究中教育学理论研究者共同体——学派——的发展过程。

一、“生命·实践”教育学何以是一个学派

叶澜是我国教育学研究的领军人物和杰出代表。几十年来，她一直勤奋耕耘于教育学理论的“上天入地”，大大提升了教育学的理论水平和实践穿透力。1986年，《论影响人发展的诸因素及其与发展主体的动态关系》一文在《中国社会科学》发表，标志着她学术自我的初步形成，也是彰显其学术独创性的里程碑。该文的主要突破之一是提出对影响人的发展的因素的研究不能停留在生物学水平上，即局限于遗传与环境（教育被看作特殊的环境）的角度去认识人的发展，而应提升到“人学”水平上，即人是具有主观能动性、能形成自我意识、对自身发展具有策划能力的发展主体；人不仅是发展的主体，而且是影响自身发展的关键性因素，在一定程度上，人决定自我的命运；教育应该使人意识到这一点，教人争做自己命运的主人。[①] 这些认识在后来的学派创建过程中逐渐凸显，发展出了教育学理论和学派的基因式概念——“生命·实践”。叶澜自1991年起即开始深度介入式的教育研究，1994年开创“新基础教育”研究，一直延续至今并成为“生命·实践”教育学的“实践基石”。[②] 站在当下，能够承认“生命·实

① 叶澜：《“生命·实践”教育学派——在回归与突破中生成》，《教育学报》2013年第5期。

② 李政涛：《“生命·实践”教育学的实践基石》，《教育学报》2011年第6期。

践”教育学是一个教育学学派①，我认为主要是因为以下几点。

（一）形成了领袖式的标志人物

毫无疑问，叶澜是“生命·实践”教育学派的灵魂和代表人物。她于学派的意义首先在于她是学派首倡者、创始人和学派理论与实践的奠基者，在教育学理论及基础教育实践改革的创造与突破上做出了杰出成就②，其学识堪当当代中国教育学学科建设和理论体系重建的标志性人物，在国内教育学界享有崇高威望。

叶澜作为学派的标志性人物不仅是因为她在理论上的原创性贡献，还因为她具有丰富的人格魅力。这种魅力首先表现在她对学术研究及教育学的学科情感与情怀上。她曾在“我的学术自我”主题报告中动情地说：人生是生命的流程，是每个人用自己的活动书写的一本书。而生命是每个人与生俱来的原初的唯一的财富，是个体的不断的时空变化，是从“空”到“有”的过程。一个常态的人生都是职业的人生。职业活动是生命活动中具有规定性的、具有创造价值的活动。我所从事的学术活动是我的职业的重要构成，是生命中创造价值的活动。这样，我选择的职业与我的人生就

---

① 近年来，“生命·实践”教育学派的创立与发展得到了国内广大教育学研究者的广泛关注和高度评价。裴娣娜认为，“生命·实践”教育学派实现了历史性的跨越，具有里程碑意义，丰富了中国教育的思想库，更新了教育领域的思维观念，促进了教育改革的发展。（参见：裴娣娜：《读懂叶澜教授及其“生命·实践”教育学派》，《当代教育与文化》2015 年第 3 期。）阮成武认为，中国教育学界在强化学科的自我意识，努力创建“中国特色、中国风格、中国气派的教育学”过程中，逐步确立了与学科相连相成的教育学派。在这一点上，叶澜教授领衔创立的“生命·实践”教育学派为我们提供了一个出色范例。（参见：阮成武：《“生命·实践”教育学派的课程篇章——评叶澜教授主编的〈教育学原理〉》，《教育研究》2008 年第 11 期）。吴康宁认为，叶澜老师用她的“生命·实践”教育学为当代中国教育学发展史书写了浓墨重彩的一笔；如果用“原创”这样一种标准来衡量，叶澜老师的“生命·实践”教育学将中国教育学的思想和理论提到了一个高度，为中国教育学赢得了一份尊严。这里面有两层含义：一是在中国的人文社会学科中，为教育学赢得了一份尊严。二是在世界的教育学之林中，为中国教育学赢得了一份尊严。这么多年来，中国教育学界所谓的研究成果汗牛充栋，但有多少成果是真正原创的、足以与西方发达国家的成果平等对话的？叶澜老师和她的团队努力使中国教育学成了一种有根之学、有家园之学。（参见：吴康宁：《“生命·实践”教育学：为教育学赢得学术尊严》，《当代教育与文化》2015 年第 3 期）。张诗亚认为，从瞿葆奎先生研究元教育学到叶澜老师都是“教育学突围”的重大突破。（参见：张诗亚：《“生命·实践”教育学的突围》，《当代教育与文化》2015 年第 3 期）。扈中平认为，“生命·实践”教育学的形成与创建是中国当代教育学发展的一件大事，是具有标志性意义的事件，对中国当代教育研究的冲击、振动、启示和鼓舞是多方面的，是中国教育学界的荣耀。（参见：扈中平：《“生命·实践”教育学的“内立场”》，《当代教育与文化》2015 年第 3 期）。

② 叶澜曾对其在“生命·实践”教育学派发展中的理论贡献有过自述，在此不做赘述。具体参见：叶澜：《“生命·实践”教育学派——在回归与突破中生成》，《教育学报》2013 年第 5 期。

在多重意义上实现了高相关：追求高质量的职业生活和高质量的人生。35年的教师生涯使我对教师职业有了更深的体悟。在教师职业中，我又选择了研究作为自己职业的基础，有意义的教学应该如此：只有在研究中，教师才会感到快乐；以研究为主的生涯在本质上才是学术生涯。而在研究中，出于对人文学科的偏好，我又以教育与人生关系的研究作为自己的研究主线和主题。学术研究提高了我把握自己人生的自觉性，使我越来越清楚什么是有意义的人生：有意义的人生应是社会奉献与个人满足统一的人生。学术研究促进了我的精神成长，帮助我去思考“我是谁”，我在哪一个领域对社会的贡献最大，我该怎样去实现自己的追求。学术研究充实了我的生命，使我学会了选择。在我看来，教育是一个使自己和人类都更美好的事业，因而，对教育的选择就是对幸福人生的选择。我的事业、我的生命就体现在我对教育的自觉选择上。将自己对生命的体悟进行理性的分析与抽象，这就是我学术研究的土壤。写文章是生命的迸涌，而不是简单的思维记录。我热爱我所从事的职业，我热爱自己所进行的研究。这也是我的人生态度：喜欢发现，喜欢创造。[①] 我现在最大的一个心愿就是锤炼一支队伍，将创建“生命·实践”教育学派作为共同的目标，形成共同的学术空间，为中国教育学的发展做出我们尽力而为的奉献。我理想中的学术空间服务于两个基本目标：一是追求21世纪中国教育学理论的发展。二是推进中国教育学家队伍的建设。[②] 由此可以看出，叶澜做到了自己生命、生活、教育、教育学、学术的内在融通，而且对教育学学科充满了感情和希望。

同时，她的人格力量还表现在她的学术品格上。她说：对于一个立志于学术的人而言，学问的深浅厚薄只是其成才的一个方面，成就一种学者的人格则可能是更为重要的方面。我希望所有立志于以教育学研究为业的后来者，都能在对学术的追求过程中，成为一个大写的人、一个堂堂正正的人、一个具有阳光心态和内在力量的人。学问不应成为一种满足个人功名利禄的工具，做学问的目的在于成事成人，同时以学问来滋润学生。与此相联系，我对学生的要求还在于一个“真”字，要用真心做事，以真心待人，一句话，要有真情投入。不要哗众取宠、虚与委蛇，而是要用心的体悟去言说、思考，更要去行动。做教育学的学问，不能只是坐而论道，

---

① 王枬：《“生命·实践”教育学派的回归与突破》，《教育科学》2015年第3期。

② 本刊记者：《为“生命·实践教育学派”的创建而努力——叶澜教授访谈录》，《教育研究》2004年第2期。

还要起而行道，“论”是为了更好地“行”，“行”会产生更好的“论”。学术既要有智慧，又要下苦功夫，学者不要靠虚张声势来抬高自己，而要平调、实调，始终保持一份清醒。为此要立大志，不要立小志。[①] 在实际生活中，她一直这样要求自己和自己的学生与学派成员。在纷繁复杂的当代社会中，这样的学术风骨和操守十分不易。可以说，在一定意义上，她代表了当代中国教育学研究者的学术良心。

叶澜的人格魅力还表现为鲜明的个性和丰富的人生智慧。她说，我一直觉得自己很幸运，选择了教育作为自己终身为之奋斗的事业。这是一个异常复杂艰巨、极具挑战性的事业。我是一个喜欢迎风走路的人，喜欢挑战性的问题和思路。在我追寻理想的过程中，时常横亘着许多疑问、嘲讽甚至人为的阻碍。我一直以这样的比喻激励自己：教育的理想与境界仿佛一座高山，攀登者最初登山的时候，遭遇了许多的困惑、嘲讽和质疑，声音嘈杂刺耳，且不去管它，只管往上攀登，在攀登的过程中，这种不和谐的声音可能会愈加密集，但攀登者只管往上走，集聚其全部的生命能量。越往上走，那种声音就越听不到了，等攀登者听不到它的时候，他可能是到了山顶了。[②] 这份坚守与执着决定了她研究的持续、深入和拓展。同时，在研究过程中，她是理想的现实主义者和现实的理想主义者，善于在理想与现实之间找到平衡，而且把理想、激情传递给团队中的其他人；在生活中，她是感性与理性结合得非常完美的人，对周围世界和他人始终保持观察、倾听、敏感、惊奇，同时随时准备学习、吸收、转化。

这些特质一方面使叶澜不断实现理论研究的突破并持续提出共同体（学派）研究的新领域、新目标、新问题，带领团队共同发展；另一方面不断吸引、凝聚共同体成员，使共同体真正成为共同体。

叶澜作为学派的领袖和灵魂，不仅时刻关注自身的发展，同时也十分在意培养共同体的第二代、第三代成员。目前学派已形成了以李政涛为领袖，李家成、卜玉华、刘良华、侯怀银等十余名成员为核心的第二代学派建设者。

（二）形成了学派的核心价值和主张

所谓见贤思齐，在叶澜的影响下，“生命·实践”教育学学派成员在人品、学品上严格要求自己，而学派也在理论与实践领域形成了共同的价

---

① 本刊记者：《为“生命·实践教育学派”的创建而努力——叶澜教授访谈录》，《教育研究》2004 年第 2 期。

② 同①。

值追求。

"新基础教育"研究形成了学校整体转型变革的共同价值愿景：价值提升，重心下降；结构开放，过程互动；动力内化，综合融通；主动创造，自我超越。① 这32个字成为所有参与"新基础教育"研究学校的共同追求目标。同时，二十几年的"新基础教育"研究还积淀了"新基础教育"研究精神：知难而上，执着追求；滴水穿石，持之以恒；团队合作，共同创造；实践反思，自我更新。② 这32个字则成为所有参与"新基础教育"研究的共同体学校、理论研究者和实践者共同的研究理念，时刻支撑着研究的持续深入。这32个字同时也是对学派所有成员的基本要求。这64个字的核心理念在研究过程中不断被强调、强化，③ 成为全国所有"新基础教育"人的共同信仰。

在"生命·实践"教育学学派理论上，叶澜明确提出了"生命·实践"教育的信条，内容主要涉及教育、学校教育、教育学研究三大方面，共计12条。④

（三）形成了理论与实践创造上的独特贡献

经过二十几年的发展，"生命·实践"教育学派在理论与实践上均形成了自己的独特性。

首先，学派发展出了一套教育理论。"生命·实践"教育学派发端于教育学理论研究者对当代社会发展与教育现实问题的理论思考⑤，然后基于"理论适度先行"的基本准则开展深度介入式教育研究，引领基础教育变革，同时实现理论研究与实践变革的双向建构，推进教育学理论体系的整体重建，实现了三个层面的理论突破。其一是教育学原理层面的理论突

---

① 这32个字2004年在《"新基础教育"发展性研究报告集》（中国轻工业出版社2004年出版）中首次提出，2017年叶澜重新修订，增加了"综合融通，主动创造和自我超越"。

② 这32个字在2004年叶澜的《我与"新基础教育"——思想笔记式的十年研究回望》（载丁钢：《中国教育：研究与评论》（第7辑），北京，教育科学出版社，2004）一文中首次提出。

③ 叶澜自己不止一次解读过这64个字。在2017年10月18日深圳市光明区新区"新基础教育"试验总结会上专门解读过"新基础教育"64个字。之后这一解读迅速在全国"新基础教育"研究共同体学校传播深化。

④ 叶澜：《"生命·实践"教育的信条》，《光明日报》，2017-02-21（13）。

⑤ 参见：叶澜：《论影响人发展的诸因素及其与发展主体的动态关系》，《中国社会科学》1986年第3期；叶澜：《时代精神与新教育理想的构建——关于我国基础教育改革的跨世纪思考》，《教育研究》1994年第10期；叶澜：《让课堂焕发出生命活力——论中小学教学改革的深化》，《教育研究》1997年第9期；叶澜：《实现转型：新世纪初中国学校变革的走向》，《探索与争鸣》2002年第7期；叶澜：《教育创新呼唤"具体个人"意识》，《素质教育大参考》2003年第4期；等等。

破，在基本理论、方法论及不同领域专题理论等方面均有原生性创造[①]；其二是形成了系统的当代中国学校教育变革理论，弥补了教育学理论研究中对教育变革研究的不足，形成了包含中国教育变革宏观、中观、微观视角的“通观”式理论，构建了新的教育变革主体论，提出了当代中国学校内涵发展的理论，揭示了学校变革过程的多重转换、互化、生成的创新本质等[②]；其三是在应用研究层面形成了一系列贴近学校改革“地面”的应用性理论著作，他们以“‘新基础教育’成型性研究”书系的方式呈现。[③]这些应用研究以对各领域国内外主要研究状态和实践中基本状态的分析与判断为出发点，系统梳理本研究领域中的一些重要问题，寻找研究的新视角、新切入点、新层次和追求一定意义的补充与突破，实现“新基础教育”变革理论在本领域研究中的具体化和特质化，形成了各自研究领域中的独特实践发展演变过程与综合结构系统。

其次，学派基于理论还发展出了一批转型学校。“生命·实践”教育

① 参见：叶澜《教育研究方法论初探》，上海，上海教育出版社，1999；叶澜：《立场：“生命·实践”教育学论丛（第二辑）》，桂林，广西师范大学出版社，2008；叶澜：《基因：“生命·实践”教育学论丛（第三辑）》，桂林，广西师范大学出版社，2009；叶澜：《命脉：“生命·实践”教育学论丛（第四辑）》，桂林，广西师范大学出版社，2009；叶澜：《回归突破：“生命·实践”教育学论纲》，上海，华东师范大学出版社，2015；李政涛：《交互生成：教育理论与实践的转化之力》，上海，华东师范大学出版社，2015；卜玉华：《事理意蕴：“生命·实践”教育学理据之问》，上海，华东师范大学出版社，2015；刘良华：《西方哲学：“生命·实践”教育学视角之思》，上海，华东师范大学出版社，2015；张永：《生活美学：“生命·实践”教育学审美之维》，上海，华东师范大学出版社，2015；庞庆举《人性问题：“生命·实践”教育学人学之基》，上海，华东师范大学出版社，2015；袁德润：《文化传统：“生命·实践”教育学命脉之系》，上海，华东师范大学出版社，2015；等等。

② 参见：叶澜：《“新基础教育”论——关于当代中国学校变革的探究与认识》，北京，教育科学出版社，2006。

③ 该书系包括了7本著作：叶澜：《“新基础教育”成型性研究报告集》，桂林，广西师范大学出版社，2009；杨小微、李伟胜、徐冬青：《“新基础教育”学校领导与管理改革指导纲要》，桂林，广西师范大学出版社，2009；吴黛舒：《“新基础教育”教师发展指导纲要》，桂林，广西师范大学出版社，2009；李家成、王晓丽、李晓文：《“新基础教育”学生发展与教育指导纲要》，桂林，广西师范大学出版社，2009；李政涛、吴玉如：《“新基础教育”语文教学改革指导纲要》，桂林，广西师范大学出版社，2009；吴亚萍：《“新基础教育”数学教学改革指导纲要》，桂林，广西师范大学出版社，2009；卜玉华：《“新基础教育”外语教学改革指导纲要（英语）》，桂林，广西师范大学出版社，2009。此外，团队成员还陆续出版了其他相关著作，具体有：吴亚萍、王芳：《备课的变革》，北京，教育科学出版社，2007；卜玉华：《“新基础教育”课堂教学改革的深化研究》，福州，福建教育出版社，2014；李政涛：《“新基础教育”研究传统》，福州，福建教育出版社，2015；李家成：《班级日常生活重建中的学生发展》，福州，福建教育出版社，2015；吴黛舒：《教育实践与教师发展》，福州，福建教育出版社，2014；吴亚萍：《中小学数学教学课型研究》，福州，福建教育出版社，2014；吴玉如：《中小学生语文能力培养与实践》，福州，福建教育出版社，2014；张向众、叶澜：《“新基础教育”研究手册》，福州，福建教育出版社，2015；等等。

学不只有理论，还有其实践基础，即“新基础教育”研究。通过“新基础教育”研究，有一批参与研究的试验学校在发展和成长。目前全国有20余所“生命·实践”教育学研究合作校已呈现出新型学校的构架与品质，形成了较为丰富和相对稳定发展的新形态；还有40余所“新基础教育”研究基地校已走在了学校整体转型的路上，基本在整体上呈现出新型学校的特征，与其原初状态相比已发生了具有新质的变化，形成了亮点、生长点和积极的发展态势。这些学校都确立了为学生主动、健康发展和终身发展奠基的办学理念，促进了学生主动、健康发展；在变革和研究意义上积极促进教师队伍建设，促进教师学习、反思、重建的意识与能力的发展，形成了变革和研究意义上的“新基本功”；同时，积极推进学校管理变革和领导发展，努力把学校建设成为师生开展教育活动的生命场，不断创造学校新生活，提升学校的生命质量。

最后，走出了一条在当代中国社会背景下推进学校整体转型变革的研究道路。这条道路是大学教育理论研究者主动深度介入中小学，经过长期深度合作，与中小学教师共同发展、共同创造，在研究性变革实践中将实践研究与实践变革融为一体，不断推进学校发展。这条道路既是理论研究者与实践者合作共生共长之路，也是理论与实践双向作用、交互创生之路。这条道路形成了推进当代中国学校变革的系列策略，具体有整体策划与分段实施相结合，日常实践持续开展与关键点集中交流相结合，重点突破与梯度放大相结合等①，建构了学校变革“推进性评价”的理论与方法。

二、“生命·实践”教育学何以能成为一个学派

“生命·实践”教育学是由当代中国教育学理论研究者第一个明确提出并努力创建的教育学学派。回首发展历程，其创建过程与历史上的其他教育学派有着许多不同，其发展经验可供其他教育学派借鉴。

（一）延续了学统

学派的形成不是横空出世，一定会有积淀和研究传统的传承。“生命·实践”教育学的建设首先是继承了华东师范大学教育学学科研究与建设的学统。一直以来，华东师范大学是我国教育学研究的重镇，孟宪承、刘佛年、瞿葆奎先生多年一以贯之，从事教育学基本理论研究，一直努力打造中国特色的教育学理论体系，解决中国教育学自己的问题，打造中国

① 叶澜：《略论“新基础教育”研究之路的若干特征》，《基础教育》2011年第2期。

教育学自己的根基。特别是瞿葆奎先生，自 1979 年始为提升教育学理论研究水平，提出了教育学逻辑起点及基本范畴问题，引领了全国教育学研究风潮。这些前辈的研究特别是教育学基本理论研究及其体系创建的学术追求，还有他们一以贯之的学术风骨与精神，在“生命·实践”教育学研究中都得到了延续和发扬。

（二）清晰的学术自觉

首先，明确的“学科自觉”。受瞿葆奎先生“元教育学”研究的影响，叶澜很早就意识到，教育学理论的重建不能离开对教育学本身发展问题的反思，而以往的教育研究在这方面恰恰十分欠缺。她把此称为缺乏清醒和清晰的学科“自我意识”①。在《关于加强教育科学“自我意识”的思考》一文中，叶澜明确提出，可把教育科学对自身的研究和认识称为教育科学的自我意识。有关教育学科历史发展的研究，要着重于教育科学与教育实践的关系，教育科学内部学派的形成、争鸣与教育科学发展的关系，教育科学与其他科学发展的关系，教育科学与社会政治、经济等方面发展的关系，本国的教育科学与外国的教育科学发展的关系，等等。要改变教育科学目前的落后状态，就要使教育学的基础理论研究“上天”，因为理论只有深刻才有力量；在应用研究上则要“着地”，应用学科只有在应用中才能保持其旺盛的生命力。② 之后，她开展了系列“教育学科元研究”，出版了系列专著③，还主持出版了《中国教育学科年度发展报告》，在《二十世纪中国教育学发展问题的审视》中对 20 世纪困扰中国教育学发展的三大“世纪问题”（政治、意识形态与教育学发展的关系问题，教育学发展的“中外”关系问题，教育学的学科性质问题）进行了系统反思④。基于这些认识和研究，叶澜明确提出了教育学的“学科立场”问题并进行了深入阐述，捍卫了教育学的学科尊严，表明了“重建当代中国教育学”的期望与

---

① 叶澜：《“生命·实践”教育学派——在回归与突破中生成》，《教育学报》2013 年第 5 期。

② 叶澜：《关于加强教育科学“自我意识”的思考》，《华东师范大学学报（教育科学版）》1987 年第 3 期。

③ 叶澜：《教育研究方法论初探》，上海，上海教育出版社，1999；王坤庆：《20 世纪西方教育学科的发展与反思》，上海，上海教育出版社，2000；金林祥：《20 世纪中国教育学科的发展与反思》，上海，上海教育出版社，2000；夏正江：《教育理论哲学基础的反思：关于“人”的问题》，上海，上海教育出版社，2001；李政涛：《教育学科与相关学科的“对话”——从知识、科学、信仰和人的角度》，上海，上海教育出版社，2001。

④ 叶澜：《二十世纪中国社会科学（教育学卷）》，上海，上海人民出版社，2005，第 3~51 页。该文还以《中国教育学发展世纪问题的审视》为题发表于《教育研究》2004 年第 7 期。

决心。从积极发展的角度看，作为一门学科的教育学面临的命运不是消亡与终结，而是发展、更新与转型①。在著作《回归突破："生命·实践"教育学论纲》中，叶澜重点阐述了"教育是什么"和"教育学是什么"两个问题，对第二个问题的探讨重建了教育学的学科观，对教育学的学科性质、研究对象、方法论、科学性准则等进行了创造性阐述。教育学的学科自觉在学派创始人叶澜这里是一以贯之的，而且也成为共同体其他成员的普遍自觉。如侯怀银多年从事教育学史的研究，对于西方教育学在中国的传播以及中国教育学几十年的发展历史进行了深入探究②；李政涛、吴黛舒、伍红林等人都有关于"教育学立场"的论述③。当然，"生命·实践"教育学强调的"学科自觉"绝非"学科封闭"，而是强调提升当代中国教育学独立性，这是关系到教育学在21世纪的中国能否发展的奠基性任务，而中国教育学者要承担此重任，必须确立自信④，停留在八方汇聚中心点上的教育学只有建立了自己的中心点，才能与各种学科建立起真正有助于学科独立性形成的有意义的、内在的、多层次的关系⑤。

其次，清醒的"中国自觉"。应该说许多中国教育学研究者都有教育学的"中国自觉"，但"生命·实践"教育学的"中国自觉"亦有自己的独特之处。其一，与"教育学中国化"和"中国特色的教育学"等主张不同，"生命·实践"教育学明确提出了建设"中国教育学"。叶澜说：我的学术思想的转型是从对教育基本理论的核心问题、教育科学现状的反思和

---

① 叶澜：《立场："生命·实践"教育学论丛（第二辑）》，桂林，广西师范大学出版社，2008，第23页。

② 侯怀银：《中国教育学发展问题研究——以20世纪上半叶为中心》，太原，山西教育出版社，2008；侯怀银：《20世纪上半叶教育学在中国引进的回顾与反思》，《教育研究》2001年第12期。

③ 李政涛：《教育学科与相关学科的"对话"——从知识、科学、信仰和人的角度》，上海，上海教育出版社，2001；李政涛、巫锐：《德国教育学传统与教育学的自身逻辑——访谈德国教育学家本纳教授》，《教育研究》2013年第10期；李政涛：《论"教育学理解"的特质》，《华东师范大学学报（教育科学版）》2004年第1期；李政涛：《论"教育田野"研究的特质——兼论田野工作中人类学立场和教育学立场的差异》，《教育研究与实验》2007年第6期；吴黛舒：《中国教育学学科危机探析》，《教育研究》2006年第6期；吴黛舒：《论"教育学"的学科立场——探索"教育学"学科独立性问题的另一个思路》，《华东师范大学学报（教育科学版）》2004年第3期，伍红林．《论基于教育学立场的教育田野研究——兼与人类学的比较》，《教育理论与实践》2008年第10期；伍红林：《教育中的人：基于当代中国教育学立场的思考》，《福建师范大学学报（哲学社会科学版）》2008年第4期；王枬：《教育学立场的美学审视》，《教育研究》2007年第12期；等等。

④ 叶澜：《回归突破："生命·实践"教育学论纲》，上海，华东师范大学出版社，2015，第119页。

⑤ 同④，第133页。

教育研究方法论的探索三个方面几近同步开始的。正因其同步，才会有系统转型。做出这样的选择，是因为我经“文化大革命”结束初期政治和学术意义上的反思批判，再经20世纪80年代初两年的国外访学，已开始意识到中国的教育学面临时代性重建的挑战，它要打破原先封闭僵化的思维方式，向当代哲学、社会和人文科学以及教育学新理论、新流派开放，从中汲取新鲜养料。这一时代任务历史地落在我们这一代教育学研究者身上。若愿承担起这样的重任，首先要做的就是自我改变，没有学人的自我改变，难有学术的更新式发展。① 叶澜强调：中国教育理论的原创性是指以本国教育发展需要和问题为研究的本源，通过各种手段获取原始性素材，或进行原始性（相对于“验证性”）的研究，进而得出在国内或国际范围内富有独特性和创新性的理论（或其他形态的研究成果）。也就是说，中国教育研究的原创性至少是由问题的原发性、研究素材的原始性、结论的独特性和创新性等要素综合构成的。为此，作为教育研究人员的我们，可以也应该从增强中国教育研究的原创性做起，在新的世纪里，把我们的心与中国的教育大地贴得更近，为中国的教育理论与教育事业能屹立于世界民族之林而多做努力。② 之后，在2005年发表的《中国教育学发展世纪问题的审视》一文中，她明确提出了“中国教育学”，并强调努力建设“中国教育学”。其二，学派不仅提出了“中国教育学”建设问题，而且努力将中国文化作为中国教育学发展的“命脉”。叶澜说，在我的写作计划中，命脉还包括重要的一方面，即中国文化和教育传统。原想结合每一个论点的相关部分插入写，但在实际写作中发现，中国文化和教育传统有其独特的、具有整体性的精神特质，用插入的方式写会使其破碎，缺乏延续演化的整体感和历史感，这又恰恰是传统的独特性所在。③ 为此，在共同体内，叶澜身先士卒，带领成员一头扎进对中国经典和原典广泛而深入的阅读之中，从中国文化及传统中汲取养分，并将其转化为当代中国教育学发展的资源，最典型的成果体现在著作《回归突破：“生命·实践”教育学论纲》中。这部著作中花了一半篇幅讲“生命·实践”教育学的教育观，对于“教育是什么”的回答强调“教育是点化生命的人间大事”，提出“教天地人事，

① 叶澜：《“生命·实践”教育学派——在回归与突破中生成》，《教育学报》2013年第5期。

② 叶澜：《世纪初中国教育理论发展的断想》，《华东师范大学学报（教育科学版）》，2001年第1期。

③ 叶澜：《命脉：“生命·实践”教育学论丛（第四辑）》，桂林，广西师范大学出版社，2009，第54页。

育生命自觉”这一充满中国韵味的“教育”概念，并基于中国传统和中国文化重建了“教育”内涵。① 此外，“生命·实践”教育学在方法论上提炼归纳出“整体综合、弥漫渗透”“对成同根、相互转化”“审时度势、灵活应变”等中国特有的思维方式②，同时还倡导基于“关系思维”、“过程思维”和“动态生成”的“复杂思维”③，实现中西思维方式的对接，等等。可见，“生命·实践”教育学的“中国自觉”绝非“中国自大”，而是强调以“在中国”为根基，以“在世界”为背景，在“中国与世界的共在共生”中重建教育学的世界。④

受其影响，学派成员亦具有十分明显的“中国自觉”。如李政涛曾深入探讨为什么存在“中国”的教育学知识、教育研究的中国经验与中国知识，以及当代中国教育知识对人类教育学的贡献等问题，强调中国教育学知识、中国教育学研究、中国教育（研究）传统的独特性⑤；袁德润专门探讨了中国文化传统在中国教育学研究中的“浸润”问题⑥；李家成、徐冬青研究的是中国教育学对中国文化传统的延续与传承⑦；侯怀银与卜玉华则专门探索了“中国教育学”发展中的问题与进路⑧；等等。

最后，明晰的“学派自觉”。在当代中国社会背景下，在学术界中明确提出建设“学派”需要很大的学术勇气。在教育学界，“生命·实践”教育学学派从提出到建设都是第一次。早在 1987 年《关于加强教育科学“自我意识”的思考》一文中，叶澜就提出了有关教育学科内部学派的形

---

① 叶澜:《回归突破:“生命·实践”教育学论纲》,上海,华东师范大学出版社,2015,第 242~326 页。

② 同①。

③ 李政涛:《“新基础教育”研究传统》,福州,福建教育出版社,2015,第 132~135 页。

④ 李政涛:《“在中国”与“在世界”:“生命·实践”教育学的学术景象》,《华东师范大学学报(教育科学版)》2015 年第 2 期。

⑤ 参见:叶澜:《命脉:“生命·实践”教育学论丛(第四辑)》,桂林,广西师范大学出版社,2009,第 158~190 页;李政涛:《论教育研究的中国经验与中国知识》,《高等教育研究》2006 年第 9 期;等等。

⑥ 参见:袁德润:《文化传统:“生命·实践”教育学命脉之系》,上海,华东师范大学出版社,2015;叶澜:《命脉:“生命·实践”教育学论丛(第四辑)》,桂林,广西师范大学出版社,2009,第 191~205 页。

⑦ 叶澜:《命脉:“生命·实践”教育学论丛(第四辑)》,桂林,广西师范大学出版社,2009,第 250~268 页;叶澜:《命脉:“生命·实践”教育学论丛(第四辑)》,桂林,广西师范大学出版社,2009,第 206~215 页。

⑧ 侯怀银:《20 世纪中国教育学发展问题研究》,北京,北京师范大学出版社,2011;卜玉华:《“生命·实践”:何以成为中国教育学的基本进路?》,《教育科学研究》2016 年第 1 期。

成、争鸣与教育科学发展的关系的主张[1]，意识到了学派的形成、争鸣对教育学发展的意义。她说，到了 2001 年，在一次我所教授的新老研究生的聚会中，就有人提出要创“学派”，还建议称其为“生命”教育学派。因为《让课堂焕发出生命活力——论中小学教学改革的深化》一文的广泛影响，有不少与会者表示同意。我当时并没有认同，主要是觉得还需要一段时间的梳理和进一步的积累。但此次聚会促使我意识到该把学派建设提上议事日程了。在用了一年多时间做自我梳理之后，2003 年 6 月 8 日、7 月 1 日，我和几位毕业后留在华东师范大学工作的博士生召开了两次关于学派建设的小型研讨会，以求得共识，并用通信的方式，征求其他关心此事的成员意见。我们决定以主题研讨的方式建设一个学术共同空间。同年 11 月 24 日，我在月末例会上，做了确定以“生命·实践”作为学派命名，以及学派创建基础、目标、方式等方面的主题发言，会后还请大家以书面的方式表达自己的意向与意见。2003 年 12 月 25 日，在这一年最后一次月末例会上，我正式确认了“生命·实践”教育学派的命名，它意味着一个为该学派创建而努力的团队向内宣布成立。自此以后，学派建设作为自觉意识和行动，就不再是我个人，而是一个群体共同的事业。[2] 2004 年 2 月，《教育研究》杂志刊登的《为“生命·实践教育学派”的创建而努力——叶澜教授访谈录》一文，正式向学界明确表明创建学派的意向。此后，在叶澜的带领下，研究团队在理论与实践（“新基础教育”研究）两个层面开展了大量学派建设的研究、策划、实施等工作。

（三）形成了理论与实践的共同体

首先是形成理论共同体。这一学术共同体以叶澜的学生为主体，主要成员分布在以华东师范大学为核心的长三角等地区高校（复旦大学、浙江大学、杭州师范大学、宁波大学、江南大学、广西师范大学、云南师范大学等）之中。这些成员以学期为时间单位，以“新基础教育”研究为实践平台，以各领域理论专题研究为旨归定期开展有形和无形的学术交流，彼此坦诚交流，既相互合作，也相互批判，形成了有灵魂、有追求、有共同目标、有担当、有创造的团队气质，以“知难而上，执着追求；滴水穿石，持之以恒；团队合作，共同创造；实践反思，自我更新”为共同的研究精

---

① 叶澜：《关于加强教育科学“自我意识”的思考》，《华东师范大学学报（教育科学版）》1987 年第 3 期。

② 叶澜：《“生命·实践”教育学派——在回归与突破中生成》，《教育学报》2013 年第 5 期。

神。叶澜说，更重要的是，我们坚持在学派建设中，每个参与者都从自己已有的基础、研究兴趣出发，参与适合自己的主题、课题，发表自己的（并非我和团队群体都认同的）观点，发出自己的声音，并对自己的认识负责。仍处于创建过程中的“生命·实践”教育学派需要足够的学术空间让大家各抒己见，各显风采，相互切磋，共同发展。我希望用每位参与者的学术行为与风格，而不只是用文章来彰显“生命·实践”教育学的品性。[①] 在叶澜的带领下，这个团队二十几年来一直相互协作，在共同的反思重建中不断发现自己及学派存在的问题，促进自身的持续发展，同时也在良好的合作中形成了具有学派特质的学术传统。他们在共同深度介入教育实践变革的过程中既分工又合作：分工时以小团队的形式在各自所处的领域带领实践者不断探索，开拓并深化相关研究；合作时以大团队的形式相互关照、批判和提醒，在同一个学派理念、理论体系和核心精神的引领之下，共同创造理论与实践发展的新天地，生产出体现共同学术气质且相互关联、补充、支撑、印证的系列成果。

学派建设还关注第二代学术成员的培养，一方面努力加强学派现有成员的博士研究生和硕士研究生的培养，另一方面努力加强与外部的交流，吸引其他关注学派发展的学者和研究生加入共同体建设。

其次，建立以理论共同体为核心的实践者共同体。与其他学科不同，教育学理论的流传和影响依赖于其对教育实践的渗透与影响力。教育学的学派发展同样如此，没有实践基础的教育学学派不可能长久。“生命·实践”教育学基于实践、高于实践，是在社会转型时期中国教育改革实践的土壤中生长出来的新芽。对于“生命·实践”教育学来说，“新基础教育”研究就是其实践的基石和验金石。学派是从“新基础教育”研究中生长出来的，没有“新基础教育”研究，就没有“生命·实践”教育学。[②] 可以这样说，“生命·实践”教育学是在二十几年“新基础教育”研究的过程中不断生发出来的。叶澜说，“生命·实践”学派回归与突破最深的一个“猛子”是扎入当代教育实践之涌动不息的大海，尤其是深度介入当代中国基础教育学校改革的实践。正是二十余年的持续介入，使我们感受到教育学的“内立场”之具体存在，发现了可称作教育研究的“果蝇”——每天都在进行着的学校中各式各样的教育实践活动。我们在其中努力读懂教

① 叶澜：《“生命·实践”教育学派——在回归与突破中生成》，《教育学报》2013 年第 5 期。

② 李政涛：《“生命·实践”教育学的实践基石》，《教育学报》2011 年第 6 期。

师和学生，读深教学与学生工作的方方面面，读清教育理想与现实的冲突，读到教育自身的扭曲、无奈和变异对人的伤害。这一切都激发我们介入学校改革的责任、勇气和信心，增长研究教育实践的经验与智慧，历练理论与实践双向、多层、多面交互转化的能力，催生自身和学派的成长。在对变革实践的深度介入中逐渐生成的“生命·实践”教育学理论，因此而带着研究者的生命温度，呈现出浓浓的教育学“草根情结”。[①] 所以，“生命·实践”教育学是研究者基于实践自觉，长期主动深度介入基础教育实践变革的结果，在研究性变革实践中既走出了一条当代中国学校整体转型变革的实践之路，也走出了一条促进当代中国教育学整体重建的理论之路。在这“筑路”的过程中，既形成了理论研究者共同体，也形成了实践者共同体。事实上，通过二十几年的合作研究，许多实践者的理论素养得到了极大提升，他们不但善于开展实践创造，也善于将“新基础教育”研究的变革理论吸收转化到实践之中，并对理论发展提出新的需求，也为理论创新贡献源源不断的实践智慧。实践者共同体的成员及其智慧为“生命·实践”教育学的持续发展提供了不竭的动力和无穷的宝藏，他们与理论研究者的互动、相互学习与转化促进学派发展，而他们的努力、坚守使学派不断产生新的影响力，使“生命·实践”教育学真正实现“上天入地”，使“生命·实践”教育学长在教育实践的大地上。

（四）发展出独特的核心概念

徐复观说，凡可成一家之言的思想，必定有其基本概念以作为出发点与归结点。此种基本概念，有的是来自实践，有的是来自观照，有的是来自解析。尽管其来源不同、性格不同，但只要实有所得，便可经理智的反省而使其成为一种概念。概念一经成立，则概念之本身必有其合理性、自律性。合理性、自律性之大小，乃衡断一家思想的准绳。[②] 的确，概念的创造是衡量理论原创性和贡献度的重要标准，也是学派的核心维度。“生命·实践”教育学在其发展过程中从两个方面为理论与实践的概念做出了贡献。

首先，“生命·实践”教育学基于理论与实践的探究提出了系列新概念。如在教育学理论层面，明确提出了方法论意义的事理研究与学科立场、教育学研究对象的教育存在、教育目的的生命自觉、教师成长的教师发展、

---

① 叶澜：《“生命·实践”教育学派——在回归与突破中生成》，《教育学报》2013 年第 5 期。

② 徐复观：《中国思想史论集》，上海，上海书店出版社，2004，第 92 页。

教育与社会之关系的社会教育力、教育与人之关系的“生命·实践”等；在教育实践层面，明确提出了学校整体转型性变革、研究性变革实践、课型、“捉虫·喔”效应、教结构用结构、长程两段、前移后续、学校新生活、四季活动、班级建设、发展内生力等。这些新概念既是对理论与实践研究的新突破，也是对理论与实践研究新智慧的概念表达，更引领了理论与实践研究在领域、范围、深度、方法等方面的新发展。

其次，为理论与实践的旧概念赋予了新含义。在教育学理论层面，“生命·实践”教育学对许多经典概念进行了新的阐释。如对于教育，提出了“教天地人事，育生命自觉”的解读，强调“教育是点化生命的人间大事”①；对于教学，强调将“教学”看作不可分割的、具有内在关联，而不是将“教”与“学”当作两个分析单位，一旦割裂就不构成教学活动的基本分析单位。作为教学过程分析单位的“教学”，是指教与学在有目标的交互作用中实现双方相互规定，通过相互规定对方的行为方向与策略，形成双方活动的有机化，完成由教与学向“教学”转化与生成的一个相对独立与完整的过程②，等等。在教育实践领域，“生命·实践”教育学也对许多概念进行了新的理解。如对于学校，强调学校是师生开展教育活动的生命场，提升学校的生命质量是学校变革的深层次诉求。与“生命场”相对的是近代工业化社会把学校当作“大工厂”、后现代把学校批判为“监狱”的观点。从“塑造人”转化为“成就人”，从“大工厂”转化为“生命场”，这是他们期望达到的学校变革。③ 对于班级，“新基础教育”将“班级建设”作为一个完整的词来理解，用来指称学校中相对独立的实践领域，放在学校教育实践的总框架中来认识和研究。叶澜说，我们将学生以班级为单位开展的社会性学习生活的学校教育实践称为“班级建设”，而没有沿用通用的“班集体建设”这个概念，主要想强调班级建设的主要功能是促进学生个体社会性和个性的健康、主动发展。④ 对于生活，则强调重视生活的育人价值开发，每个人都得自己活，不能由别人代活，用创造学校新生活的理念开展日常教育活动，使师生成为学校生活的主动创造者。总之，教育的意义不只是在未来，它就在当下创造生命成长的、丰富

① 叶澜：《回归突破：“生命·实践”教育学论纲》，上海，华东师范大学出版社，2015，第173页。

② 叶澜：《“新基础教育”论——关于当代中国学校变革的探究与认识》，北京，教育科学出版社，2006，第268~270页。

③ 叶澜：《“生命·实践”教育的信条》，《光明日报》，2017-02-21（第13版）。

④ 同②，第296页。

的各项学校活动中。①

（五）推进教育理论与实践的双向重建

对于“生命·实践”教育学在教育理论与实践上整体重建的发展过程，叶澜在《“生命·实践”教育学派——在回归与突破中生成》一文中有详细的反思与回顾。在此，还须阐明“生命·实践”教育学究竟在哪些方面实现了教育理论与实践的整体重建。

1. 以教育学的当代重建为己任

由于教育学的内部分裂和其他学科的外部侵入，这些年来教育学学科一直处于危机之中，有“终结说”“否定说”“研究领域说”等。这给教育学研究者带来了困惑和迷惘。对此，叶澜指出，在一定意义上，这是由教育学所研究的对象——教育在整体上的丰富性、综合性和复杂性决定的，是教育研究中具有发展意义的行为，是没有人可以或有权阻挡的。它也不必然带来教育学的生存危机。真正值得反思的是教育学自身。何以当其他学科进入教育研究时，教育学自身存在的必要性就会遭到否定？何以当其他学科进入教育研究时，可以无视教育学的存在，不能在真正意义上因学科交叉而产生与教育学相关而不只是与教育相关的新学科？教育学如何才能形成以本学科研究范型为依据，将其他学科研究对象看作应用的教育学交叉学科类的应用学科？② 面对此种情形，只要作为内在整体的教育活动还存在，以此作为对象的内在整体式的教育学就有存在的需要。没有哪一个内生分支学科的研究，哪怕是它们的总和（也没有任何一个外生交叉学科，哪怕是它们的总和）所形成的有关教育的认识，可以代替教育研究主体对教育整体的把握。作为教育活动内在整体的研究，其目的是形成当代教育学，而不是恢复以往只有大一统教育学的局面，削弱或限制分支学科；是体现当代教育主体有关教育整体的新认识，形成有助于内生分支学科和内生应用学科发展的教育学；是形成新的关于教育是什么、为什么、应如何和怎样展开等问题的基础理论性认识，使整体与分支、理论与应用形成更为有效且具有相互促进、建构价值的当代教育学科新的关系形态和发展局面。③

继提出当代教育学重建的使命之后，“生命·实践”教育学还指出了

---

① 叶澜：《“生命·实践”教育的信条》，《光明日报》，2017-02-21（第13版）。

② 叶澜：《立场：“生命·实践”教育学论丛（第二辑）》，桂林，广西师范大学出版社，2008，第14~15页。

③ 同②，第23页。

重建的基本路径。

首先，立足于“中国”。在有关“教育学”术语的讨论中，为什么没有提出一个立足于中国文化传统对教育进行认识和追求的“教育学”概念？在20世纪初刚引入“教育学”这门学科时，我们或许还可以“心安理得”，在教育学引入已一个多世纪后，今日之中国学者还能“心安理得”吗？在今日的中国，对于相当一批教育学或教育研究者来说，无论是从发展还是从否定的角度，我们都要靠“引进”，难道这就是我们要的国际化、全球化视野吗？就如没有教育学的教育科学一样，我们要的是没有中国的国际化视野吗？中国的教育研究、教育学研究，何日才能摆脱国外依赖？① 基于这些认识就有了学派的“中国自觉”。

其次，回到实践原点。学术之“家”不是靠“寻”，而是需要基于自己的研究立场，经由对象的确认和深入对象的研究才能建成。一个学科的立足之本，是对本领域研究特殊性的整体把握，它不能靠哲学的演绎，也不能靠其他科学观念与方法的移植，更不是把所有相关的结论相加即可，而是要走近对象本身，发现真问题，寻找独特关系，把握演化过程的内在逻辑。在教育学研究中，就是要回到学科思想源头的人类独特“实践”的教育之中。到教育中认识教育，发现与非教育的不同，从教育丰富的具体发展中，去把握教育内在的“共有”和不同于其他领域的“独有”。认识只有达到了这一步，才可以说建立了教育学的学术家园；才可以说在与其学科既有区别又有联系的意义上，在教育学本真问题扎根研究的基础上形成了学科的独立性。② 有关教育过程内在机制与逻辑的把握，是教育学研究中最深入和最丰富也是最为艰难的部分。不进入这个问题领域，教育学就依然没有达到对教育本身作为一种特殊的人类活动的学科意义上的认识，它在学科意义上的独立性建构也没有完成，因此还是不能发挥对于教育实践不可由其他学科取代的、具有本学科指导意义的作用。要形成与此相关的学术研究的有意义的成果，不能没有对实际进行着的教育过程的深度透析。可以说，教育内在过程的机制与逻辑的揭示，是教育学的核心构成，也是衡量教育学作为独立学科存在的理论成熟度的标准。③

---

① 叶澜：《回归突破：“生命·实践”教育学论纲》，上海，华东师范大学出版社，2015，第111页。

② 叶澜：《命脉：“生命·实践”教育学论丛（第四辑）》，桂林，广西师范大学出版社，2009，第13页。

③ 叶澜：《基因：“生命·实践”教育学论丛（第三辑）》，桂林，广西师范大学出版社，2009，第33~34页。

最后，基于教育学的“内立场”与其他学科开展交流。教育学要有自己的内立场和母学科，但它不可避免地需要许多其他学科的支持，历史的发展越来越清晰地表明了这一点。这种结构形成的根本原因在于教育本身的构成与过程的全部复杂性。越是追求从整体上阐明教育是什么，越是追求教育基本理论的明晰与深度，就越是需要有更多的其他学科加入来共同形成教育理论的基础。教育学的理论基础，不是由现有其他学科直接相加而成的“团”，而是教育学研究者从不同学科中得出的与研究主题相关的认识的重组与整合，这是“生命·实践”教育学派与以往观点的一个重要区别，它意味着教育学科的独立性在构建学科理论基础时就需要体现，而不仅仅是在学科内研究中体现。这很难，但在我们看来，必须开始。就知识性质而言，从其学科理论基础的确立伊始，教育学就是一门伫立在八方知识汇集点上的学科。没有任何一门学科能够直接成为或穷尽教育学所需要的理论基础。教育学理论基础本身是在教育学者对教育活动的基本构成做出辨析和基本判断后，对相关领域的知识进行主题式重新整合的结果。这是一个类似蜜蜂酿蜜的复杂过程。一旦教育学对教育本身基本构成的认识或构成关系的认识发生变化，一旦相关领域的学科知识发生更新换代式的变化，教育学理论基础的构成与内涵必然要发生新变化。由此亦可进一步说明，教育学不可能通过哪一门学科的应用来组成，连它的理论基础都不可能用这样的方式来构建，何况是基本理论本身。①

2. 促进教育学理论的整体重建

这主要表现在以下诸方面：从“系统论”出发，整体重建了“教育学原理”的基本体系②；重构了教育基本理论中的核心问题和观点，如在教育与人的发展关系上提出了“二层次三因素说”③，构建了新的分析影响人发展因素及其相互关系、在个体发展全程中动态变化的理论模型，改变了原先把人放在被诸多因素影响下发展的理论框架等；在教育与社会的关系上，提出了“社会教育力”概念，这是对教育与社会关系这一经典教育基本理论问题的新回答，强调唯有人人自觉承担起“社会的教育责任”，中

---

① 叶澜：《回归突破：“生命·实践”教育学论纲》，上海，华东师范大学出版社，2015，第132页。

② 叶澜：《教育概论》，北京，人民教育出版社，1991。

③ 叶澜：《论影响人发展的诸因素及其与发展主体的动态关系》，《中国社会科学》1986年第3期。

国教育和社会教育力才有更好的明天①；在教育学的研究对象上，强调“教育存在”的三个层次，即教育活动型存在、教育观念型存在和教育研究反思型存在②；对于教育学的学科性质，强调改变传统学科性质分类的两分或多分标准，以新的分类方式来看教育学的学科性质，认为教育学是复杂/综合学科③。如上所述，“生命·实践”教育学派通过概念创新和重建，形成了当代教育学对教育实践的全新解释框架和参照系。

3. 建构系统的教育学研究方法论

方法论自觉是“生命·实践”教育学的重要特征，叶澜在20世纪80年代即从事系统的教育研究方法研究④，还在国内较早出版了教育研究方法论专著⑤。可以说，教育研究方法论的持续探索一直贯穿于“生命·实践”教育学派的发展过程中。具体而言，这些探索有以下诸方面：创造性地提出教育研究的“事理”性质，认为教育研究是“事理”研究，即探究人做事情时的依据和其有效性、合理性的研究⑥，它是一种既要说明是什么，又要解释为什么，还要讲出如何做的研究，包含价值、事实和行为三大方面⑦；提出教育研究方法体系的基本特征，即哲学、科学、艺术方法的具体综合，它是丰富的，但不是杂乱的；它是具体的，但不是个别的；它是反映变化的，但不是无规则的。综合是我们还不太熟悉的一种思维和认识方法，需要以抽象为基础，但又不停留在抽象上。综合方法的核心是对相互作用和关联的研究，是认识动态演变的方法。⑧ 重构了教育理论与

① 叶澜：《社会教育力：概念、现状与未来指向》，《课程·教材·教法》2016年第10期；还可参见：李政涛：《中国社会发展的“教育尺度”与教育基础》，《教育研究》2012年第3期；孙元涛：《“社会教育力”的概念审议与价值论证：“社会教育力”专题研讨会综述》，《教育研究》2017年第5期。

② 叶澜：《回归突破：“生命·实践”教育学论纲》，上海，华东师范大学出版社，2015，第153~154页。

③ 同②，第157~160页。

④ 参见：冰火（叶澜）：《南斯拉夫教育科研中的方法论问题》，《外国教育资料》1986年第1期；叶澜、施良方：《教育学文集（第15卷）：教育研究方法》，北京，人民教育出版社，1988；叶澜：《教育研究及其方法》，北京，中国科学技术出版社，1990。

⑤ 叶澜：《教育研究方法论初探》，上海，上海教育出版社，1999。

⑥ 同⑤，第322页。

⑦ 同⑤，第324页。另外还可参见：卜玉华：《事理意蕴：“生命·实践”教育学理据之问》，上海，华东师范大学出版社，2015。

⑧ 同⑤，第328页。

实践的关系[①]，强调借用理论研究者与实践者这两类主体的沟通及合作，实现教育理论与实践的双向转化和生成；基于理论与实践关系的重构，“生命·实践”教育学形成了独特的“深度介入”式研究方式[②]，通过与实践者合作开展“研究性变革实践”，实现实践创新并为理论创生奠基。

4. 实现思维方式的创新

思维方式也是“生命·实践”教育学的独特标志。所谓思维方式，是人们思维活动中用以理解、把握和评价客观对象的基本依据和模式。[③] 实际上，任何思想和理论的形成，都是思维方式的产物。有什么样的思维方式，就有什么样的思想和理论。正如维特根斯坦所说：洞见或透识隐藏于深处的棘手问题是艰难的，因为如果只是把握这一棘手问题的表层，它就会维持原状，仍然得不到解决。因此，必须把它“连根拔起”，使它彻底暴露出来；这就要求我们开始以一种新的方式来思考。难以确立的正是这种新的思维方式。一旦新的思维方式得以确立，旧的问题就会消失；实际上人们会很难再意识到这些旧的问题。因为这些问题是与我们的表达方式相伴随的，一旦我们用一种新的形式来表达自己的观点，旧的问题就会连同旧的语言外套一起被抛弃。[④] 叶澜作为“生命·实践”教育学的创始人，自始至终都十分强调思维方式对于理论与实践创新的重要意义。20 世纪 80 年代在南斯拉夫访学时，叶澜就较早地接触到了系统论思想，这使她认识

① 参考：叶澜：《思维在断裂处穿行：教育理论与实践关系的再寻找》，《中国教育学刊》2001 年第 4 期；叶澜：《大中小学合作研究中绕不过的真问题：理论与实践多重关系的体验与再认识》，《教育发展研究》2014 年第 20 期；吴黛舒：《教育理论与实践问题之再追问》，《教育研究与实验》2002 年第 1 期；李政涛：《交互生成：教育理论与实践的转化之力》，上海，华东师范大学出版社，2015；李政涛：《论教育理论主体和教育实践主体的交往与转化》，《高等教育研究》2007 年第 4 期；伍红林：《中小学教师的理论学习与实践转化——基于教育理论研究者介入的视角》，《教育发展研究》2010 年第 22 期。

② 参考：叶澜：《大学专业人员在协作开展学校研究中的作用》，《中国教育学刊》2009 年第 9 期；卜玉华：《论教育研究者面对教育实践的介入责任》，《南京社会科学》2015 年第 2 期；孙元涛：《论“参与式”教育研究及其价值承诺》，《高等教育研究》2007 年第 5 期；孙元涛：《教育学者参与实践变革的责任担当》，《教育发展研究》2008 年第 24 期；孙元涛：《教育学者介入实践的合理性论证》，《教育学报》2009 年第 1 期；王曰美、孙元涛：《教育学者介入实践的方法论思考：关于“局内人”、“局外人”信条的反审与重构》，《教育学报》2009 年第 4 期；伍红林：《论“深度介入”式的教育研究》，《高等教育研究》2009 年第 3 期；伍红林：《主动深度介入：转型期教育实践研究的新方式》，《现代大学教育》2010 年第 6 期。

③ 高清海：《哲学的创新》，长春，吉林人民出版社，1997，第 112 页。

④ 转引自〔法〕皮埃尔·布迪厄、〔美〕华康德：《实践与反思：反思社会学导引》，李猛、李康译，北京，中央编译出版社，2004，第 1~2 页。

到中国的教育学面临时代性重建的挑战，需要打破原先封闭僵化的思维方式①，为此，她尝试把系统论的整体、系统思维运用于《教育概论》一书的写作中，构建了全新的教育学教材体系，且在内容阐述中注意用新的思维方式突破教育基本理论的固有认识，这突出表现在她提出的影响人的发展因素的“二层次三因素说”上，强调了主体与实践、影响人身心发展诸因素之间的动态关系和相互作用。之后，叶澜进一步接触到混沌思想和复杂思想，特别是法国哲学家莫兰的复杂思维对叶澜有重要影响。后来她还进一步把复杂思维与中国文化中“整体综合、弥漫渗透”“对成同根、相互转化”“审时度势、灵活应变”等思维方式融通，彻底摆脱了研究中的简单、线性、因果思维。如果没有思维方式的转变，就难以有涉及本质的反思与重建，更难以有新的教学理论的诞生、教学变革的实质性推进。“新基础教育”在教学变革的理论与实践研究的过程中，自觉地关注思维方式的转变，努力用整体关系的思维方式来解决这些看似难以调和的矛盾，用复杂思维的方式来认识丰富的、动态发展的教学过程。② 具体而言，“生命·实践”教育学形成的最具有特色的思维方式主要是整体性思维、关系性思维和复杂思维，整体性思维是对点状思维的突破，关系性思维是对二元对立思维、割裂思维和非此即彼思维的突破，复杂思维则是为了应对教育（存在）及其变革的复杂性的需要。

5. 促进学校教育实践的整体变革

“新基础教育”研究是“生命·实践”教育学的实践基石，通过学派成员深度介入式的教育研究促进合作学校的整体转型变革，主要在两个维度呈现。一是形成了学校整体转型变革的系统理论，变革原理主要体现为叶澜的著作《“新基础教育”论——关于当代中国学校变革的探究与认识》，理论应用主要体现为“新基础教育”研究在学校管理、学科教学（语文、数学、英语）、学生工作、教师发展等方面的系列“改革指导纲要”，操作层面则体现为“新基础教育”研究在学校管理、教师发展、教研组建设、教学设计、教学过程、教学反思、班级建设等具体方面“推进型评价”的“评估标准指标体系”。二是学校教育实践形态的整体重建，通过变革实现学校发展的“整体融通”。“新基础教育”研究从一开始就强

① 叶澜：《“生命·实践”教育学派——在回归与突破中生成》，《教育学报》2013 年第 5 期。

② 叶澜、李政涛等：《“新基础教育”研究史》，北京，教育科学出版社，2010，第 217 页。

调不只是要促进学校某一层次、某一局部或某一领域的变革，而是要在学校与班级两个层次推进学校管理、学科教学和学生工作三大领域的整体转型变革。事实上，广大“生命·实践”教育学合作学校和“新基础教育”基地校经过多年的“新基础教育”研究，的确在文化、精神、气质和实践形态上形成了自己的独特性，“新基础教育”没有固定的办学模式，这些学校在“新基础教育”理论和精神的关照下，开展了充满智慧的各种创造，呈现出“同魂异体”的发展局面。

（六）建设学派发展的平台

与传统学派的形成相较，当下学派作为理论研究者共同体发展也是一种自觉的建设过程。“生命·实践”教育学派的发展离不开系列平台的搭建及其运作。一是成立了“生命·实践”教育学研究院，在研究院下设置不同领域的专门研究室开展理论与实践的专题深化研究，也给共同体成员提供不同的发展空间和舞台。依托研究院，共同体以整体和成员个体的方式广泛与国内外学术界展开交流，既积极宣传推广学派，也积极听取学派之外学者的批评和建议。二是定期出版学派研究成果。除了以共同体整体和成员个体为作者出版系列学术专著外，还策划出版了“‘生命·实践’教育学论丛”和“‘生命·实践’教育学研究丛书”，后者面向国内外学界开放并定期出版。这些丛书的定期出版，为学派理论研究的持续推进和成果生成提供了发布平台，也产生了重要影响。三是定期召开各种学术交流会议。这些会议既有共同体内部的定期专题讨论，也有面向国内外的学派专题研讨会，还定期邀请国内外其他学者开展专题报告等。这些学术交流极大丰富了学派思想和研究。四是建立促进学派后进发展的机制。除了共同体成员加强对自己研究生的培养外，学派还每年开展夏令营活动，并面向国内外高校本科生与研究生发布“学派招标课题”，吸引国内外对学派及其理论感兴趣的优秀学生，加强培养，加强学派后备力量。

参考文献

中文

〔美〕J. 莱夫、E. 温格：《情景学习：合法的边缘性参与》，王文静译，上海，华东师范大学出版社，2004。

〔美〕埃蒂纳·温格、理查德·麦克德马、威廉姆·M. 施奈德：《实践社团：学习型组织知识管理指南》，边婧译，北京，机械工业出版社，2003。

〔英〕保罗·霍普：《个人主义时代之共同体重建》，沈毅译，杭州，浙江大学出版社，2010。

卜玉华：《论教育研究者面对教育实践的介入责任》，《南京社会科学》2015 年第 2 期。

卜玉华：《“新基础教育”课堂教学改革的深化研究》，福州，福建教育出版社，2014。

操太圣、卢乃桂：《伙伴协作与教师赋权——教师专业发展新视角》，北京，教育科学出版社，2007。

操太圣、卢乃桂：《挑战、支持与发展：伙伴协作模式下的教师成长》，《教育研究》2006 年第 10 期。

〔加〕黛安娜·布赖登、〔加〕威廉·科尔曼：《反思共同体：多学科视角与全球语境》，严海波等译，北京，社会科学文献出版社，2011。

〔德〕斐迪南·滕尼斯：《共同体与社会——纯粹社会学的基本概念》，林荣远译，北京，商务印书馆，1999。

冯锐、金婧：《学习共同体的思想形成与发展》，《电化教育研究》2007 年第 3 期。

何雨：《社会学芝加哥学派：一个知识共同体的学科贡献》，北京，社会科学文献出版社，2016。

侯怀银等：《20 世纪中国教育学发展问题研究》，北京，北京师范大学出版社，2011。

侯怀银：《中国教育学发展问题研究——以 20 世纪上半叶为中心》，太原，山西教育出版社，2008。

李义天:《共同体与政治团结》,北京,社会科学文献出版社,2011。

李政涛:《交互生成:教育理论与实践的转化之力》,上海,华东师范大学出版社,2015。

李政涛:《论教育理论主体和教育实践主体的交往与转化》,《高等教育研究》2007年第4期。

李政涛:《论"教育田野"研究的特质——兼论田野工作中人类学立场和教育学立场的差异》,《教育研究与实验》2007年第6期。

李政涛:《论教育研究的中国经验与中国知识》,《高等教育研究》2006年第9期。

卢乃桂:《能动者的思索——香港学校改进协作模式的再造与更新》,《教育发展研究》2007年第24期。

罗丹:《课程改革背景下大学和中小学合作的动因与模式》,东北师范大学,2006年硕士论文。

〔加〕迈克尔·富兰:《变革的力量——透视教育改革》,中央教育科学研究所、加拿大多伦多国际学院组织翻译,北京,教育科学出版社,2004。

〔加〕迈克尔·富兰:《教育变革新意义(第3版)》,赵中建、陈霞、李敏译,北京,教育科学出版社,2005。

〔美〕曼瑟尔·奥尔森:《集体行动的逻辑》,陈郁、郭宇峰、李崇新译,上海,生活·读书·新知三联书店(上海分店),上海人民出版社,1995。

孟强:《从表象到介入:科学实践的哲学研究》,北京,中国社会科学出版社,2008。

牛瑞雪:《行动研究为什么搁浅了——大学与中小学合作研究的困境与出路》,《课程·教材·教法》2006年第2期。

〔美〕帕克·帕尔默:《教学勇气——漫步教师心灵》,吴国珍、余巍等译,上海,华东师范大学出版社,2005。

〔英〕齐格蒙特·鲍曼:《共同体》,欧阳景根译,南京,江苏人民出版社,2003。

单志艳:《走向中国特色教师专业学习共同体的教研组变革》,《教育研究》2014年第10期。

沈颂华:《建立教学共同体 实现校际资源共享》,《中国高等教育》2001年第Z3期。

宋萑:《教师专业共同体研究》,北京,北京师范大学出版社,2015。

孙元涛:《教育学者参与实践变革的责任担当》,《教育发展研究》2008年第24期。

孙元涛:《教育学者介入实践的合理性论证》,《教育学报》2009年第1期。

孙元涛:《教育学者介入实践:探究与论证》,重庆,重庆大学出版社,2009。

孙元涛:《论"参与式"教育研究及其价值承诺》,《高等教育研究》2007年第

5 期。

〔美〕唐纳德·A. 舍恩：《反映的实践者：专业工作者如何在行动中思考》，夏林清译，北京，教育科学出版社，2007。

王叶婷：《生态区“群研究”促进学校共生发展》，《人民教育》2016 年第 Z1 期。

王曰美、孙元涛：《教育学者介入实践的方法论思考——关于“局内人”、“局外人”信条的反审与重构》，《教育学报》2009 年第 4 期。

文学峰：《试论科学共同体的非社会性》，《自然辩证法通讯》2003 年第 3 期。

翁朱华：《影响大-中小学合作的因素分析——一个大学-小学合作的个案研究》，华东师范大学，2003 年硕士论文。

吴黛舒：《教育实践与教师发展》，福州，福建教育出版社，2014。

吴黛舒：《“新基础教育”教师发展指导纲要》，桂林，广西师范大学出版社，2009。

吴康宁：《教育改革的“中国问题”》，南京，南京师范大学出版社，2015。

吴康宁：《“有意义的”教育思想从何而来——由教育学界“尊奉”西方话语的现象引发的思考》，《教育研究》2004 年第 5 期。

吴康宁：《中国教育改革为什么会这么难》，《华东师范大学学报（教育科学版）》2010 年第 4 期。

伍红林：《大学与中小学合作教育研究中的理论者与实践者》，北京，中国社会科学出版社，2013。

伍红林：《论基于教育学立场的教育田野研究——兼与人类学的比较》，《教育理论与实践》2008 年第 10 期。

伍红林：《论“深度介入”式的教育研究》，《高等教育研究》2009 年第 3 期。

伍红林：《中小学教师的理论学习与实践转化——基于教育理论研究者介入的视角》，《教育发展研究》2010 年第 22 期。

伍红林：《主动深度介入：转型期教育实践研究的新方式》，《现代大学教育》2010 年第 6 期。

杨国荣：《成己与成物——意义世界的生成》，《学术界》2008 年第 5 期。

杨国荣：《论实践智慧》，《中国社会科学》2012 年第 4 期。

杨小微：《教育理论工作者的实践立场及其表现》，《教育研究与实验》2006 年第 4 期。

〔日〕野中郁次朗、胜见明：《创新的本质：日本名企最新知识管理案例》，林忠鹏、谢群译，北京，知识产权出版社，2006。

叶澜：《大学专业人员在协作开展学校研究中的作用》，《中国教育学刊》2009 年第 9 期。

叶澜：《大中小学合作研究中绕不过的真问题——理论与实践多重关系的体验与再认识》，《教育发展研究》2014 年第 20 期。

叶澜：《教育研究方法论初探》，上海，上海教育出版社，1999。

叶澜、李政涛等：《“新基础教育”成型性研究报告集》，桂林，广西师范大学出版社，2009。

叶澜、李政涛等：《“新基础教育”研究史》，北京，教育科学出版社，2010。

叶澜：《“生命・实践”教育的信条》，《光明日报》，2017-02-21（13）。

叶澜、施良方：《教育学文集（第15卷）：教育研究方法》，北京，人民教育出版社，1988。

叶澜：《实现转型：新世纪初中国学校变革的走向》，《探索与争鸣》2002年第7期。

叶澜：《“新基础教育”发展性研究报告集》，北京，中国轻工业出版社，2004。

叶澜：《“新基础教育”论——关于当代中国学校变革的探究与认识》，北京，教育科学出版社，2006。

殷芬：《大学-中小学合作研究与教师成为研究者》，华东师范大学，2007年硕士论文。

〔美〕约翰・杜威：《确定性的寻求：关于知行关系的研究》，傅统先译，上海，上海人民出版社，2004。

张新平等：《教育管理实践个案研究：实地研究方式》，上海，上海教育出版社，2007。

赵健：《学习共同体——关于学习的社会文化分析》，上海，华东师范大学出版社，2006。

〔日〕佐藤学：《学校的挑战：创建学习共同体》，钟启泉译，上海，华东师范大学出版社，2010。

英文

Brown, A. L., Campione, J. C., 1994: *Guided Discovery in a Community of Learners*. In McGilly, K. (ed.), *Classroom Lessons: Integrating Cognitive Theory And Classroom Practice*, Cambridge: MIT Press.

Callahan, J. L., Martin, D., 2007: “The Spectrum of School-University Partnerships: A Typology of Organizational Learning Systems”, *Teaching and Teacher Education*, 23 (2).

Fullan, M., Erskine-Cullen, E., Watson, N. H., 1995: “The Learning Consortium: A School-University Partnership Program. An Introduction”, *School Effectiveness and School Improvement*, 6 (3).

Goodlad, J. I., 1993: “School-University Partnership and Partner Schools”, *Educational Policy*, 7 (1).

Goodson, I., Fliesser, C., 1995: “Negotiating Fair Trade: Towards Collaborative Relationships between Researchers and Teachers in College Settings”, *Peabody Journal of*

Education, 70 (3)。

Retallick, J., Cocklin, B., Coombe, K., 1999: *Learning Commnuities in Education: Issues, Strategies and Context*, London, Routledge.

Shapiro, J. P., Parssinen, C., Brown, S., 1992: "Teacher-Scholars: An Action Research Study of a Collaborative Feminist Scholarship Colloquium Between Schools and Universities", *Teaching and TeacherEducation*, 8 (1).

Sirotnik, K. A., Goodlad, J. I., 1988: *School-University Partnerships in Action: Concepts, Cases, and Concerns*, New York, Teachers College Press.

Knight, S. L., Wiseman, D., Smith, C. W., 1992: "The Reflectivity-Activity Dilemma in School-University Partnerships", *Journal of Teacher Education*, 43 (4).

Wagner, J., 1997: "The Unavoidable Intervention of Educational Research: A Framework for Reconsidering Researcher-Practitioner Cooperation", *Educational Researcher*, 26 (7).

Wenger, E., McDermott, R., Snyder, W. M., 1998: *Cultivating Communities of Practice: A Guide to Managing Knowledge*, Boston, Harvard Business School Press.

后　　记

本书是我博士论文的延续。博士论文主要以大学与中小学院校协作为载体，对参与合作的教育理论研究者与实践者两类主体间的关系进行了较为系统的梳理，尤其是对深度介入式合作研究中两类主体间的关系进行了深入分析。当时因为学习时间的限制及思考不够深入，还有许多问题未能进一步展开探究。幸运的是，博士毕业后我继续深度参与“新基础教育”研究，而且在工作单位所在地进行了“新基础教育”的推广工作。在叶澜老师及其团队的支持下，我在单位也组建了一个团队，并在本地成立了由几所小学构成的研究共同体。我们在学科（语文、数学、英语）教学、学生工作、学校管理等几个领域，始终坚持每周1—2天高频度深度介入地方学校教育变革实践中去。如果说在华东师范大学学习期间，我是在叶老师及其团队的带领下参与研究，那么毕业后则是自己尝试独立主持开展这一工作。这是完全不一样的挑战，也让我对“新基础教育”连续二十几年研究的艰辛及其间的复杂、波折等有了更深的体会。与此同时，“新基础教育”研究在2009年第三阶段的成型性研究结束后进入了更深入的扎根性研究阶段，上海闵行区、江苏常州市、青岛崂山区、深圳光明区、厦门思明区、佛山南海区、宁波镇海区、河南巩义市、淄博临淄区等地的区域研究取得了重大进展。这些区域研究产生了许多富有智慧的创造，积累了大量资源和经验。这使我同时身处“新基础教育”研究的两个极端——一边是我自己所在区域的研究刚刚起步，一边是其他区域的研究已相对成型。这种对比、深处其中的感受及组织几个区域共同体和不同学校交流的独特经历不断冲击我的思绪，开阔我的视野。就这样，我边在合作研究中与实践者一道推进实践变革，边继续沿着博士论文的思路开展相关探索。几年来，在博士论文的基础上，我在教育理论研究者深度介入式合作研究中的诸多“关系”问题上有了进一步拓展，即对深度介入式研究中理论研究者与实践者、实践者与实践者、理论研究者与理论研究者等不同主体间的关系及同一区域和不同区域校际合作关系的思考等不断深化。最后我把它们归结为理论研究者深度介入式教育研究中的共同体建设问题。围绕这一主题，我在《高等教育研究》《教育发展研究》《现代大学教育》《教育研究与实验》等杂志陆续发表了一批论文。2013 年，我配合国家社科基金后期资助项目申报，将这些论文结合博士论文部分内容（约占 1/4）进行了整合，以“博士论文修改”的名义进行申报，没想到竟然获批。这倒给我出了难题，因为发表论文是一回事，真正修改成为一本书并在原有基础上进一步拓展深化则是另一回事。在我心里，写书远比写论文更难，更需要用心。

接下来的时间里，我基本上就没有了休闲和假期，因为除了教学，单位行政管理等事务性工作也占据了我大部分时间。尽管如此，我也暗自庆幸，因为每天都有课题研究不断督促我开展学习、思考、写作，不至于荒废专业。

时至今日，这项研究暂时告一段落。我要特别感谢叶澜老师，她不断在做人、做事和学习、研究等方面对我耳提面命，而且作为一面镜子和榜样，时时刻刻都在关照我并指引我前行；我还要感谢“新基础教育”研究，没有“新基础教育”，就不会有这项研究，确切地说本书写作就是以“新基础教育”研究为原型而展开的；感谢华东师范大学“生命·实践”教育学研究院“新基础教育”研究团队的每一位成员，如钟山教授、李政涛教授、吴亚萍副教授、李家成教授、卜玉华教授、徐冬青副教授、张永副教授、庞庆举副教授、孙元涛教授、袁德润教授、岳欣云教授、张向众教授等。在这么多年的学习、研究中，他们给予了我太多点拨、关怀、帮助、启发，与他们一起研究、共事是我一生最感幸运之事。感谢淮阴师范学院第一附属小学的丁永真老校长，是他首先支持我在淮安市开展“新基础教育”研究并逐步打开了局面；之后此项研究得到了淮安市教育局薛祝其副局长、淮安市清江浦区教体局戚桂荣副局长及黄艳梅校长、唐玉辉校长、张亚兰校长、刘庆怀校长、吴玉国校长、关奇霞校长、顾万全校长、许加乐校长等的大力支持，在淮安成立了以淮安市新基础教育研究中心为核心的校际共同体；感谢上海市新基础教育研究所、闵行区第四中学、闵行区实验小学、华坪小学和江苏常州市第二实验小学、局前街小学及淮阴师范学院第一附属小学，它们向我提供了开展校际共同体建设的经验与智慧，在许多方面启发了我的思考；感谢在淮安和我一起推进“新基础教育”研究的任红娟副教授、马芳副教授、石明兰副教授、任建波副教授、张丽华教授、王会亭教授。2009 年开始，我们从无到有在淮安摸索前行，大家一直各负其责，又相互支持，共同进步，没有他们的坚持就不会有我后来的这项课题研究。2019 年 12 月，我调入江南大学教育学院工作，感谢学院对我工作的支持，尤其是研究时间的保证，使我得以对全书再一次进行修订完善。最后，还要感谢家人，尤其是妻子陈双蓉副教授在背后的默默支持，是她解放了我的家务时间，让我能专门开展研究工作。最后，还要感谢教育科学出版社的刘明堂，是他一直督促我对书稿进行修改完善，没有他的督促，书稿也不会这么快与读者见面。

本课题申报之初的“野心”是探究教育场域中的共同体建设理论与实践研究的“中国经验”，现在看来当时的“野心”显然大而不当。本书的写作留有许多遗憾，虽以“新基础教育”研究和“生命·实践”教育学派为原型展开写作，但由于体验不够、思考不深，未能真正揭示原意；尤其是对深圳光明区、厦门思明区、佛山南海区等区域创造性的丰富经验没有足够展现。而且，本书以“新基础教育”研究为原型，对“新基础教育”研究之外的其他深度介入式院校协作研究、了解、涉及不够，难免会以偏概全。最大的遗憾更在于自己理论功底薄弱、深度介入经验尚浅、思考视野太窄、对国外文献及相关研究了解不多，以致该深入的没能足够深入，该拓展的没能充分拓展，等等。对于这些问题，我将在今后的研究中进一步改进。

伍红林

2021 年 5 月 4 日

出 版 人　郑豪杰
责任编辑　何　蕴
版式设计　沈晓萌
责任校对　翁婷婷
责任印制　叶小峰

图书在版编目（CIP）数据

深度介入式教育研究中的共同体建设 / 伍红林著. —北京：教育科学出版社，2022.12（2023.4 重印）
ISBN 978-7-5191-3296-5

Ⅰ.①深…　Ⅱ.①伍…　Ⅲ.①教育研究　Ⅳ.①G40-03

中国版本图书馆 CIP 数据核字（2022）第 218202 号

深度介入式教育研究中的共同体建设
SHENDU JIERUSHI JIAOYU YANJIU ZHONG DE GONGTONGTI JIANSHE

出版发行	教育科学出版社		
社　　址	北京·朝阳区安慧北里安园甲 9 号	**邮　　编**	100101
总编室电话	010-64981290	**编辑部电话**	010-64989421
出版部电话	010-64989487	**市场部电话**	010-64989009
传　　真	010-64891796	**网　　址**	http://www.esph.com.cn
经　　销	各地新华书店		
制　　作	北京金奥都图文制作中心		
印　　刷	唐山玺诚印务有限公司		
开　　本	720 毫米×1020 毫米　1/16	**版　　次**	2022 年 12 月第 1 版
印　　张	17.75	**印　　次**	2023 年 4 月第 2 次印刷
字　　数	298 千	**定　　价**	62.00 元